対米従属の起源

「1959年米機密文書」を読む

谷川建司・須藤遙子 編訳

大月書店

カバー・本扉写真

マーク・A・メイ（Mark A. May　1891–1977）
アメリカの心理学者。イェール大学の人間科学研究所（Institute of Human Relations）設立に中心的な役割を果たし，同研究所事務局長を経て 1935 年から 61 年の退職まで所長を務めた。その業績を論じたものとして，デニス・ブライソンによる論考（Bryson, Dennis, Mark A. May: Scientific administrator, human engineer, *History of the Human Science* 28(3), pp. 80–114）がある。第 1 次世界大戦期から軍のプログラムに関与し，「1959 年米機密文書」をとりまとめた。

まえがき

本書は、米国立公文書館所蔵の機密解除文書'Report on USIS-JAPAN by Mark A. May, June-July, 1959'（「マーク・メイ報告書」）の全訳、および'Inspection Report, USIS JAPAN May 20, 1961'（「精査報告」）の部分訳、編者・訳者である谷川建司・須藤遙子それぞれの解説で構成されている。ＵＳＩＳ（United States Information Service, アメリカ広報・文化交流局）とは、ＵＳＩＡ（United States Information Agency, アメリカ広報・文化交流庁）の各国機関を指し、その業務内容はプロパガンダを含む広い意味での情報活動である。本書で扱う二つの文書が「機密」扱いであったことが、そのグレーな任務を如実に示している。

マーク・メイ報告書には、日米安保条約改定前夜にアメリカが「文化」の名のもとにどのような政策を日本で行ったのかが生々しく書かれている。それを「文化工作」と言っても言いすぎではないだろう。文化センターにおけるセミナーや留学生奨学金制度といった穏やかなものから、影響力のある文化人・大学人への接触、関与を秘匿してのマスコミを利用した情報提供や映画製作という陰謀めいたものまで、その種類や範囲は相当幅広い。また、当時の日本の詳細な世論分析も目を引く。新聞の世論調査や左翼系雑誌の論文までを網羅しながら、日本国民の対米感情を念入りに探っていることには驚かされる。左翼勢力の分析も非常に細かい。

精査報告は、まさにＵＳＩＳの各業務について詳しく内容と効果を報告したものであるが、本書では谷川・須藤二人の専門である映画の項目のみを紹介した。あげられている五本の映画については谷川の解説原稿に詳述しているが、のちに国民的人気俳優の地位を獲得する若き日の高倉健が自衛官に扮して主演した作品なども含まれており、こうした娯楽目的の一般劇場用映画が、日本の再軍備を促すアメリカの意向を汲んで資金提供された作品だった事実には、深く考えさせられるものがある。

「あとがき」に書いたように、この二つの文書はすでに先行研究で扱われており、新発掘資料というわけではない。しかし、平成という時代が終焉を迎え、戦争の歴史と直結した昭和の記憶・理想・葛藤がいよいよ忘れ去られようという現在、両文書の内容を広く世間に紹介することには特別な意味があるだろう。どちらの文書にも憲法改正や再軍備をめぐる日米両国のスタンスや思惑が率直に書かれており、憲法と自衛隊の関係や米軍基地などの今日まで続く問題に対し、さまざまな示唆を与えてくれるからだ。

翻訳作業については、まず全体を谷川・須藤で等分に分担（マーク・メイ報告書の本文を須藤、付録文書Ａ・Ｂおよび精査報告を谷川）して訳し、次にそれぞれが互いの訳文と英語の原文とを読み比べてチェックして、訳語の統一や読みやすさを考えて表現の統一を図った。また、互いの訳文をチェックする過程で、読者の便宜を考えて特定の用語などに注釈を付す必要があるとの判断で合意した場合には、原注に加えて、適宜、訳注を加えている。

憲法改正が取り沙汰される今日、「来し方を見つめ直し、行く末に思いを馳せる」機会を提供したいというのが、谷川・須藤二人の思いである。アメリカが打ち立てようとした親米国家日本の体制は、私たちをどこに連れてきたのだろうか。私たちはどこまでを自分たちで選び取り、どこまでを沈黙と惰性でやり過ごしてしまったのだろう。そして、私たちはこれからどのようにアメリカと向き合い、民主主義国家としての歩みを進めるべきなのか。本書がこうした議論の一助となることを願ってやまない。

谷川建司・須藤遙子

対米従属の起源　「1959年米機密文書」を読む　〈目次〉

第3章　USISと同盟勢力……………65

第4章　日本での世論評価……………91

◎精査報告

凡　例

1、新聞記事ほか日本語著作物からの引用については、可能なかぎり原文にあたり、そのまま転載した。なお、引用中の〔　〕は訳者による補注である。

2、付録文書A・Bは、見出しのつけ方ほか記述の仕方に統一性を欠き、また重複も多々見られるが、その性格から、なるべく原文どおりの形を再現する方向で訳した。

3、原文で下線が引かれている個所については、強調の意図である場合には傍線に換えた。単に小見出しや著作物に下線を引いている個所は書体を変えることで示した。

4、原文では、国名について通称での表記や当時の正式なものと異なる表記をしている箇所がある（たとえば、「ソ連」を「ロシア」としているなど）が、原文のニュアンスを鑑み、原文どおりの表記とした。

5、「leader grant」や「grantee」は、定着した日本語訳がなく、また、「指導者奨学金」「奨学生」とすると、英語での語感に含まれる「選ばれし者のための栄誉ある渡米資金」というニュアンスが伝わらなくなるため、そのまま「リーダー・グラント」「グランティー」とカタカナで表記した。

6、日本人の人名については、アメリカンセンターJAPAN、関西アメリカンセンター、国連協会京都本部などの協力も得て当該人物の表記を特定するように努めたが、一部どうしても特定できなかったケースがあり、その場合はカタカナで記した。また、会社名・組織名等で一部不明のものに関しては、訳語と原文の英文を併記した。

7、「精査報告」で述べられている映画作品やテレビ番組のタイトルのうち、USIS映画やテレビ番組のタイトルで一部『USIS映画目録』などでも確認できなかったケースがあり、その場合は英語からの直訳とした。

はじめに

この報告書は、一九五九年六月から七月にかけての五週間の日本滞在で収集した公文書および統計データをもとに作成された。非常に大きく複雑な組織であるUSISジャパンを評価するという任務は、予想よりはるかに時間のかかるものだった。広報・文化交流担当官やスタッフらの惜しみない協力がなかったら、とても遂行できなかったに違いない。リサーチ・アシスタントのC・R・ビーチャム氏は、一時的に本来業務を離れ、まる一カ月をこの任務のために奔走してくれた。西山千氏[*1]には、世論調査のエキスパートとして随時お世話になった。また、アメリカと日本のすべてのスタッフが、必要な際にはいつでも協力の手を差し伸べてくれたことを付け加えたい。

日本で訪問したアメリカ文化センターは、東京、横浜、京都、神戸、大阪、広島の六カ所である。神戸ではUSISの地方部局も訪問し、広報・文化交流担当官や日本人アドバイザーと有益な時間を過ごした。東京、京都、広島の各都市では、いくつかの一流大学で総長・学長、学部長、教授陣らと何度か会合の機会を持った。

日本の大学教授や研究者とのインタビューおよびアメリカ人ビジネスマンや特派員から直接得た情報や印象は、三九名の若い日本の知識人らによる、専門的でよりシステマティックな将来の日米関係を見据えた研究によって補完されている。この研究は、一一年間日本で教鞭をとり、現在は東京の早稲田大学の文学部教授となっている一人のアメリカ人によって指揮された。[*2] 彼は、作家あるいはラジオコメンテイターとして、非常に多くの日本人作家や批評家――影響力のある雑誌や新聞に文章を掲載している人たち――に名を知られている。

ついでに立ち寄った台北と香港では、この二つの都市のUSIS首脳陣と会見した。そこで入手した情報は、USISジャパンの仕事に関連するものも含まれている。

一九五九年の夏は、USISジャパンの評価業務にとって二つの点でまさにうってつけだったといえる。まず一つ目には、一九五八年九月に就任した広報・文化交流担当官のジョージ・ヘルヤー氏が、政策やプログラムにおけるいくつかの抜本的な改正を含む新しい地域プランを遂行中だったからだ。二つ目には、マッカーサー駐日米大使と藤山愛一郎外務大臣が、一九五九年の五月から六月にかけて日米安全保障条約改正に向けての審議の真っ最中だった。最初の安保条約は、一九五二年四月二八日にUSISが設立された六カ月前の五一年九月に調印されている。この調印の一カ月後には、一〇一名の著名な知識人で組織されたグループが、左翼系雑誌の雄である『世界』臨時増刊号において、日本が新たな戦争に巻き込まれる道を開くとして、安保条約に対する断固反対を表明した。この雑誌は、通常は八万七〇〇〇部ほどの発行部数であるが、一九五一年一〇月発行の臨時増刊号は、二五万部もの売り上げに達している。

一九五二年のUSISの設立当初から現在に至るまで、政府の親米的な外交政策に断固として反対する知識人や政治家のグループが存在しており、彼らは一定の影響力を持ち続けてきた。現在、こうした反対派の中心となっているのは、共産党が率いる「安保条約改定阻止国民会議」である。

USISジャパン設立からの七年間を通した主要な任務の一つは、日本にとって最も安全で確実な道は、自由主義世界との確固たる連携を築き、日米の相互依存関係という大原則を受け入れるしかない、という確信を強化・拡大することだった。この任務がいかに重要かは、極東における米国の防衛政策に対する反発の強さを見れば、一目瞭然である。自由民主党が現在も議席の三分の二を占め、岸首相と藤山外相が党から完全に支持されているにもかかわらず、だ。

USISは小さな組織だが、米国の外交政策と不可分となる、日本を西洋自由主義世界へと向かわせる重要な役目を担っている。こうしたUSISの介入によって「右翼的」影響がもたらされ、弱点が深刻となるという課題[*3]も存在する。それでも、USISの活動が、いかにその課題を克服し、弱点を補強しているかという観点から評価できるものであることは間違いない。

【注】

＊1　一九一一年アメリカ生まれ。一九三五年に日本国籍を取得、戦中は逓信省で研究に従事。戦後、一九四五年から五二年までは連合国軍最高司令官総司令部（GHQ／SCAP）、一九五一年に国務省の雇用となり、七二年まではUSISに勤務。同時通訳の先駆者であり、一九六一年からはライシャワー駐日米大使の通訳を勤めた。来日要人の通訳としても活躍した。一九六九年には、アポロ11号のテレビ中継放送の同時通訳を行って有名になる。二〇〇七年没。

＊2　付録Bでインタビュー調査を行っているバートン・E・マーティン教授を指す。

＊3　ここで「課題」と訳した語は「gap」である。報告書全体を通じて、この「gap」という用語が頻出しており、

報告者が重要視していたことが推察される。文脈によって「問題」「ずれ」「不足」「ギャップ」などに訳し分けている。

第1章　日本の欲求とアメリカの外交政策

「アメリカ広報・文化交流庁（ＵＳＩＡ）の目的は、コミュニケーション技術を駆使し、他国の人びとに、合衆国の政策は自由、進歩、平和の名のもとに遂行され、またその国の自由、進歩、平和への欲求を正当化するものである、という根拠を示すものであるべきだろう」

一九五三年一〇月　ドワイト・Ｄ・アイゼンハワー

日本人が持っている主たる欲求は、次の四つの言葉に集約できる。つまり、自由、平和、進歩、そして名誉である。彼らは、アメリカをはじめ他国への過度の依存から、できるかぎり自由になりたいと思っている。自国、他国を問わずどこにいても平和であることは、万人にとって切なる願いである。彼らが最も恐れるのは、核戦争に巻き込まれることだ。また、より安全で高い生活水準を満たし、より民主的で社会意識の高い政府を作るために前進しようとしている。日本人は、以前の軍国主義、天皇制ファシズム、あるいは共産主義へと後退するような動向に対して拒否反応を示す。彼らは、工業、教育、文化の領域においてアジアで尊敬される立場になりたいと切に願っている。そして、それは同時に、国際連合やもっと一般的な世界情勢において、より重要で影響力のある立場になりたいという願いでもあろう。

日本人が現在懸命に努力している具体的な目標は、以下である。

1　より安全で高い生活水準

ほとんどの日本人は、最低限の暮らしができるだけではなく、より快適な住宅に住み、モダンな暮らしに欠かせない電気製品などを手に入れ、自動車や余暇や教育への支出を差し引いても、まだ少し貯金ができるくらいの十分な収入を望んでおり、それが可能だと考えている。つまり、完全雇用、医療保険、老齢年金、預金などによって実現可能となる経済的安定が、彼らの欲求なのである。貧富の差は他のアジア諸国に比べて小さいものの、西洋諸国に比べるとまだまだ大きい。

これらの欲求は、もともと西洋との接触に起因しているといえる。終戦後、急速に生活水準が改善されることで、より高い欲求が生み出されることになったのである。たとえ貧しい出自であっても、自分の意思と努力によっては、貧困階級から抜け出して富裕層の仲間入りをすることも可能なのだ、という風潮が高まってきている。

一人当たりの収入をもっともっと上げて、西側諸国の水準にまで高めよう、というのが日本人の欲求である。一九五八年の日本人一人当たりの国民所得は、二二六ドルである。このデータをもとにすると、他のアジア諸国よりも高い数字である。西側の国民所得を比較してみると、ブラジルが三三八ドル、西ドイツが六九五ドル、フランスが七六三ドル、イギリスが一一四七ドル、アメリカが二〇三四ドルとなっている。ある日本人エコノミストは、このままの成長率でいけば、一九八〇年までには西ドイツの水準にまで達するだろうと見積もっている。現通商産業大臣の池田勇人氏は、一九五九年七月初旬に行われた会合の席で、生産力を上げることで五年から一〇年以内に日本の平均収入を倍増させようと岸内閣に進言した。[*1]

日本がこのように一人当たりの年収を増大させようとするのには、すべてとは言わないが、一九五〇年以来の急速な成長が大きく関係している。一九三一年から三八年までの日本の経済成長が四・八％であるのに比べ、五〇年から五九年までの八年間では一一・七％にも達している。[*2]同じ一九五〇年から五九年までの年間平均成長率は、アメリカが四・一％、イギリスが二・七％、西ドイツが九・六％である。もし、このまま日本が西側諸国を上回る年間成長率を維持すれば、当然のことながら、日本の欲求が実現する日がやってくるのは間違いない。

また、洗濯機、カメラ、家電製品といった耐久消費材の購入率が、劇的に増大したことも背景にある。一九五一年の割合を一〇〇とすると、五七年には日本が五七〇にも増大している一方で、アメリカは一二〇にしか増えていない。

一九五一年には、二四万六三〇〇戸の住宅が新築され、さらに五七年には、その数は四七万二四三九戸にも達した。終戦から五〇〇万戸の住宅が新築されたが、政府はさらに二〇〇万戸以上の住宅が必要だと見積もっている。この建築計画は、四〇％が政府、六〇％が民間による融資で実施された。

一九五一年における首都圏に住む勤労者世帯の月々の総貯蓄額は九三七円、それが五六年には四二七六円になり、五八年には五五二五円となった。一九五七年九月現在の平均貯蓄額を見ると、全世帯の一七・四％で一〇万円を超えてはいるが、三〇万円には達していない。一九五八年では、一〇万円以上の貯蓄のある世帯が、日本の全世帯の二六・二％に増えている。特に女性の間で、給与所得者向けの投資信託の人気が上がっている。

　生活水準の着実な上昇を維持し、深刻な後退に陥ることがないようにするには、日本が何かしらの方法で三つの根本的な「悪条件」を克服する必要があるだろう。すなわち、（1）多すぎる人口、（2）狭い国土、（3）有限な天然資源である。

　一九五九年三月二日付の『ジャパンタイムズ』の記事[*3]において、経済企画庁課長の大来《おおきた》佐武郎氏[*4]は、これらの条件が実際には日本経済の未来にとって対処不可能な障害とはならないことを示している。人口問題の専門家によると、二五年から三〇年のうちに、日本の人口は一億三〇〇〇万人程度で安定すると予測されている。同時に、日本の生産力は完全雇用と高賃金で労働力が不足する時点まで拡大するだろう。国土の狭さに関しても、工業の発展のために必要な土地は、同価値の農産物を生産するのに必要な土地のわずか五〇〇分の一にしかならない。ましてや、農産物はアメリカをはじめとする諸外国で生産過剰となっており、安価な値段で購入できるので問題にならない。天然資源に恵まれていないことも、部分的には原子力開発や日本が必要とする天然資源が生産過剰となっている国々との貿易の拡大で解決できるだろう、ということだ。

　日本の努力によって外国市場の拡大・確保が成功したことにより、いくつかの段階が考えられる。まずは、対外輸出における国内の工業間での「熾烈な」競争を減少させ、安価品のダンピングをやめ、より品質の良い製品を作り、もっと高い値段で売る。戦中や戦後に確立した政府による規制や制約を撤廃し、五〇年前のアメリカやヨーロッパで見られたような未熟な労働管理体制を見直す。最後に大来氏はこうまとめている。「ここにいらっしゃる政府関係者、学者のみなさん、財界の方々には、諸外国の意向や問題を迅速に理解する能力が必要であると、私は確信しているのであります。ヨーロッパにおいては、経済における未開地など実質的にはないに等しい。ヨーロッパの実業家たちは、自分の国と同じように他の国々を旅行してまわっています。将来の経済発展のために特に必要なことは、若い世代が今後国際的な経験と文化を獲得し、官公庁、学術、商業などの各分野にそれを生かしていくことなのです」。

日本が抱える最も大きな経済問題は、外国市場の拡大と確保である。どうやってそれを達成するかについてはかなりの議論があることが、この記事の後半で見てとれる。戦前、日本は輸出品の六五％をアジア市場で販売していたが、現在は四〇％である。一八カ月前に中国共産党によって貿易が中断されて以来、中国本土での市場は一掃されてしまった。近々、中国共産党はアジア貿易で日本と競うことになるだろう。[*5]

現在、アメリカは日本にとって唯一最高の顧客である。日本の対米貿易額は着実に増加しており、一九五〇年以降三倍にも達している。今やアメリカは日本の輸出品の四分の一を購入している。それに比べ、アジアの上位五カ国は約一六％、アフリカ諸国一六％、西欧諸国一一％、近隣東アジアに至っては四％にすぎない。

一方、日本は輸入の四〇％をアメリカに頼っている。一九五〇年以降、輸入超過によるドル赤字は、日本で製造された米軍の装備品や生活必需品がドルで支払われることによってほぼ補填されている。

日米経済に対するアメリカ外交政策は、両国にとって貿易の拡大・安定が不可欠であるという視点に立っている。アメリカには日本が必要としている多くの余剰製品があり、その逆もまた然り。日本のあらゆる県からアメリカが購入している商品のリストは、かなり目を引くものだ。ＵＳＩＳジャパンは「日本の最大市場としてのアメリカ」と題する冊子を発行している。

今後一五年間は、日本が自由経済を維持できるかどうかの危機となろう。このことは、職を求める多くの労働者の割合が、仕事の数よりも多い状態が継続するという事実に起因する。毎年一〇〇万人ほどの労働人口が過剰となっている。しかし、出生率の低下によって将来的に労働人口が減少し、また産業の発達によって雇用が促進されるだろう。よって一九七五年までには日本では完全雇用が実現し、賃金の上昇で全人口の平均生活水準が上昇すると予測される。それまでの間、現保守政権は、産業や農業への自由企業の参加を抑制して政府の参加や規制を奨励する「左翼」と断固立ち向かう必要がある。

2 政治的野望

日本人はどのような政府を望んでいるのだろうか？　望んでいない政府に関しては明確でほぼ全員一致しているが。つまり、戦争へと駆り立てるような全体主義的、軍国主義的な政府は望んでいない。日本人は、一人の人間、小さな組織あるいは派閥、単独政党などが権力を独占することに激しく抵抗する。言うなれば、彼らは「人民の人民による人民のための」政府を望んでいるように見えるが、しかし、こうした政府やシステムを選ぶべきだと明確に主張あるいは同意しているとは言いがたい。たとえば、統制権や行政権などを東京に集中させるべきか、あるいは各都道府県や地方自治体へ分散させるべきか、というのが一つの争点となっている。とはいえ、日本人が望むのは、他国と協調する誠実でクリーンな政治を行う政府、誠心誠意あらゆる階層や階級の「人民のため」の政府なのである。要約すれば、日本人はバランスのとれた二大政党制による、真に民主主義的で西洋的な代議制の政府を望んでいるということだ。

現在、日本人は政治システムや政府の施策に少なからぬ不満を持っている。これは、知識人からの声によるものが大きい。主たる批判は六つある。

（1）日本はいまだに、基本となる政治姿勢を明確にした二大政党制を持っていない。選挙も政府施策も、国民によって選択された国家目標のもとにまとめられた政策ではなく、党や派閥の目的に大きく左右されている。

他の批判としては、今の自由民主党と日本社会党の両方とも、強くて責任能力のあるリーダーを欠いており、党内の意見に振り回されず、国民や国家全体のために勇気をもって行動するような人物がいない、というものもある。

（2）自民党も社会党も、主たる目標や目的が相手の政党の評判を落とすことに終始しているという批判もある。目指すゴールが、国家のためになる政策や計画を練ることではなく、単に相手を倒すことになってしまっているのだ。たとえば、このことについて読者数の多い『産経新聞』は以下のように書いている（一九五九年五月三一日付）[*6]。

どちらの政党も、相手を非難する手段としてしか外交問題を活用せず、国家の視点から議論する姿勢がまったくない。それどころか、どちらも口汚く罵倒しあうばかりで、国家政策にいかなる注意を払うこともなく、ただ選挙のことだけに関心が向いている。両政党のこうした争いは、民主的な議会政治を行ううえで参議院が持つ本来の役割から遠ざけることになるだろう。

この記事によれば、現在の政府の形態では、参議院は衆議院ほどには党の方針に縛られなくてもいいということだ。「参議院は、党派的・近視眼的視野のみならず、国家的・長期的視点をもって議題を審議しなければならない。参議院が持つこの本来の役割は、議員が自分自身の価値基準によってのみ行動することでしか遂行されないだろう」。

(3) 現在の国会では、自民党が議席のおよそ三分の二、社会党などがぎりぎり三分の一を占めている。重要案件を審議する際には、社会党側が退席や審議拒否などの方法で対抗してきた。これは「異常国会」と報道され、どうすれば国会を「正常化」できるかかなりの議論がなされている。

(4) 他の批判としては、日本がむやみに二党連携あるいは超党派の外交政策を要望している、というものだ。今のところ、二大政党は二つの主要政策で分裂している。一つは日米安全保障条約の見直し、もう一つは日本と中国共産党との関係である。岸総理は社会党のリーダーである西村〔栄一〕と会談を持ち、「今日の日本では、超党派的な外交政策を立てる余地はない。なぜなら片方は東へ行こうとし、もう片方は西に行こうとしているからだ」と述べたとされる。知識人のなかには、この言葉を反岸政権側の利益となるとみなす者もいた。

(5) 政府や政治における汚職は、日本の報道機関によって厳しく非難されてきた。一九五四年に起きた、海運業や予算をめぐる不正行政を含む一連の収賄事件[*7]は、ひどい騒ぎとなって吉田首相の失脚につながった。もっと最近の例では、一九五九年六月二日に行われた参議院議員選挙にからみ、選挙違反を疑う多くの記事が出されている。選挙管理委員会は、「票買い」のような不正を暴露する作業を数年前から行うようになった。最近の地方議員選挙では、二万五一七八例、四万四七三八名の選挙違反者が見つかり、警察に捕まっている。

(6) 政府への批判には、未成年者の非行、離婚、自殺などの問題について、有益な対策をしないこともあげられている。全犯罪の二〇%、自殺者の三三%は一〇代の青少年によるものである。そして、ほぼすべての離婚が若い夫婦によるものだ。にもかかわらず、政府によって示された対策は、強く激しい非難を浴びた。一つには、警察の権限を強化しようとする動きに対して、もう一つは、学校での道徳教育の復活に関してである。また、現在さかんに議論されているが、左翼が主導する教職員組合の無責任な活動を抑制するための、学校教員の雇用や昇進に用いる「勤務評定」も批判を浴びている。

以上の批判は、部分的には日本人の特徴とも言える一般的な「反抗」態度と見ることができるだろう。また、批判の大部分は、支配政党を非難することが仕事であると思っている「左翼」からのものだ。しかし、日本政治の専門家はより深い要因を見ている。

日本では何百年もの間、太陽神としてのアマテラスの直系とされる天皇を父たる現人神とする大きな一つの家族であるという思想のもとで、社会的コントロールが行われてきた。天皇という権威に対する忠誠は、名誉を何よりも重んじ、両親や年長者を敬う精神によく表れている。しかし、裕仁天皇は一九四六年一月一日に現人神であることを否定し、こうした社会的コントロールの基礎となっていた秩序は崩れることになった。[*8]

日本ならびに東洋諸国には、西洋的な民主主義の成功を望むような歴史が存在していない。一八六八年の明治維新後、日本でも民主主義が志向されたことがあるが、それは全体主義的な軍国主義へと向かうものだった。議会と民主主義的な機構は残されたが、その実質の中身は空っぽだったといえる。大戦後、日本人はさっさと軍国主義に背を向け、占領による民主主義的な再建に心からの賞賛を送った。ある形態の政府からまったく異なる政府への突然の移行に対応できるこうした能力は、伝統的な日本の家族制度における父親の持つ地位を背景とした従順な気質によるものと心理学的に解釈されている。日本人の生活や伝統が専門の西洋の研究者は、こうした点や他の根深い心理的要因を重要視している。日本人が持つまさにこれらの基本的な性質によって、工業・貿易・教育・政府形態その他の生活様式に至る西洋化の時代にあってもなお、内面の西洋化を逃れてきたと言えよう。

アメリカ合衆国や他の自由世界にとって非常に重要なことは、きちんと機能する真に民主主義的な政治システムと政府を目指すことを、日本が認識できるようになることである。エドウィン・O・ライシャワーが『ライシャワーの見た日本』(原題 *United States and Japan*) で指摘したように、

　非白人人種で、長期にわたって民主主義の運営に成功した国民は、まだ一つもない。(略) 民主主義がアジアでうまく働くことを実証する必要は、ヨーロッパの場合よりもはるかに大きく、この点が、日本における実験全体がアメリカにとっても世界にとっても非常に重要となるゆえんなのである。(略) 日本での民主主義の実験は、最初にわれわれが考えたように、その他の世界から孤立

した真空の中で行われているものではないことが明らかで、民主主義と共産主義との間の戦争における決定的な戦闘なのである。これは、実際、アジアに関する限りでは、決定的な戦闘になるかもわからない。[*9]

もし、高度に工業化し、識字率が高く、情報の発達した日本のような国で民主主義が根づかないようなことになれば、いったいどうやって未発達で、識字率が低く、情報が乏しい国を民主化できるというのか？

もし民主主義がアジアで生き延びられないとしたら、現存する西洋民主主義諸国の国民はまもなく、圧倒的な全体主義世界の中ではおそらく自分たちの民主主義を長くは維持できない、絶望的な少数派になってしまうだろう。[*10]

日本国内の政治事項に対するアメリカの外交政策は、彼らが持つ根本的な障害の原因をつきとめ、国内政治に関与せずに、民主主義構築のためにできうるかぎりの援助を行うことである。日本の評価員や親日家のほとんどは、日本の民主主義は日本で作られるべきだと考えている。USISは、アメリカ民主主義における根本的な指針の基礎材料を、日本人の政治思想家らに提供しうるし、実際に提供している。

3　国家の安全保障と世界平和

日本人が目指している三番目の大きな目標は、主として自らの努力による国家の安全保障と国際間の緊張緩和をベースにした世界平和である。

心理的には、核戦争にも、ロシアや共産主義者の陰謀にも巻き込まれないことを望んでいる。日本の国土への核ミサイル基地建設反対は、こうした恐怖に対するさまざまな反応となって表れている。たとえば、日本に駐留する米軍の縮小、占領下にある沖縄や小笠原の日本への返還要求、日本の再軍備が憲法違反であるという理由での日米安全保障条約の破棄、などというものである。

日本人の核兵器に対する恐怖は、深く根を下ろして広く行き渡っており、ほとんど病的なほどだが、それもむべなるかなである。とはいえ、十分な近代的国家防衛システムの構築には小さくはない障害となってきた。閣僚たちは、核兵器が厳密に防衛のためだけに限定され、軍事的拡張のためでないのであれば合憲であるという立場をとってきたが、反対の主張は強く、時にほとんど暴力的なまでの抵抗を示している。

三年前、政府に対して正式に核兵器廃止を求める三〇〇〇万を超える署名が集められた。一九五六年二月、核廃絶を要求する決議が衆議院を通過し、五七年三月には参議院を通過した。一九五七年九月、藤山愛一郎外務大臣は国連総会の前に核兵器と核実験の廃止を呼びかけ、アメリカとソ連両方に対して核実験の継続に対する抗議を行った。

こうした一連の行動や日本における原水爆反対運動・組織は、すべて左翼社会主義者によって広められ、指導されていたにもかかわらず、広範囲にわたる大衆の支持を集めていた。こうした運動が支持された理由の一つに、アメリカが行ったビキニ諸島での水爆実験により、「第五福竜丸」に乗船していた二三名が被爆した一九五四年の事件がある。アメリカによる最初のコメントは、彼らの被爆は深刻なものではなく、スパイ活動をしていた可能性すら匂わせた。一名が亡くなり、残りの船員らも入院する事態になると、戦後は見られなかった強い反米感情があっという間に広がり、アメリカ政府もこの事件を真剣に考えざるをえなくなった。日本国民の怒りがあまりにも激しかったので、内閣は最低一年間は太平洋での核実験を延期するようアメリカに要請する決議を通すことになった。この事件はすでに報道で扱われることはなくなったものの、まだ忘れられてはいない。

広島には、「恐怖の館」という名称のほうがピッタリくる「平和記念館」がある。その壁には、男性・女性・子ども（説明書きによれば小学生）の写真がずらりと展示してあり、どれも高熱と放射能によるひどい怪我を負い、焼けただれている。原子爆弾によるこのおぞましく陰惨な影響への印象は、原爆傷害調査委員会（Atomic Bomb Casualty Commission：ＡＢＣＣ）による子孫への放射能の影響と健康被害の晩発性に関する調査結果を見せる小さな展示によって、やや緩和されている。また、原子力の平和利用に関する小さな展示コーナーもある。

広島・長崎の市内および周辺部では、放射能を浴びた親の子どもは、浴びていない親の子どもより奇形や知的障害の確率が高いと信じられている。原爆傷害調査委員会は数千世帯にのぼる次世代の調査データを集め、片親もしくは両親とも被爆が確認されているグループと、両親とも被爆していないグループを比較したところ、障害児の出生には差がないという統計的な結果となった。こうした事実が公表されたにもかかわらず、被爆していない親たちは、家族に一人でも被爆や被爆が疑われる人物がいる者と自分の息子や娘が結婚することを禁止する、という迷信をしつこく信じているのである。このように、数世紀にわたって被差別者として有名だった「穢多」と同様の差別構造が生まれているのだ。

共産主義者は、平和を希求する強い欲求や人道的な感情から最大限の反米感情を引き出し、一九五九年七月の広島県議会では強硬な姿勢に出すぎた。過去数年間、県議会は毎年八月に行われる反核平和行進に対して一定の補助を行ってきた。しかし、一九五九年にはこの補助が多数の反対によって拒否されることになる。なぜなら、行進が人道的なものというよりも共産主義を目的とする左翼的な要素があまりに露骨だったからである。

この数カ月というもの、反核運動はかなり沈静化している。原子力の平和利用の促進に対する反対は、ほぼなくなったと言えよう。今や日本には、原子力と研究用原子炉の開発プログラムが用意されている。しかし、核ミサイル基地への反対は依然として存在する。

反対意見がしつこく主張されるのではないかという懸念を抱きつつも、今や日本政府は十分な近代的防衛システムを備えるための準備に向けて着実に踏み出している。日本の再軍備への歩みは、下記のようなものだ。

（1）　一九五〇年　警察予備隊の設置。
（2）　一九五四年　国内の治安維持に関する特別任務を伴う防衛庁の設置。
（3）　一九五六年　長いスパンで防衛戦略や防衛政策を審議する国防会議（アメリカの国家安全保障会

議＝NSCに相当する機関）を内閣に設置。

報道によれば、一九六〇年に向けての長期防衛プランでは、陸上自衛隊に一八万人、航空自衛隊には三三中隊で四万三〇〇〇人、海上自衛隊には総トン数一一万九〇〇〇トン、三万三〇〇〇人の配備が計画されている。今、議論の対象となっているのは、まさにこの計画である。日本が国家の安全保障を同盟国アメリカに依存すべきか否か、あるいは国連における日本の影響力を通じて、東西の国際的な緊張のなかでうまく国家の安全と国際的な理解を得るのがいいのかどうか、という点が基本的な争点となっている。

二つ目の大きな前進としては、提案されている日米安全保障条約改定である。正式な内容はまだ公表されていないが、新聞報道によると、

（a）改定終了日もしくは満了日の設定

（b）日本が攻撃を受けた際は、アメリカが防衛に協力するという確約

（c）日本と周辺地域における米軍配備を協議する日本政府との事前協議会の設置

などが、新しい条件となっている。

これらの項目が、アメリカの極東政策と協調したものであることは明らかだ。

4　アジア情勢における指導的立場

政治指導者あるいは知識人のリーダーたちは、軍事力や侵略ではなく、工業的、教育的、文化的分野

で他より抜きん出ていることをベースに、平和的手段でアジアにおける日本のリーダーシップを取り戻したいと切望している。もちろん、戦前の拡張政策によるアジア諸国の憎悪を軽減する必要があることは認識されている。アジアでの指導力を回復するという目的への最初のステップは、ビルマ〔現ミャンマー〕、フィリピン、インドネシア、南ベトナムに対しての平和条約締結であった。これらの条約には、五年から一〇年以上にわたる、毎年五〇〇〇万円から三〇〇〇〇万円規模の賠償金の支払いが含まれている。それに加え、ビルマとフィリピンには経済投資も行われた。

次のステップとして、東南アジア開発基金設立のために、一九五七年に初めて五〇億円の政府支出金を岸首相が提案した。当初の提案では、アメリカが日本に加わり、この基金に資金援助することになっていたが、受給国が日本との二国間協定を望んだ。一九五八年二月四日、日本からの資本財の購入と他の特別用途のために、日本は円借款ならびに貿易に関する協定をインドと結んだ。ラオスとカンボジアに対しては、ダムの建築と農業開発が行われた。一九五七年末までには、日本からアジア諸国へ総額二〇〇〇万ドルにも及ぶ借款もしくは経済投資が行われている。この経済投資には、日本の商社が多数参加している。たとえば、二九の合弁事業や八つの事業提携、六〇の技術協力などがあげられる。これらの協定は、外務省経済局の経済協力課と技術協力課を通じて実施された。

教育・文化の部門では、日本政府は日本の大学で学ぶ外国人留学生に対するささやかな支援プログラムを用意している。東南アジア留学生への支援は、一九五四年の一四名から五七年の六〇名まで増加した。これは、日本にいる外国人留学生の総数からするとごく少数にすぎない。しかし、一九五八年五月には六二〇名への助成が予定されている。一五〇名のゲストが泊まれ、各種会議や研修に対応した部屋を備えた、アジア会館[*11]と名づけられたビルが一九五八年に東京にオープンしている。

アジアにおける指導力回復への日本の野心がうかがえる証拠として大変印象的なものの一つに、一九五八年五月二四日から九日間にわたって東京で開催された、通称「第三回アジアオリンピック」、第三回アジア競技大会をあげることができよう。第一回目はインドで開催され、参加国は一〇カ国だった。第二回目の開催はフィリピンで、一八カ国が出場した。そして、第三回目の東京大会では参加国は二〇カ国にのぼった。共産主義中国、北朝鮮、北ベトナムは、いずれも参加を拒否し、北朝鮮の場合はアジア競技大会委員会のほうでもエントリーを拒否している。中国共産党は、台湾の選手が中国代表として参加することも拒否した。

大会には、一四〇八名の選手と四四二名の職員が参加した。そして、この一八五〇名の参加者に対して、日本人は三三七名しかいなかった。つまり残りは、アジアと中東（イスラエル、アフガニスタン、イラン）からの参加だったのである。

日本は、この大会で初めて使用する、観客席数七万席の大きな競技場[*12]を東京に完成させた。この競技場のほか、新しい屋外・屋内プールを含む一七の施設が、さまざまな競技・イベントのために貸し切られた。競技場は毎日満員御礼となった。

日本人選手は、一一二の金メダルのうち六七を獲得。次に金メダルが多かった国は、韓国とフィリピンの八つだった。[*13]

日本は、近年開催されたさまざまなアジア会議で主催国となってきた。たとえば、一九五八年五月開催のアジア鉄道首脳者会議[*14]、同じく五八年八月開催の第八回汎太平洋東南アジア婦人会議[*15]、五九年三月に開催されて一五カ国が参加した第一回アジア生産性円卓会議[*16]、五九年五月開催の国連アジア極東経済委員会（the United Nations Economic Commision for Asia and the Far East：ＥＣＡＦＥ）[*17]には二〇カ国、道徳再武装[*18]（Moral Re-Armament：ＭＲＡ）のための第三回アジア会議には一〇〇人のリーダーが参加した。

日本は、国外で開かれた重要なアジア会議でも代表を務めている。一九五五年に開催された有名なバンドン会議においては、現通商産業大臣である高碕達之助氏が経済委員会で主導的役割を演じ、他の代表者たちからの圧倒的な支持を得て、提案や提言を行った。一九五七年には、岸首相が二回にわたって東南アジアを歴訪し、戦時中の日本の行為に対する公的謝罪を行った。

アジアでの日本のミッションとして日本自身が自覚していることは、外務省によって下記のように記されている。

……世界平和を実現するために最も重要なことは、日本に関するかぎり、アジア各国との平和を担保することである。そのためには、アジアの平和を脅かす要素を取り去り、国内の社会不安を取り除かねばならない。

この目的を達成するために、日本はできるかぎりのことを行う用意がある。一アジア国としてアジアにおける地位を維持するためには、他のアジア諸国の信頼と信用を得るしかない……。アジア諸国のほとんどは、この短い間に独立を勝ち取ったが、豊富な天然資源を持っているにもかかわらず、経済発展の面で芳しい結果をあげているとは言えない。この点において、我が国は、高いレベルの技術的ノウハウと工業力を持っており、多大な協力を申し出るものである。それは、外国資本と技術の輸入を可能にするだろう。

日本がアジアでの悪い評判を払拭するには、長い年月がかかるだろう。現在、韓国と日本の関係は最悪である。台湾は、共産主義中国に対する日本の親しげな態度に不快感を表している。東南アジアの発展途上国に向けた日本の経済的・技術的な支援は、アメリカ政府の対外援助プログラムの負担を大きく減らしている。

5　一等国とみなされること

日本人は、とても地位を重んじる人びとだ。名誉やメンツといったものをかなり強く意識する。国立大学は、最高峰の東京大学、次に京都大学、三番目は東北大学という具合にランクづけされている。二〇歳以上の男性二〇〇〇名を対象とした職業ランキング調査によると、都道府県知事を筆頭に、大学教授、裁判官、大企業の重役、医者、と続く。[*19]

新聞をはじめとするマス・メディアは、日本の芸術家、スポーツ選手、科学者などが世界レベルに達したかというようなニュースを、いつも大きく報道している。日本人水泳選手が世界記録を破ったとか、物理学者の湯川秀樹がノーベル賞を受賞したなどの出来事があると、新聞各社はトップニュースで扱い、スポーツ面やその分野に関連した紙面では全面記事になるのが恒例となっている。

国会議員一〇〇名の将来への抱負を調査したロイド・フリー博士による最近の研究では、日本を含めた主要九カ国の「実力と重要度」の順位を質問した。すると「日本はインドやイタリアと並んで、アメリカ、ロシア、イギリス、共産主義中国、西ドイツ、フランスの下位にある」としている。彼らは、少なくとも戦前と同じ「主要五カ国」の一つにまで地位を向上させたいと望んでいる。それは軍事力などではなく、平和と繁栄を築いた者として影響力を持ちたいということなのだ。[*20]

この目的を達するため、日本は七二カ国と外交関係を結び、インドネシアと韓国に領事館を置いた。日本と外交関係のない国は、一一カ国である。大きな前進としては、一九五六年一二月一八日に国連への加盟が認められ、五七年一〇月一日には非常任理事国入りが決まり、五八年一月一日には安全保障理事会のメンバーとなったことだ。日本は非常任理事国として、国連憲章を遵守し、世界の紛争を平和的な交渉で解決するよう努力して成果をあげている。一九五七年には、岸首相が下記の三つの基本外交政策を制定した。

（1）国際連合中心

（2）自由主義諸国との協調

（3）アジアの一員としての立場の堅持

（『昭和三三年版わが外交の近況』より）[*21]

世界における日本の地位は、外交努力や国連その他多くの世界機関への加盟によるだけでなく、科学、技術、文化、スポーツの分野における業績でも評価されている。

日本学術会議は、『基礎科学白書』シリーズの刊行をスタートさせ、一九五九年五月一〇日に第一集が出版された。この本の序文で、日本学術会議会長の兼重寛九郎が以下のように書いている。

わが国の科学研究は戦争直後に較べればいくぶん立ち直って来てはいるけれどもそれ以上に世界

の科学技術の進歩は急速であつて、容易にそれに追いつくことができないというより、むしろその差が大きく離され、このままにしておくと日本の科学技術は、全く世界の落伍者となるおそれがある。[*22]

この序文では、日本と他国との研究施設や給与に対する財政規模や取り組み、政府補助金の期間などを比較し、応用科学よりも基礎科学の重要性などを強調している。日本は、諸外国よりも基礎科学に向けられる資源の割合が著しく劣っているという。その一つの結果として、研究設備が充実していて、より給与が良い海外へと、日本のトップクラスの科学者が流出してしまっている。

(この文章を英訳した翻訳家により、日本の科学技術に関する考慮すべき少しばかりのコメントが付け加えられていた。彼によれば、兼重氏の関心事は日本の威信や独自性、どれくらい特許が申請されているかなどであり、科学の発展が人類全体に貢献すべきであるといったことには興味が薄いという。「私の推測するかぎり、利己主義、敵意、優劣を競うような風潮のもとで、科学における努力を制限しようとするような企図が日本あるいはアメリカの科学者に働き、より広い視野を持ち、お互いや両国の努力への信頼を深めることを阻害していくに違いありません。もし日本で科学技術に関する連携を促進しようとするならば、アメリカと日本の科学者や技術者が、プロとしての自覚を持ってこうした悪習から抜け出すことが絶対に必要でしょう」)。

日本は、国際会議やイベントを主催することで、地位を向上させる努力を続けている。最近のものでは、一五〇〇名が参加した国際ペンクラブの会議[*23]、一二〇〇名の科学者が集まった国際酵素化学会議[*24]、国際癌研究学会[*25]、数千名が参加したキリスト教教育世界大会[*26]、などである。しかし、なんと言っても人びとが拍手喝采して喜んだのは、一九六四年のオリンピック開催決定[*27]だ。このニュースは、主要各紙すべてでトップニュースとして伝えられた。あるアメリカ人特派員などは、このニュースで日本人の身長が二インチ伸びたと言ったくらいである。

日本における他のビッグイベントとしては、毎年開催される国際見本市があげられるだろう。一九五四年にスタートし、会場の規模、海外からの企業参加数、総取引などすべてにおいて急速に拡大してきた。今年は、今後もずっと使用できる東京国際見本市会場として、三つの巨大な建物が建てられた。[*28]

以上の事柄は、日本が国際的な評価と栄誉を上げようと努力している様子を示すに十分だろう。日本人が、今のような自由な企業活動と民主的な政府のもとで、より早くそして高度な発展を遂げることで、自由世界から共産圏への転換を促すような説得は、どんどん困難になっていくだろう。

6　独立への原動力

一九五二年四月二八日にサンフランシスコ平和条約が発効すると、占領が正式に終了し、日本は主権国家として返り咲いた。一九五二年二月には、アメリカと日本は日本の主権、独立を侵害しない範囲での米軍の駐留に合意。そして一九五四年、アメリカと日本は、アメリカが利用可能な軍事援助の種類を規定した相互防衛援助協定に調印した。一九五七年、アメリカは日本における軍事施設を大幅に削減することに合意する。こうしたことは、現在の世界状況の許す範囲で、日本に可能なかぎり自由で独立していてほしいというアメリカの願いの表れである。

前述したように、今となっては日本を共産国家が乗っ取って支配するような恐れは、ほとんどない。

アメリカに影響されすぎている、それどころか支配されている、というような感情が、日本には強力に存在する。日本の知識人は、経済と安全保障の面でいまだアメリカに依存していると感じている。彼らが危惧しているのは、この状態が続くと、日本の主たる目標となっている経済的安定、政治の民主化、国家の安全保障、そして何よりもアジアで主導的立場に立ち、アメリカにとって重要な位置を占め、つまりは世界情勢を左右するような存在となるという最重要目標への道が閉ざされるのではないか、ということだ。よって、現在のアメリカへの依存はあくまで一時的な必要があってのことであり、状況が許せばできるだけ速やかにやめるべきであると考えられている。どれくらい早く、どのような手段で、ということに関しては、次章で述べていく。社会主義者、特に左翼陣営の人びとは、アメリカへの経済的・軍事防衛的依存は必要でもないし、望んでもいないとし、別の社会主義者のなかには、望んではいないが、まだ必要であるとする者もいる。また、保守的な人びとは、今の時点ではまだ望んでもいるし、必要でもあるとしている。

フリー博士はこうした状況について、次のようにまとめている。

とはいえ、自由民主党員の大部分は、もっと現実的な見地に立っているようである……さしあたっての彼らの目標は、アメリカからの独立というよりは、日米関係のなかでより多くの自由を得ること、と表現するのが最も適切である。[*29]

7　日本に対するアメリカの外交政策[*30]

日本の指導者たちは、以上六つの達成目標がお互い好き勝手に模索され、国家的な野心を統合するというよりは、バラバラの結果をもたらすであろうことに頓着していない。もちろん、何らかの一つの方向性を意識している者もいる。ほとんどの日本人は、日本に急激な変化が起こっており、この国が変化の真っ只中にあることを敏感に感じてはいるが、いったいどこに向かっており、結果がどうなるのかについてはわかっていないようだ。

平たく言うと、日本政府のとっている、あるいはとろうとしている方針は、アメリカの外交政策に沿ったものと言えるだろう。マッカーサー駐日大使[*31]による筆者への概説をまとめると、以下のようになる。

〔アメリカの外交政策は〕相互依存の原則のもとに成り立っている。日本は経済、安全保障、政治的自由、東南アジアにおける指導力などの点、また国連や国連付属機関におけるさらなる影響力の増大という点でアメリカを必要としている。一方でアメリカのほうでも、農産物の輸出先として日本が必要なうえに、共産主義に影響された武力攻撃を封じるという我が国の戦略にとっても重要である。中国周辺の強力な軍事力によって韓国、インドシナ、チベットなどに起こったようなことを拡大してはならないし、東南アジアの非共産主義国家において経済、教育、民主主義を促進させることで、国連における話し合い以前に、自由世界の地位を補強することに貢献するだろう。アメリカの方針としては、平和、進歩、アジアにおける自由という観点から、日本とアメリカが同じ船に乗っていることを日本に理解させるのが目的である。よく引用されるベンジャミン・フランクリンの言葉を使えば、「我々は一緒に絞首刑になるか、別々に絞首刑になるかのいずれかしかない」[*32]のだ。

アメリカと同盟関係にあることが自分たち自身の利益になるのだと、日本人に納得させることが重要である――たとえ多くの面で日本の役割が従属的なものであったとしても。貿易協定、経済成長のために必要な資本、自由主義のアジア諸国に対する経済援助、相互防衛や共産主義からの攻撃阻止に関する方策等においては、他の主権国家に対するのと同様、アメリカは日本と交渉する用意がある。軍事的、経済的な力を背景にアメリカの意思を日本に無理強いするのは、我が国の方針ではない。そんなことをすれば、我が国の対アジア政策を自ら破棄するようなものである。定式は、「アメリカや自由世界との相互依存関係の枠組み内で、日本政府に最大限の自由を与える」ことに尽きる。

マッカーサー大使は、この政策が成功するかどうかは、我々が日本人に対してこの内容を説得し、主張し、より多くの支持を得るような能力があるかどうかにかかっているだけではなく、アメリカ政府の議会からの支持も不可欠であると指摘している。アメリカ人の納税者からすれば、これは長い目で見て経済政策と言えるだろう。まず第一に、日本はアメリカ製品を年間五億ドルも購入してくれる最大の顧客である。特に農産物においては、日本に匹敵するような市場はない。これらの製品は、主としてドルで支払われている。というのも、アメリカが日本から輸入している製品の三〇%は、海外市場における取引だからだ。日本が東南アジアの開発途上国に対して行っている経済的・技術的援助は、我が国の対外支援プログラムの負担を大幅に減らしている。日本、そして台湾、沖縄、韓国を含むアメリカの軍事的援助にかかるコストは、朝鮮半島で起こったように共産主義国からの軍事攻撃に対して日本を守ることに比べれば、わずかなものにすぎない。以上のように、納税者は純粋に自己の利益の観点から、日本に対するアメリカの外交政策を支持すべきなのである。

小結

日本の現政権は事実上完全に親米であり、自民党が議席の三分の二を占める圧倒的な第一党で、しかもほとんどの日本人は用心深く保守的であることを考えると、USISジャパンを大幅に縮小するか、あるいは完全に撤退してもよいのではないかという意見も出てくるかもしれない。しかし、こうした結論を出すのは性急にすぎるだろう。なぜなら、日本の親米的外交政策は、この報告書が示すようにまったく確実なものではないからだ。次章では、本章で述べたことと反対の面を見ていくことにしよう。

【注】

＊1　この報道は、日本の新聞各紙において大変な騒ぎとなった。社会主義者らはこれを政府のプロパガンダ以外の何ものでもないと冷笑し、保守派は現実的で完全に実現可能な数字であると主張した（原注）。

＊2　原文どおりだが、九年間の間違いと思われる。
＊3　“Problems Facing Japanese Economy”一九五九年三月二日付『THE JAPAN TIMES』。五面全面の記事となっている。
＊4　一九一四年関東州大連生まれ。戦中は、逓信省・大東亜省に勤務。敗戦後すぐに「戦後問題研究会」を発足させ、戦後処理の研究を開始。一九六〇年には、池田内閣のもとで「所得倍増計画」をまとめる。一九七九年に第二次大平内閣で外務大臣に起用されるなど各方面で活躍し、八六年には勲一等旭日大綬章受章。一九九三年没、叙正三位。
＊5　一九五八年五月二日に起きた「長崎国旗事件」を指す。長崎市のデパートで開催されていた「中国切手・切り紙展覧会」の会場にあった中華人民共和国の国旗である五星紅旗を、右翼団体所属の男が毀損した。当時の日本政府は中華民国（台湾）を承認していたために外国国章損壊罪が該当せず、非常に軽い刑となった。これに対して、中華人民共和国政府は日本政府の対応を厳しく批判し、約二年半にわたって貿易が中止された。
＊6　当記事二面「参院選には人物を選べ」より。
＊7　「造船疑獄」と呼ばれる事件。「外航船舶建造融資利子補給及び国家補償法」の成立と、計画造船の割り当てをめぐっての贈収賄で、政財界や官僚から多数の逮捕者が出た。
＊8　これに関しては、ロバート・トランブル「日本の『崩壊家庭』の子どもたち（Children of Japan's 'Broken Family'）」（一九五九年八月三〇日付『ニューヨーク・タイムズ』）を参照のこと（原注）。
＊9　E・O・ライシャワー『ライシャワーの見た日本』林伸郎訳、徳間書店、一九六七年、五七―五九頁。原文は、Edwin. O. Reischauer, *United States and Japan*, Harvard University Press, 1950.『ライシャワーの見た日本』は *United States and Japan* の抄訳で、引用箇所は『ライシャワーの見た日本』における該当箇所を再録した。
＊10　同前、五八―五九頁。報告書では要約してあったが、ここでは『ライシャワーの見た日本』における該当箇所

を再録した。

＊11　この施設は、現在でも「ホテル　アジア会館（Hotel Asia Center of Japan）」として港区赤坂で営業中である。公式ホームページでの創業年は、一九五七年となっている。

＊12　国立霞ヶ丘陸上競技場を指す。二〇二〇年の東京オリンピックに向けて二〇一四年に閉鎖され、二〇一八年現在は新国立競技場への改修が進められている。

＊13　実際には、フィリピン九つ、韓国八つだった。

＊14　第二回「アジア鉄道首脳者会議」（ARC）は、一九六〇（昭和三五）年一〇月一三日から二〇日まで八日間開催された。

＊15　東京で八月二〇日から三一日に開催され、二四カ国一七四人が参加した。会議テーマは「地域共同社会の発展と婦人の役割」。

＊16　この会議でアジアでの生産性機関設立が提案され、一九六一年五月一一日にアジア生産性機構が正式に発足した。

＊17　一九七四年に国際連合アジア太平洋経済社会委員会（United Nations Economic and Social Commission for Asia and the Pacific：ESCAP、UNESCAP）へと名称変更。

＊18　「絶対正直」「絶対純潔」「絶対無私」「絶対愛」からなる「四つの絶対標準」と呼ばれる考え方に則り、国際的な道徳と精神を標榜する運動。キリスト教メソジスト派のフランク・ブックマン牧師が中心となった。

＊19　Nobutaka Ike, *Japanese Politics: An Introductory Survey*, New York, Knopf, 1957, p. 12（原注）．同書の日本語訳は出版されていない。該当ページには、「職業の重要度ランキング三〇（Thirty Occupations in Order of Importance）」が載っているが、これは、尾高邦雄「日本社会の階級構造」（『朝日新聞』一九五三年二月一〇日付）からの引用となっている。当記事は東京版朝刊六面にあり、三〇位までの表が掲載されている。こ

こでは、記事の表記を転載した。アーヴィン・シャイナー「アメリカにおける日本史研究」（『史苑』三五巻一号、立教大学史学会、一九七四年、一二頁）には、「スタンフォード大学政治学科の池信隆《イケノブタカ》は自由民権運動を検討した」とある。

＊20 Lloyd. A. Free, *Six Allies and a Neutral*, The Free Press, 1959, p. 44（原注）.
『六つの同盟国と一つの中立国』の日本語訳は出版されていない。ロイド・フリーは、第二次大戦中はナチのプロパガンダを監視し、アメリカ合衆国広報文化交流局の前身である戦争情報局を指揮、国務省や国家安全保障会議における国際専門家としてアメリカの世論形成に大きな影響力を持った。一九九六年に八八歳で没。参考資料：Robert Mcg. Thomas Jr., *Lloyd A. Free, 88, Is Dead; Revealed Political Paradox*, The New York Times, NOV. 14, 1996, http://www.nytimes.com/1996/11/14/us/lloyd-a-free-88-is-dead-revealed-political-paradox.html（二〇一八年六月二〇日最終閲覧）。

＊21 外務省ＨＰ『昭和三三年版わが外交の近況』http://www.mofa.go.jp/mofaj/gaiko/bluebook/1958/s33-contents.htm（二〇一九年二月一〇日最終閲覧）。

＊22 兼重寛九郎「序文」、『基礎科学白書：第1集』日本学術会議、一九五九年、ii—iii頁。

＊23 一九五七年に日本ペンクラブが東京に招致した国際P・E・N大会を指す。テーマは「東西文学の相互影響」。川端康成が第四代会長に就いていた。日本ペンクラブＨＰ「日本ペンクラブとは」http://japanpen.or.jp/about/（二〇一八年六月二四日最終閲覧）。

＊24 原文では、International Conference on Enzymes となっているが、International Symposium on Enzyme Chemistry のことと推察される。川村信一郎「国際酵素化学会議（I.S.E.C.）わたしの参加記——語学的漫談」（『日本醸造協會雜誌』五三巻（一九五八）四号二八一頁）によれば、一九五七年一〇月に東京と京都で開催された。J-STAGE「日本醸造協會雜誌」https://www.jstage.jst.go.jp/article/jbrewsocjapan1915/53/4/53_4_281/_

article/-char/ja（二〇一八年六月二四日最終閲覧）。

＊25　一九〇八年に日本最初の癌専門研究機関として発足し、国際対がん連合（ＵＩＣＣ）とも太い繋がりを持つ「癌研究会」（現在は「がん研究会」）のことと推察されるが、国際大会を特定することはできなかった。

＊26　一九五八年夏に東京で開催された、第一四回キリスト教教育世界大会を指す。大会のスローガン「キリストは道であり、真理であり、命である」をテーマとした大会歌は、長崎外国語大学のチャペルアワー等で現在も歌われている。長崎外国語大学ＨＰ「キリスト教教育」http://www.nagasaki-gaigo.ac.jp/about/christian_education/（二〇一八年六月二四日最終閲覧）。

＊27　一九五九年五月二六日、西ドイツのミュンヘンで開催された第五五次ＩＯＣ総会において、デトロイト（アメリカ）、ウィーン（オーストリア）、ブリュッセル（ベルギー）を抑え、過半数の得票数を獲得して開催地に選出された。

＊28　一九五九年に中央区晴海に開場して以来、東京モーターショー、コミックマーケットなどの人気イベントの会場となったが、九六年に江東区有明に移転し、現在の東京国際展示場（通称：東京ビッグサイト）となっている。

＊29　Lloyd. A. Free, *Six Allies and a Neutral*, p. 43 参照のこと（原注）。

＊30　この見出しと「小結」には原文では番号が付されていないが、節と同格とみなして番号を付した。本章、注20。

＊31　連合国最高司令官のダグラス・マッカーサーの甥で、一九五七年一月から六一年三月まで駐日米大使を務めた。

＊32　アメリカ独立宣言起草者の一人であるベンジャミン・フランクリンの独立宣言署名時の言葉とされる。

第2章　野党——実力と潜在力

今日の日本には、非常によく組織され、指導が行き届いた野党が存在する。その力は、最近政府が提出した警察官職務執行法改正案[*1]を撤回させたほど強い。力の源となっているのは、議会に提出された法案に対する世論を素早くまとめ、大規模なデモを組織する規模の大きさである。与党である自民党が議会の三分の二を占め、多数決で法案を通すことは可能であるにもかかわらず、強力な世論の前にこうした実力行使を行うことは得策ではないと考えられている。自民党員の多くは、有権者が自民党に投票するのは、決して党の方針を信頼しているからではなく、どちらかと言えばマシだと考えているにすぎない、ということを重々承知している。彼らは社会党の左翼的リーダーシップを恐れ、不信感を抱いているのである。

アメリカに対する日本の経済的・軍事的依存関係は不可欠であり、ほとんど最優先課題と言える。これは、直接・間接にほぼすべての公共的な事柄に影響を及ぼす。以下、三つの異なる世論を示してみる。一つ目は、アメリカとの継続的で緊密な協力関係を現在必要であるだけでなく、将来的にも望ましいと確信しているもの。二つ目は、現在の世界情勢と経済状況に鑑みて必要ではあるが、未来永劫の関係としては望ましくないとするもの。こうした意見は、政策担当者からは「積極的中立主義[*2]」と呼ばれている。三つ目は最も左翼寄りの意見で、現在の日本の対米依存状態は、まったく必要でもなく、将来的にも望ましくない、というものである。日本が悲願を達成するための最も確実で安全な道は、アジア主義であるとする。以上のグループを簡単に整理すると、最初が「保守派」、二番目が「中立派」、三番目が「左派」ということになろう。とはいえ、「中立派」は多くの点で「左派」と共通している。

保守派

保守派に属する人びととは、自民党支持者、仕事の何割かをアメリカへの輸出に頼っているような実業家や投資家、農業・漁業関係者や中小企業の経営者、情報に通じた経済学者や他分野の知識人の保守グループ、アメリカで学んだことのある相当数の個人、などである。一般的に、日本に関する基本的な問題や、その問題がアメリカや自由主義世界の他の国々といかに共通しているか、ということに対して情報をよく知っている人が保守派の立場を支持しているといえよう。

左　派

最も左翼的なのは、日本共産党である。党員はかなり少なく、約四万五〇〇〇人しかいない。議会では、衆議院に一議席、参議院に三議席しか持っていない。しかし、その影響力はそれよりはるかに強大である。党は、モスクワや北京で教育を受け、諸外国で成功するためのあらゆる手練手管や戦略を知り抜いた老練な指導者に率いられている。党の幹部らの目的は、当然ながら日本を共産圏へと移行させることである。

左翼グループは、イデオロギー的には一九世紀マルクス主義を信奉する社会党左派からも支持を得ている。社会党右派との主な違いは、社会党をプロレタリアートの代表としての「階級政党」であるべきとするか、それとも「国民政党」を目指すか、という点である。このグループは、文筆や評論の分野で影響力のあるマルクス主義知識人が率いている。社会党左派グループは、ほとんどの主要案件において共産主義者と変わらない立場をとっている。

左派の目的

日本の自由、進歩、平和、名誉を勝ち取るための当面の左翼の目的は、以下の事項である（ただし、順番と重要度は関係ない）。

一つ目は、共産主義中国と外交関係を結ぶこと。二つ目は、共産主義中国ならびに他の共産アジア諸国との貿易協定に加盟すること。三つ目は、日本と共産主義中国ならびにロシアとの文化的・技術的交流を進めること。四つ目は、岸内閣を倒して社会主義政権を樹立し、日米安全保障条約を無効あるいは破棄するまで、条約改定を断固阻止すること。五つ目は、日本の不戦を固く誓っていると左翼が解釈している日本国憲法を堅持すること。要約すれば、一九五九年一月に行われた、モスクワの第二一回共産党大会におけるフルシチョフの基調演説に則り、ロシアのグロムイコ外相や中国の陳毅外相によって繰り返される要求、脅し、約束に沿った形で、日本の「中立主義」を目指しているのである。こうした目標の到達する先は、アメリカや西側諸国との完全な断絶であり、共産圏との強固な協力関係ということになろう。

左翼が強硬な共産主義者だけで支持されているなら、右派勢力にとっていかなる脅威ともならない。その脅威は、非常によく考え抜かれ組織された小賢しい戦略によって、社会主義者と熱狂的国粋主義である「日本第一主義者」といった反共産主義者からも支持者を獲得してしまうことである。こうした戦略と成功の規模については、後述する。左翼は、今日の日本でイデオロギーの最前線の一つを戦っているのである。

中間派――「中立主義」

中立主義者の立場は、独立・進歩・平和・名誉という日本の欲求を満たす最善の道は、東にも西にも属さずに全方位的な外交を行うというものである。日本は将来を自由世界あるいは共産圏に完全に託すのではなく、日本の持つ資質や能力に賭けるべきだとする。冷戦における外交政策としては、厳然たる中立を貫く。思想としては、西と東の「架け橋」を目指している。中立主義者のなかには、バンドン会議の「平和共存」の理念に基づき、インドと協調すべきと考える者もおり、対立する二つの世界勢力のほかに「第三世界勢力」を建設することを是としている。

こうした中立主義者は、共産主義者やモスクワや北京から支援を受けている反米的な「日本中立主義」とは、自分たちの立場を混同しないように強調している。彼らとしては、同じ「中立主義」という立場とはいえ、反米中立主義を否定的に見ているということだ。

中立主義に至る動機としては、独立への欲求、ナショナリズムの昂揚、核戦争に対する恐怖、名誉欲等々で、主として社会党右派、自民党リベラル派が支持層である。イデオロギー的には左派知識人グループが主導しており、政治的にはマルクス主義を否定しつつ資本主義の弊害を克服しようとするフェビアン社会主義者が率いていると言える。

中立主義者の目標

直近の目標とされているのは、共産主義中国との外交樹立と貿易関係の再建、共産主義諸国との文化的・学術的交流、戦時中は日本に占領されていたアジア諸国との友好関係の構築、憲法堅持と自国の安全保障のみに厳格に限定した再軍備、現在の日米安全保障体制の代わりとなる「集団的安全保障」としての多国間安全保障体制の樹立、などである。

中立主義者のこうした「第一段階」は、ほとんど左派の直近の目標と重なっている。このように最初の目標が重複していることは、最終目的が異なるとはいえ、この立場には大きな危険があることを示している。中立主義者たちは、すでに目標に向かって何かを始めているかもしれないし、始める準備をしているかもしれない。それは、一度始めたら歩みを止めるのは困難だろう。だからこそ、長い目で見ればそれが日本の最善の道である可能性もあると理解しつつも、保守派は彼らをなんとかしなければと思うのである。

中立主義者の立場

中立主義に反対する主な議論としては、日本の共産主義化に傾きがちな点にある。評論家の加藤周一は、左翼雑誌『世界』一九五九年四月号でこのことに対して次のように述べている。

「中立主義は日本の共産化を招く」という〔国会の〕議論はすでに少なくない中立主義諸国の前例に徴して、全く唐突であり、いかにも奇想天外の印象をあたえる。スウェーデン、デンマーク[*3]、スイス、オーストリア、アラブ連合共和国[*4]、インド、セイロン[*5]、インドネシアは、その中立主義の故に、共産主義化してはいないし、また将来共産主義化するだろうというはっきりした徴候を示しているわけでもない。

少なくとも今までのところ中立主義と共産主義とは、原則として、むすびついていないといってよいのだ。もし日本でだけ中立主義が共産主義にむすびつくとすれば、日本に固有の特殊な条件がなければならない。

ところが一般に共産主義の影響が大きくなるための国内的な条件は、たとえばその国の共産党の強大、それ以外の政党の汚職と無能力、社会的無秩序などであろう。

しかしそのような国内的条件のどれが日本に備わっているか。共産党は総選挙によってみると、多くの支持者をもっているとはいえない。社会はよく秩序を保っている。自民党に汚職があり、汚職と無能力にかけては日本の保守党が他のすべての中立主義国を遠くひきはなして徹底的に腐敗しているとみずから主張するならば話は別だが、もしそう主張しないならば、日本で**だけ**中立主義が国の共産主義化を招くと予想する根拠が、どこにあるだろうか[*6]〔強調は原文〕。

こうした主張は、非共産主義左翼人の山口房雄が『社会主義』（日本社会党の機関紙）[*7]のなかで一九五九年三月に述べていた論に支えられている。[*8]

われわれもまた中・ソ両国が日本の中立を支持したことを喜ぶにやぶさかではないし、米国にも中立を認めさせるために現実的な努力をつみかさねるべきだと考える。中ソの中立支持を日米離間策だなどとみる浅薄な見解は排する。

問題は日本共産党が中ソの方針に従って政策を左右している自主性のなさにある。自主性のない共産党には、中立政策を唱える資格がない。それどころか政党としての資格さえ疑わしい。

その政策〔共産党の中立政策〕の中に少なからぬ矛盾と混乱がみうけられる。（略）[*9]その若干をとりあげておこう。

（1）中立化と中立政策の混同
中立化とは終局的な国際的地位のことであり、中立政策とは外交の基本方針のことである。
共産党は、党が主張する中立政策として中立化という言葉を誤用しているようだ。

（2）中立地帯への展望がない。

日本が中立でさえあればいつまでも安全だというわけにはいかない。アジア全体が安定しなければいけない。日本に直接関係のあるのは、沖縄、台湾、朝鮮であろう。共産党[*10]が沖縄から〔の〕米軍の撤退を要求し、また日中国交の回復を提唱するのは同感であるが、これは日本の中立から中立地帯への展望の上にたったものでなければならない。従って朝鮮の安定が台湾と同じに重要な課題である。

日本の独立をかちとるためにも中立は大きな意義をもっている。日米安保条約から生れてきた国際、国内の体制は日本の独立をいちじるしく傷つけている。日本が安保体制を打破できる条件の一つは全般的に国際緊張が緩和することであるが、日本が漫然とまっていたのではだめである。日本自身もさきにのべた中立政策によって緊張を緩和するために与えられたその時々の条件のもとで最大の努力をすると同時に、日本は中立を保つこと、即ちどちらの陣営にも属さないことを両陣営に認めさせることにある。

われわれは中立をこう定義しておきたい。

国の独立と安全のために、すべての国と友好関係を保ち、さらに両陣営に働きかけてこれを近づける橋ともなって、世界平和を実現するために自主的な政策をとること。

中立の第一条件は国民の強い意志であって、これなくして中立は考えられない。スイスとスエーデンがついに中立をまもり通せたのは、地理的な条件もあったが、それ以上に大きな理由は国民が自主的に中立を長い歴史の中からつくりあげた所にあった。

（3）善玉、悪玉論が混乱のもとである。

共産党の決定は共産圏が善玉であるときめてかかるから、「中ソが進んで日本の中立化を支持することを声明している今日」、中立の条件はもうできたのだ、あとは米国と喧嘩しさえすればよい、と飛躍してしまっている。[*11]

中立とは両陣営のどの国とも友好関係を樹立するものであり、また両陣営を説得するだけの難しいが、懸命な努力が必要である。

日米安全保障条約改定への反対姿勢

安保条約を見直すという提案は、日本にとって今より条件がいいはずだが、ここ七年間くすぶり続けていた条約反対の世論を表面化させることになった。もともとの反対者だった、主に共産主義者や左翼らは激怒し、安保改正反対のプロパガンダを大量に流し、新しい安保反対運動を組織し、旧反対運動を復活させた。

改正反対への要因はさまざまで、混ざり合っている。

1　共産中立主義者とそれに追随している人びとは、彼らが目指している条約の永久無効、破棄が遅延されるという理由で反対している。こうした観方は、福田歓一東大助教授による下記の表現でまとめられている。

（米国の意図は）保守党政府に外交的成功の栄光を与え、現支配体制の政治的安定をつくり出すことである。いうまでもなく、これは将来の米国世界政策に忠実な権力の確保であり、戦略的価値激減後の日本を外交的に支配する最も確実な手段[*12]である。

2　極左の人びとが改定に反対する理由は、日本が共産主義中国と友好関係を築くことが難しくなるからである。青野季吉《すえきち》は、左翼雑誌『世界』の文芸批評のなかで次のように述べている。

特にわたしは岸政権の手でそれ〔日米安保条約〕が改正されることに大きな不安をもっている。（略）日本が「自主的」にアメリカの反共軍事体制にはいり込むことになる。岸政権は基本的にはそれを意図していると考えられるし、そういう密約がアメリカとの間にあるともいわれている。安保条約の改正は、その〔中国にたいする岸首相の〕敵視政策をハッキリ打ち出すようなものである。安保条約改正で、現在以上に日中関係がわるくなるのは、火をみるよりあきらかだ。[*13]

同誌に掲載された、羽仁五郎[*14]の歴史的視点での批評では次のように書かれている。

日米安全保障条約の廃止、いかなる外国にも軍事基地を提供しない中立によって、日本は自立し、アメリカともソヴィエトとも中国とも最善の友好関係に入ることができるのである。[*15]

3　日本社会党は、全面的に改定に反対している。その理由としては、日米安保体制の代わりに、「日本、ソ連、共産主義中国、そしてアメリカとの間での集団安全保障体制」を目指しているからである。彼らは岸の真意にも疑問を持っている。アメリカとの安保条約改定によって、岸が自分の政治的立場を強めようとしているのではないか、と主張しているのだ。当然ながら「交渉が始まるや、問題は国内、というよりも自民党内の指導権掌握問題に移されたにおいがしてならない。わけても警職法〔警察官職務執行法〕以来、岸総裁の命脈に山がみえてきたからには、この問題は純粋に外交問題であるよりも、だれが次期総裁になり、どの派閥が次期主流派になるかの鍵になってしまった[*16]」のである。

戒能通孝[*17]教授は、このように述べている。

外交が国内問題化したとき、最も検討されないのは、特定の外交政策の結果として国民がどうなるかということである。私がこの事実を痛感したことの一つは、太平洋戦争開戦当時の事情である[*18]。

戒能教授による最大の論点は以下である。

のみならず安保条約改定の結果、日本の「集団的自衛軍」が条約上公認されるようになるならば、それはいうまでもなく国際反共軍の一部として出現し、軍自体、反共はもちろん、反社会党的クーデター手段とならぬだろうか。「中立は軍の敵」、この立場で軍もしくは自衛隊の編成・教育が進められるであろうなら、その軍にとって最も忠実な使命といえば、自民党もしくは自民党的政党の私兵化することである。（略）それによって自民党は警察力以上の力を私有する実力政党となり、永久政権の腕力的支柱を獲得する。[*19]

4　日本最大の労働団体である総評（日本労働組合総評議会）は、太田薫と岩井章が共産主義者なので、改定に反対している。[*20] 一九五九年六月一七日、彼らは「総評は原則として日本共産党と共闘する」と宣言、「日米安保条約改定反対の現状の流れを効果的に進めていくために、共産党の存在を無視するわけにはいかない」とした（この決定は、岩井議長が最近中国共産党の指導者と面会し、方針を大きく変更したことの結果だと言われている）。

5　強い力を持つ日本教職員組合（日教組）の反対理由は、現在提案されている雇用、昇進、教師の給与を決定する人事査定システムと安保改定が関連しているという見方によるものである。どちらの案も、彼らからすれば、日本の軍国主義を復活させることを最終的な目標とし、日本をより軍事的な性格にしようと目論むものだとしている。

6　そして核兵器に対する異常なまでの恐怖心が蔓延していることで、多くの人びとが改定に反対している。彼らは、改定によってアメリカが日本にミサイル基地を建設するのを許可することになり、中国やロシアの反発を招くのはもちろん、もし戦争になったとしたら、こうした国から報復の対象となるに違いないと思い込まされているのだ。核ミサイル基地が日本にできることで、戦争の引き金になると考えている人もいる。つまり、そんなことになれば共産主義中国やロシアが黙ってはいないので、すぐにでも日本を攻撃してくるだろうというのだ。

一九五一年に安保条約が締結されたときは、西側陣営は東側よりずっと強力だったが、現在は状況が異なる。日本が現実的な安全保障を望むなら、どちら側につくべきか立ち止まってよく考えたほうがいい。そうすれば、当然ながら中立主義に進むなどということはできないはずだ。

「条約を改定したら、アメリカは必ず核兵器を日本にもちこみます。（略）アメリカの開戦と同時に、日本は自動的に全滅戦争にまきこまれます」[*21]と日本共産党中央委員の志賀義雄は言う。

戒能東京都立大学教授は、同じ意味のことをもう少し穏やかなトーンで述べている。

〔岸政権は〕どんな改定を計っているのか、少しもわれわれの前に示していないのである。それでいて国会では防衛的性質の核武装なら違憲でない、防衛上やむを得なければミサイル兵器で敵基地をたたくことも合憲であるというような（略）。核武装は「防衛的」と名づければ合憲であるとの想定の下に、安保条約改定が進められつつあることは想像できるようである。

もし改定が実現し、「核兵器持込みについては協議する」の条項をとりつけても、これだけでは現条約に比較して何の長所も獲得しない。けだし「協議」するとは（略）「一応相談する」というだけの意味しかなく、日本の同意を要するとの強い意味はないのである。「一応相談」しさえすれば米側は在日部隊の配備を変え、核兵器まで持込むことができる。これでは現行条約とどこに差があるのだろうか。[*22]

日本再軍備への反対意見

この問題に対する議論は、安保改定と結びついている。日本の自衛隊設立に関してはすでに踏み出しており、第1章で既述したとおりである。それをさらに拡充しようという段階になって、共産主義者、中立主義者、平和主義者などからの相当な反対にあっているのだ。日本の再軍備に対する主な論点は、下記のようなものである。

1　再軍備は憲法違反である。日本の憲法第九条は、はっきりと再軍備を禁止している。この条文を改正しようとする動きは、ことごとく失敗してきた。とはいえ、国を守る自衛隊は許可された。

2　たとえ合憲であったとしても、最新兵器で十分な自衛を行うのは経済的に困難なので、再軍備は好ましくない。

3　一部の軍人が身の丈に合わない暴走をしたことで、日本は戦争に突入してひどい敗戦を経験し、貴重な領土を失ったことをふまえ、日本人はそんな失敗を二度と繰り返すべきではないので再軍備に強く反発する。

4　現代において十分な兵力を持とうとすれば、核兵器を使用せざるをえない。それは、日本人が何が何でも拒否するものだ。

5　日本にとって最善の自衛手段は、東西両陣営のどちらにも友好的で中立的な立場を貫き、どちらからも攻撃されぬようどちらにとっても重要なポジションを保つことである。こうした見解は、日本が中立をとることが共産国に支持されるという前提に立っている。

左翼の戦略、作戦、組織、リーダー

こうした反対勢力の強さは、議論がロジカルであるだけでなく、大衆の感情や心情に訴えかける力を持っていることだ。日本の共産主義者を教育しているモスクワや北京の連中は、スローガンを作ったり、大規模なデモを組織したり、「活動家」を養成したり、すでにある強力な組織の指導力を浸透させたりするのに長けている。

共産主義者の主要な戦略に、非共産主義の大衆的左翼運動やマス・コミュニケーションをうまく支配下に置き、それを活用しつつその陰に隠れるというやり方がある。一つの方法としては、反米を目的とする共産主義の中立主義と、より一般的な中立主義者が好む日本を思っての「積極的中立主義」という外交政策を混同させ、作戦としては後者のふりをすることだ。彼らは、自由世界から距離を置かせるという他の喫緊の目的を推し進めようとしているのだ。特に台湾、カンボジア、ラオス、インドネシア、ビルマなどの東南アジア諸国と疎遠にさせ、韓国とはさらなる断絶を促している。同時に共産主義者はできるかぎり国内の混乱を煽ろうとしており、ストライキや生産の妨害などを計画し、大衆を煽動して社会不安を増大させることを目論んでいる。

こうした目的を遂行するための戦略は、四万五〇〇〇人の活発な党員と、数はわからないが、隠れた党員や支持者たちの支援を受けた、モスクワで訓練された一握りの策士たちによって実行されている。表面的な政治力としては、日本共産党は四六七ある衆議院議席のうち一議席しか取っていないし、参議院でも三五〇議席のうち三議席を占めるにすぎない。しかし、彼らの能力と戦略は非常に長けていて、党の大きさに比べてはるかに強大な影響力を持っているのである。もちろんこうしたことは日本に限らず、フランスでもイタリアでも共産党が法的に認められている国ならどこでも見られることだ。

戦略

第一に何よりも、日本共産党は地域であろうが国家単位であろうが、あらゆる暴力革命という政策を放棄した。それに代わって、「大衆運動への平和的なプロパガンダ、浸透、拡散」などを前面に出している。その理由は、暴力革命を打ち出すのはまったく逆効果であることが経験的に証明されたからだ。

日本の主権回復からまだ一カ月もたっていなかった一九五二年のメーデーでは、よく訓練された共産主義活動家の小さなグループが、東京で一万人規模のデモを暴徒化させ、権力側とアメリカとみなされたものに暴行を加えた。ここに参加した暴徒らの数はかつてない多さで、警察官七〇〇名以上を含む犠牲者の数は一二〇〇名にのぼる。[*23] こうした戦略に対する一般市民の反応は、同じくらい暴力的だったと言えよう。

この事件が起きたとき、日本共産党はモスクワや北京からの指示で、韓国での来たるべき勝利に向けて日本が「引き受ける」準備として、それまでの「平和革命」という路線から「煽動と暴力」に方向転換していた。この指示は、韓国を掌握するという計画がまとまった一九五〇年一月に出されたものだ。[*24]この時点で、日本共産党は内戦の準備を密かに進めていたのである。

この計画全体が、当然ながら失敗に終わる。このことで、暴力革命に固執するグループと元の「平和革命」に戻ろうと提唱するグループとで日本共産党内部の意見が割れ、投票が行われたくらいだ。上記のように散発的に起こる暴動により、共産党に対する民衆の軽蔑や不信は積もり積もっており、日本共産党はあらゆる暴力を放棄し、アメリカ人を市民の混乱の主犯として糾弾することが、「高次レベル」(つまりモスクワと北京)において決定された。

日本におけるこうした共産主義戦略の転換は、一九五二年七月一日に日本共産党書記長だった徳田球一による論文にまず表れた。徳田は一般大衆の怒りを察し、非合法な暴力闘争に対して強く釘を刺した。「ストライキやデモに過剰なエネルギーを注ぐ指導者は、しばしば他の闘争手段である国政あるいは地方選挙、議決機関というものを無視しがちである。われわれの使命は、合法行為と違法行為をうまく合体させて民衆の信頼を維持することだ」と彼は述べている。こうした方向転換は遅きに失し、世論は共産党を支持しなくなった。

一九五二年一〇月一日、前の選挙からほぼ四年がたち、日本では総選挙が行われた。共産党は熱心に選挙活動をし、全選挙区に候補者を擁立したが、惨敗した。前の選挙では衆議院で三五名の候補者が当選したが、この選挙では一議席も取ることができなかった。得票数においても、共産党は前回の二九八万票(全体の九・七%)から八九万票(二・五%)に激減している。一九五三年四月一九日の総選挙では、共産党の得票数は六六万票（一・八九％）とさらに減り、かろうじて衆議院で一議席を確保しただけにとどまった。

日本における戦略の見直しを受けて、共産党は二つの綱領を公表した。一つは、平和と民主主義を「守る」ための統一運動を迅速に進めること、もう一つは、まともな暮らしを実現する基本的な権利を守るためには統一戦線が不可欠である、と公衆に納得させることを目指すというものだ。

共産主義主導の統一戦線を拡大するための主要な戦略としては、まず左翼社会主義者の指導権を握ることがあげられる。戦前は、多くの知識人がマルクス主義の経済と政治理論に魅了されていた。こうした知識人らが書いたものは、知識階級や労働者のリーダーの間で大きな注目を集めた。その主要テーマとなっていたのは、当然ながら、諸悪の根元たる資本家たちの搾取に対する階級闘争の重要性である。

この方針がいかに支持を得ていたかは、三冊の本の脅威的な売上げで証明されるだろう。一冊目は『弁証法はどういう科学か』というタイトルで、一九五一年に出版され、五六年のベストセラーリストでは二位となった。[*25] 二冊目は、政治経済を論じたソヴィエトの本の翻訳で、ソ連科学アカデミー出版によるものである。この本は、一年間で一〇〇万部を売り上げた。[*26] 三冊目は、共産党系の本を専門的に出している会社から出版された『人間の條件』[*27]という小説である。一九五八年には二四〇万部を売り上げ、それまでのベストセラー記録を塗り替えた。『毎日新聞』が行った全国調査では、多くの読者がフィクション、ノンフィクション問わず、この本をこれまで読んだ「最高の本」にあげている。以上の本の人気がそのままマルクス主義への転向を意味するわけではないが、マルクス主義の教義に高い関心があることを示しているとは言えるだろう。

第二の戦略は、出版による左翼的な作品の創造や宣伝に、より大きな影響と支配力を及ぼした。現在左翼は、作家を養成している九つの文学団体、出版社・図書館関連・販売会社などの一二団体、映画プロダクション・配給会社の八団体、一二の大手劇場関連団体、六つの全国音楽団体、科学者・研究者・弁護士の八つの主要団体を支配下に置いている。こうした団体とそのメンバーにより、学問や芸術をはじめ、左翼の出版物や催事と公然とうたっているものから、一般的なマス・メディアまで、大衆へのアピールがなされているのである。[*28]

第三の戦略は、日ソ親善協会やソヴェト研究者協会[*29]など、共産主義者が運営していることが公になっている組織のメンバーを拡大することである。しかし、より重要とされているのは、それらの組織が共産党の影響や指導のもとにあることを見えにくくさせておくことである。たとえば、全日本学生自治会総連合[*30]〔全学連〕、日本民主青年同盟[*31]〔民青〕、憲法擁護国民連合〔護憲連合〕(the Association for the protection of the Japanese Constitution)、などである。

これらのなかで、その明らかな規模の大きさから最も重要なのは、五〇万人以上の組合員がいる日本教職員組合を含み、三五〇万人の加盟者がいる日本労働組合総評議会(総評)である。これらの組織の指導部は、圧倒的に共産党員と社会党左派が占める。一九五九年六月一七日、日本の新聞は総評指導部が原則として日本共産党と共闘することに合意したと報道した。この時点では、日米安全保障条約と、教員の雇用、昇進、給与を「人事考査」によって決定するという政府の法案を共闘の対象としている。

共産党による第四の戦略は、党の指導者を社会党の指導者と一体化させることである。この例としては、一九五五年まで総評の事務局長だった高野実のことをポール・ランガーが引き合いに出している。

「高野は、日本の労働者を共産党支持の『平和勢力』として鼓舞する〔平和勢力論〕ことで、彼のライバルである社会党左派支持者が主張する『第三勢力』としての中立理論〔第三勢力論〕に対抗し、総評内での勝利を得た。彼の政治的立場を正確に位置づけるのは難しい。なぜなら、過去数年間、彼は非共産主義者、共産主義支持者、共産主義者とさまざまに言われてきたからだ」。ランガーはさらに、共産主義者たちが「反共」という言葉を軍国主義、ファシズム、超国家主義と同義とさせることに成功していると指摘している。「反共」というレッテルは、すなわち市民的自由、民主主義、そして平和に反しているという意味になるのだ。このことは、共産主義に対して明確に反対の立場をとり、共産主義者との共闘を拒否してはいるが同一の目標を持ち、平和、民主主義、独立の英雄たらんとするリベラル社会主義のリーダーにとっては、かなり重要な意味を持っている。

左翼知識人・その強さと影響力

第二次大戦以前は、大学を卒業するとほとんどが「インテリ」あるいは「文化人」とみなされる階級に属していたと考えられる。彼らは非常に尊敬され、名声としては上から二番目に位置していた。[*32] しかし戦後になると、大学はマス・プロダクトの何千人もの卒業者を送り出し、彼らは社会に散らばってさまざまな人生を送るようになった。現在、インテリのなかでも最高の地位にいるのは、大学教授、編集者、著述家、批評家、芸術家などである。「亜インテリ」である多くの人びとは、彼らの意見に大いなる敬意を払うのだ。

明治大学の藤原〔弘達〕教授[*33]は言う。

ひと昔ならば、インテリ特有の表現として、一部少数者の発言として、一笑に附して無視できたようなものが、むしろ「大衆のナマの声」としてそのままマス・コミなどにぶつけられるようになつてきているということなのである。[*34]

政府の役人、政治家のほとんどは、大学卒である。岸首相は、戦前の東京帝国大学の優等卒業生だ。こうした人びとは「官僚インテリ」と呼ばれ、大学教授らは自分たちのことを「文化インテリ」と思っている。

藤原教授は次のように続ける。

敗戦になつてみて、この本来的には共通していたインテリの立場は、大ザッパにいつて明らかに分裂せざるをえないことになつた。官僚インテリはその立場の故に、政治的責任を追及されるという明治以来はじめてのニガイ経験を味あい《ママ》。内的にほとんど責任を感じることができないにもかかわらず、責任を負わされるという政治の苛烈な経験をなめた。文化的インテリの方は、彼らが一貫して非政治的であり、政治的に力をもたなかつたから、こういう民族の悲劇に達したという「観念的責任」を感じ、政治的でなければならないという反省をもつた〔傍線は英語原文、引用元の日本語にはなし〕。

ともかく敗戦というインパクトと異常な政治法則が生のまま《ママ》通った戦後経験のなかで日本の官僚インテリは初めて官僚なりに政治化したし、他方では文化インテリは文化人なりに政治化したといえるのだ。そのことはインテリという範疇が専ら後者にのみ専属的になったことを意味することにもなるのだ。[*35]

ほとんどの知識人が「左傾化」している現実がある一方、明らかに「右翼」的な思考・論考をする者もいくらかはいる。

知識人による一連の影響が、大衆運動、圧力団体、政治基盤のリーダーなどにもたらされ、またこうしたリーダーたちが知識人に与える影響も複雑である。シンプルな図式としては、知識人による書物や発言が組織のネットワークや出版物を通じ、地方あるいは国レベルの指導者らに影響を及ぼすということだ。このことで、階級闘争は避けられないというマルクス主義的なフレームワークに合致するような行動を強調する短期的・長期的な思考と哲学の基盤を、これらのリーダーたちに提供しているのだ。

次にあげるのはいくつかの重要なインテリグループで、左翼の発展に大きな影響を及ぼしているものである。

日教組の講師グループ：このグループには、およそ八〇名の大学教授や著述家がおり、そのうち約一五名が日本共産党の党員と判明もしくは推察されており、残りの人びとはマルクス主義的な思考を持っている。これらの知識人は地方の組合会議で講演を行ったり、日教組のさまざまな機関紙で執筆したりし、純粋な教育技術だけでなく、政治に関することや現代の諸問題など広い範囲にわたって言及している。

労働者教育協会講師と総評学者[*36]：このグループは、一〇〇名の有能な学者、芸術家、著述家などで構成され、さまざまな労働組合研修センターや勉強会などで講演を行っている。彼らのなかの約二〇名が日本共産党の党員と判明もしくは推察されている。他の人びとは、概してマルクス主義者である。

民主主義科学者協会：この組織は、およそ二九〇〇名の会員を擁し、物理学や社会科学のさまざまな分野の科学者、学者、学生らによって構成されている。五〇以上の地方支部に分かれており、約三〇〇名の共産党員と三五〇名の支持者を含む。協会の運営委員会は、約一五〇名の各分野において著名な指導者によって構成されている。そのうちの三五名が日本共産党の党員と判明もしくは推察されており、残りの多くがマルクス主義者として知られている。この組織のメンバーは、前述した他のグループと重複しているケースもままある。

岩波グループ：このグループは、主に岩波書店（日本でトップクラスの大きな出版社）で自著を出版している学者や著述家のことを指す。特に雑誌『世界』での論考発表が目立つ。このグループには約三五名の重要な寄稿者がおり、そのうち一〇名ほどが共産党員で残りのほとんどがマルクス主義者と目されている。『世界』は発行部数八万七〇〇〇部で多くの知識人や指導者たちに読まれており、これら多くの岩波グループ学者による左翼的な著作物を一般市民に向けて広める重要な窓口となっている。

他にも小さなグループがあり、平和問題、弁証法的唯物論、憲法改正などの諸問題を専門的に扱っている。これらのグループに属しているメンバーは、一つだけでなく複数のグループに所属する者が多い。彼らも前述のグループのメンバー同様、知識人向けのさまざまな雑誌に寄稿している。彼らの支持者は、労働、青年、政治の各団体の中クラスの指導者たちである。程度の差はあれ、彼らは長年にわたって表現活動を継続していることで、影響力を持っている。加えて、しばしば新聞や一般雑誌への寄稿も依頼されている。彼らはラジオやテレビにも出演し、書物が映画化されることもある。一般大衆へのこれらの影響力は絶大である。

まとめ

岸政権における現在の親米外交政策への反対勢力の強さや潜在力は、「アメリカ合衆国の目的と政策は、自由、進歩、平和（そして名誉）を求める真っ当な要求と合致し、それを促進するものである」とはまったく信じていない影響力のある多くの日本人がいることを明確に示している。

日本で最も政治的な力を持っているのは、国会議員である。これは、ロイド・フリー博士が雇用した有能な面接調査官が一年前に発表した一〇〇のサンプルに基づいており、博士の最新著書である『六つの同盟国と一つの中立国』[*37]のために集められたデータの一つである。主要な質問項目の一つに「現状に鑑み、冷戦下において日本が可能な限り中立であることに賛成か反対か」というものがある。社会党党員の九七％が賛成、三％がまあまあ賛成と答え、全体では一一％がわからない、もしくは無回答という結果だった。日本の「野心と恐怖」に関する他の質問への回答から、フリー博士は次のように結論づけている。

日本の国会議員は、アメリカとの同盟を最重要視することには、素直に反対の意を持っている。

彼らは、明確にあるいは暗に、重要視する国家目標が達成されたなら、日本にはもっと行動の独立や自由が必要だと思っている。彼らの多くは、過度にアメリカと緊密な連携をとることを、主に冷戦の危機下での必要悪とみなしており、状況が許せば緩和したいと望んでいる。日本の知識階層の心情としては、現在の状況はあくまで一時的、暫定的、流動的なものとして捉えられているのだ。

……簡単に言えば、まだどこに向かいたいかも、どうやってそこにたどり着くかも、日本ではまったく決まっていないということである。

しかし、たとえどのような道を将来日本人が選ぶことになろうが、アメリカと自由世界にとっての最重要事項は、彼らが西側に背を向けず、大きく広げられた共産主義中国の腕のなかへと東へ旅することのないようにすることである。当然ながら、ＵＳＩＳジャパンの任務の一つは、「独立」「民主主義」「平和」という名の美味しいエサでしかけた共産主義による罠の危険性を、日本の中立主義者に納得させるためにあらゆる手を尽くすことなのだ。

【注】

＊1　岸内閣はこの改正により、警察官の警告、制止や立入りの権限を強化し、令状なしの身体検査や、保護を名目とする留置を可能にしようとしたが、社会党、日本労働組合総評議会（総評）、全日本農民組合連合会（全日農）、憲法擁護国民連合（護憲連合）などを中心として「警職法改悪反対国民会議」が結成され、組織人員は一〇〇〇

万人、抗議行動には四〇〇万人が参加し、改正を断念せざるをえなかった。

＊2　冷戦期に日本社会党が打ち出した非武装中立の安全保障政策。

＊3　デンマークは、NATOの原加盟国なので誤りと思われる。

＊4　一九六一年にシリアが連合を離脱、現在はエジプト・アラブ共和国（通称エジプト）となっている。

＊5　イギリスの自治国で、一九七二年よりスリランカ共和国、七八年にスリランカ民主社会主義共和国となる。

＊6　加藤周一「中立と安保条約と中国承認」、『世界』一九五九年四月号（一六〇号）、岩波書店、二一頁。

＊7　正確には、日本社会党内で労農派マルクス主義を掲げていた社会主義協会の機関紙。

＊8　山口房男「積極的中立の立場」、『社会主義』一九五九年三月号（九一号）、社会主義協会、三二―三五頁。この節での引用は、山口論文のなかにすべて含まれてはいるが、要約されていたり順不同だったりする。

＊9　この部分にはカッコ書きで、「日本の中立化についての党の態度」五九・一・一九、中央委員会総会決定、という出典が書いてある。倉頭甫明《くらとうとしあき》「国際的中立の一考察」（『研究論集』四号、広島経済大学、一九七一年、二三三頁）には「第四回中央委員会総会（一九五九年一月）にて『中ソ両国が進んで日本の中立化を支持する事を声明している今日、日本人民が自主独立の精神に立って、国の政策を対米従属から自主的中立政策に転換するために戦うならば、日本は平和の政策を実行するアジアの独立国にする事が出来る』と述べられている」とある。
http://harp.lib.hiroshima-u.ac.jp/hue/metadata/3678（二〇一八年六月二五日最終閲覧）。

＊10　原文では「the Soviet Union's demand」と訳されている。

＊11　原文では「The Japan Communist Party unconditionally stamps the United States as the villian《ママ》 and plays up the Soviet Union as the hero（日本共産党は無条件にアメリカを悪者と決めつけ、ソヴィエトを英雄のように祭り上げている）」と訳されている。

＊12　福田歓一「二者選一のとき――偽りのジレンマに抗して」、『世界』一九五九年七月号（一六三号）、岩波書店、

三三頁。
＊13　青野季吉「私の不安」、注6『世界』五九―六〇頁。この部分は、原文で順不同かつ要約する形で引用されているため、該当する箇所を抜き出して繋げている。
＊14　原文では「Gori Hani」と書かれているが、間違い。
＊15　羽仁五郎「安全保障条約という名の軍事条約」、注6『世界』六三―六五頁。
＊16　戒能通孝『「現実」における二つの道――安保条約改定をめぐって」、『世界』一九五九年五月号（一六一号）、岩波書店、六〇頁。この段落は英語原文では要約されていたが、ここでは日本語論文の該当箇所を抜き出した。
＊17　原文では「kaimo」と書かれているが、間違い。
＊18　注16、六一頁。
＊19　注16、六四頁。
＊20　一九五八年に岩井章が総評議長に就任すると、太田薫と連携していわゆる「太田―岩井ライン」で総評の実権を握る。産業別に団結して経営側と戦う「春闘方式」を確立し、安保闘争、三井三池争議などの中心となった。
＊21　志賀義雄「安保改定でなく核非武装の独立を」、『世界』一九五九年四月号（一六〇号）、岩波書店、八五頁。
＊22　注16。
＊23　一九五二年五月一日に皇居外苑で起きた、いわゆる「血のメーデー事件」。
＊24　一九五〇年一月一二日、アメリカのディーン・アチソン国務長官が、アメリカが軍事介入する地域から朝鮮半島が外れる（いわゆる「アチソンライン」）と受け取れるような発言をしたことがきっかけで、同年六月二五日に北朝鮮が宣戦布告なしに三八度線を越える朝鮮戦争の勃発につながった。
＊25　原文における書籍名は“Why Dialectics is a Science”となっており、三浦つとむ『弁証法はどういう科学か』であると推察される。ただし、この本は一九五五年に刊行されており、ベストセラーになった年が五六年である

ことから、おそらく報告書で書いてある刊行年の一九五一年は間違いであると思われる。

＊26 Paul F. Langer, *Communism in Independent Japan*, p. 60, ChapterII in Japan Between East and West（原注）.『経済学教科書』（ソ連邦科学院経済学研究所、経済学教科書刊行会訳、一九五九年）を指すと思われる。木村英亮「社会主義社会論」（『商経論叢』四二（三）、神奈川大学、二〇〇六年、一二九頁）によれば、一九六〇年前後に「このころ、ソ連科学アカデミー経済研究所の『経済学』の翻訳『経済学教科書』がベストセラーとなり、これをテキストとしてさまざまな学習会が開かれた」という。

＊27 五味川純平著で、一九五六―五八年にかけて『人間の條件』全六部が株式会社三一書房の「三一新書」より刊行され、大ベストセラーとなった。五九―六一年には仲代達矢と新珠三千代主演で、小林正樹監督により全六部構成で松竹より映画化されて、同じく大ヒットとなった。総上映時間九時間三一分という長さも話題となる。

＊28 出典：『左翼文化年報　一九五九年』国民文化調査会（原注）。

この部分は、右記「原典巻末付録」二八頁にある「〔付Ⅱ〕左翼文化団体一覧」のまとめと推察される。ここには、〔文学〕新日本文学会、多喜二・百合子研究会、日本文学協会、日本作文の会、日本農民文学会、新日本歌人協会、新俳句人連盟、日本文学学校、日本児童文学者協会、〔出版〕木曜会、日本機関紙協会、日本機関紙通信社、世界労連日本出版協会、労働者教育協会、内山書店、大安文化貿易株式会社、極東書店、日中翻訳出版懇話会、日ソ翻訳出版懇話会、日ソ図書館、ナウカ、〔映画〕独立プロダクション協同組合、大東興業株式会社、独立映画株式会社、独立映画配給株式会社、近代映画協会、共同映画株式会社、新世紀プロダクション、現代プロダクション、〔演劇〕前進座、舞芸座、新演劇研究所、泉座、東京芸術座（劇団中芸新協劇団）、演出劇場、劇団青俳、人形劇団プーク、青年座、いちよう座、劇団七曜会、劇団稲の会、〔音楽〕中央合唱団、合唱団「白樺」、日本うたごえ実行委員会、うたごえ活動家会議、全国合唱団会議、音楽センター、〔学術・科学〕日本ミチューリン会、国民文化会議、民主主義科学者協会、日本唯物論研究会、憲法問題研究会、日本ジャーナリスト会議、歴史学研究会、自由法曹団、が記され、代表者または中心人物と団体の概要が書かれている。

＊29　富田武「日本のソ連史研究と私」（『成蹊大学紀要』八〇号、二〇一四年、一七頁）によれば、ソヴェト研究者協会は一九四六年五月に結成され、経済学者の堀江邑一《むらいち》、親ソ的なジャーナリストで書店「ナウカ」を興した大竹博吉らが中心となっていた。http://repository.seikei.ac.jp/dspace/bitstream/10928/560/1/hougaku-80_1-16.pdf（二〇一八年六月二三日最終閲覧）。

＊30　原文は All-Japan Student Federation となっており、全学連の正式英語名は All-Japan Federation of Students' Self-Governing Associations であるが、内容から鑑み本組織を指すと考えられる。

＊31　原文は Association of Japanese Democratic Youth となっており、民青の正式英語名は Democratic Youth League of Japan であるが、内容から鑑み本組織を指すと考えられる。

＊32　彼らより上に位置するのは、都道府県知事しかいない。Ike, *Japanese Politics*, p. 11 参照（原注）。第1章、注19。一一頁ではなく一二頁が正しい。

＊33　原文では「H. Fugiwara」となっているが、数行後は「Fujiwara」であり、注34の藤原弘達を指す。

＊34　藤原弘達「官僚インテリと文化インテリ――インテリはいまや階級分化しつつある」、『経済往來』一九五九年一月号（一一（一））、日本評論社、三六頁。

＊35　この段落は英語原文では要約されていたが、ここでは日本語論文の該当箇所を抜き出した。

＊36　原文は Labor Education Association となっており、労働者教育協会の正式英語名は Association for Workers Education of Japan であるが、内容から鑑み本協会を指すと考えられる。一九五二年一〇月に設立された。「広範な労働者と国民の『階級的自覚の形成と発展』に寄与するため、『科学的社会主義の立場に立って、哲学、経済学、労働運動をはじめ人民運動についての基礎的理論』や『内外の政治・経済情勢の特徴』などを教育・普及すること」を目的としている。労働者教育協会ＨＰ「組織紹介」http://www.gakusyu.gr.jp/introduction.html（二

〇一八年六月二三日最終閲覧）。

＊37　第1章、注20。

第3章　USISと同盟勢力[*1]

日本における西洋とアメリカの影響は甚大かつ多様で、ペリー提督が東京湾に入港したとき以来の歴史がある。現時点での日本へのアメリカによる影響は、良くも悪くも、ある部分では日本に居住あるいは滞在した何千人ものアメリカ人によってもたらされ、その他の部分ではアメリカの映画、書籍、商品、あるいはアメリカに旅行したり居住したりしたことのある日本人、あるいは西洋の影響をいくぶんかでも受けた人生を送ってきた日本人などによってもたらされている。

現在USISジャパンを構成している五〇名のアメリカ人スタッフは、重要な地位にある日本人が頻繁に連絡をとるアメリカ人の総数の一％にも満たない。そのほかには、大使館や領事館などの他のスタッフ（五〇〇名以上となる）、米軍将校やその家族、日本に住むビジネスマンとその家族、相当数にのぼる宣教師たち、少なくとも一年ほどは日本で過ごしていく大学教員、研究者、学者、作家などが一定数いる。USISの職員は上記以外のアメリカ人、特に客員教授や調査員、芸術家や音楽家らと頻繁に交流を行っているが、資金も時間もなく、共通のアメリカ人像を構築できるような体制にはとてもなっていない。

合衆国特別プロジェクト

今日、日本にはアメリカ政府のさまざまな部署や部局が出資するたくさんの特別プロジェクトが存在する。このうち筆者と交流があったのは、原爆傷害調査委員会（ABCC）である。広島に本部、長崎に支部があり、所長はイェール大学の公衆衛生学教授であるジョージ・ダーリン博士[*2]だった。ここで行われた調査では、下記に関する世論を赤裸々に見ることができる――（a）被爆者の健康への放射線による晩発性障害について、（b）両親もしくは片親が被爆者の場合の子どもの奇形について。ダーリン博士とそのスタッフらは、広島と長崎ではアメリカ文化センターの近くでの勤務だったので、USISジャパンはその科学調査の結果の分け前に与かることができたのである。

USISはビジネスマンや特派員、アメリカの財団や教育機関の担当者、そしてアメリカ軍の広報官などのさまざまなアメリカ人グループとの交流を継続している。

左翼陣営と比較し、非左翼勢力は組織力が劣り、体系的な政策に欠ける。この要因としては、中道自由主義の知識人やリーダーらが組織化を敬遠することに一因があろう。他の要因として、彼らが攻撃よりも防衛のほうに多くの労力を割いてきたこともある。左派の戦略としては、左翼運動に反対する中道派を精力的に懐柔することを第一とし、体制転覆に前向きな方針を推し進めることは二の次としてきたのだ。

道徳再武装（MRA）

目下のところ比較的規模は小さいが、日本において着実に基盤を固め、指導層や一般大衆の弱点を緩和する働きをしている建設的なイデオロギーは「道徳再武装（ＭＲＡ）」である。その成果として、弱点を悪用しようとする共産主義政策に打撃を与え、対立が激化した深刻な地域に統一をもたらした。たとえば、日本とフィリピンの関係が改善されたのは、日本による数々の賠償とフィリピンによる許容がもたらしたものであり、地味ではあるが効果的であった。これらの行為は、日比賠償協定[*3]と外交関係修復を背景としている。

四三〇万人の会員を抱える日本青年団協議会は、ＭＲＡのトレーニングを受けた若きリーダーたちのおかげで、共産党による掌握から逃れている。日本における政治、工業、労働、教育の各分野で多くの若いリーダーが育っており、ＭＲＡが共産主義のもたらす分断を解決し、前向きな対抗政策を打ち出す可能性に大きな関心を持ち始めている。共産主義政策が分断と抑圧をもたらす一方、ＭＲＡ政策は統一と再建をもたらす。共産主義政策が指導層や一般大衆の弱みを悪用しようとするなら、ＭＲＡ政策は彼らの弱点を治癒するのだ。

共産主義者や左翼勢力に対抗するために独自に行われている他の数々の運動も顕在化してきている。こうした個別の行為はある程度は組織化されており、左翼の政治思想への直接的な対抗勢力になりつつある。資金面や組織面において、これらいくつかの運動はかなりの規模となっている。それは主に広報活動や政治討論のレベルにとどまっており、左翼を出し抜き追い越すようなイデオロギー的トレーニングに基づいたより根本的なレベルではない。それでもなお、こうした広報活動や政治討論は日本のマス・メディアにおいて重要な役割を果たしているのだ。

非左翼マス・メディア

大新聞のいくつかは、反共産主義の編集方針を明確に打ち出している。ニュースの扱い方や社説のトーンでそれがわかる。『東京新聞』（発行部数八〇万部）と『産経新聞』（発行部数一一五万部）が、目下左翼的アプローチに批判的な新聞である。その他の大新聞を見ると、『毎日新聞』や『読売新聞』はいずれも全国紙だが、左翼への反対姿勢はその都度変化しているようだ。『朝日新聞』は最も発行部数の多い新聞の一つであるが、中立的であろうとしているように見える。その他のより小さい地方紙になると、一貫して反左翼的傾向を見せている。

マス・メディアにおけるほとんどの情報は、反左翼的とは言えない。こうした情報は左翼に対するイデオロギー的な答えを持ってはおらず（たとえば娯楽番組やニュースの非政治的な扱い、など）、左翼的なテーマに対抗するような共通のテーマを持たずに、個々にいろいろな社会問題を扱っていたりする。

このような一般的な風潮のなかの例外として、新聞や雑誌での多くの記事やコラムがある。署名、無署名問わず、こうした記事では特定の問題点を取り上げ、左翼的なアプローチを批判している。左翼思想を批判しない記事であっても、非左翼的な論調を打ち出すことで、左翼の目論見に対抗している。それらは読書をする層に一定の効果を及ぼしており、非左翼の指導者たちが労働、政治、産業等における左翼運動と対峙する際の助力となっている。

圧力団体

日本人の大学教授三人が、最近日本の圧力団体に関する共同研究を発表した。[*4]

さまざまな圧力団体の棲み分けや政府への圧力をどのように行使するかといったことは、多くの面で日本人の習慣や慣習に左右されている。上記の教授らが指摘した圧力団体の三つのタイプのうち二つは非左翼勢力であるが、三番目にあたる大衆運動は、主として左翼による。

主導団体

このグループは、特に産業・金融分野でのトップによって構成されており、有力政治家との緊密なコネクションを持ち、マス・メディアにも一定の影響力がある。この集団においては、地位と派閥が非常に幅を利かせている。

日経連（日本経営者団体連盟）、経団連（経済団体連合会）、経済同友会（経済的な同盟団体）[*5]、日本商工会議所などがこのグループに含まれる。全体的な方針は、保守的かつ資本主義的である。彼らの興味は主として経済的な要因に基づいており、経済事情によってその都度変化する政策は、国内から海外に及ぶ。よって、自由世界との貿易と共産主義中国との貿易といった外交問題から、国内問題である労働法や工業の拡大など、さまざまな問題を抱えている。

このグループは、大小の政策決定機関と直接的なパイプを持っているので、他のグループよりは政府に対して公的な圧力をかける必要性をあまり感じていない。一方で、自分たちあるいは政治指導層が打ち出した政策に対して、広範の支持を得る必要性は大いに感じている。広報面ではマス・メディアを使って自分たちの主張を広め、人びとの関心を引くようにしている。

特定利益団体

ここに属するのは、貿易会社、海外不動産所有者や各種職能団体などである。彼らの主たる関心は、自分が所属する分野の利益に限定されている（農家、医者、旧軍人など）。これらのグループのリーダーたちは、前述の団体ほどは政治指導者との直接的なコネクションはないが、相応のつてを持っている。しばしば、これらの団体は国会議員や地方議員をメンバーとして抱えていたり、選挙のときには非公式に支援したりする。たとえそれがうまくいかなくても、公的な同意や支援を得る運動や活動の手段となりうるのだ。彼らの一番の目的は、国内海外問わず限定的な自分の分野における利益確保であるため（たとえば、健康保険での医療報酬の増大、旧軍人への恩給増額など）、権力に就いている政党である自民党へ真っ先に訴えるが、政権与党によって目的が達せられない場合は、社会党への陳情もありうる。

このグループには、中政連（日本中小企業政治連盟）、日本医師会、郷友連（日本郷友連盟）[*6]、農協（全国農業協同組合中央会）などが含まれる。こうした団体のうちのいくつか、たとえば農協などは、きわめて高い割合で農業従事者がメンバーとなってはいるものの、単に自分が従事する農業の団体だから加入しているだけで、組合の目的に積極的な関心を持っているわけではない。こうした状況は往々にして組織の幹部だけが奮闘し、他の大勢は消極的に協力するのみという結果に終わることが多い。

極右団体（圧力団体にリストアップされていない団体）

約六万五〇〇〇名のメンバーを擁するおよそ一〇〇の極右団体が存在する。これらの団体は反共であり、いくつかは暴力的なまでにアンチ共産主義なのだが、傾向としては全体主義に近い。多くの団体が、戦前に日本で影響力を持った右翼の生き残りを内包している。法律の範囲内で活動を行う団体はほとんどなく、賛同を得ようと昔ながらのやり方で法を犯す団体も複数ある。このような団体があるおかげで、ほとんどの右翼団体は一般市民からの信用を得られていない。

とはいえ、それほど過激でなく、さほど不信をかっていない団体もないわけではない。そういう団体は、影響力のある多くの有力政治家や産業界のリーダーたちから支持を得ている。

インテリ層

科学者、研究者、作家、その他のインテリのなかには、左翼ではなく、状況によっては左翼的アプローチに批判的になる層も相当数存在する。彼らの実態は摑みにくい。というのも、彼らは左翼（特に共産党員のグループ）のように、自分たちの思想を表明するように組織化されているわけではないからだ。また、左翼ほど自分の意見が明確でない者がほとんどということもある。

概　要

前述のように、右翼の影響はまとまりがなく、組織力に欠け、防衛的で指導者が欠如しているという印象である。こうした状況にもかかわらず、自民党は強固で、歴代の総裁たちは親米政権を維持し続けている。この保守の影響力の強さは、左翼が用いるようなよく練られて構築された政策のおかげというより、日本人の間に深く根づいている慣習と特性によるものと言えよう。たとえば、巨大商工業連合（財閥）は、建前上は戦後に解体されたにもかかわらず、水面下では復活して大きな影響力を持っている。こうした財閥の内と外を問わず、数え切れないほどの社会的地位と関連する団体が結束している状態だ。

すでに指摘したように、日本人は際立って地位を重んじる。こうした傾向は、債権者―債務者、先生―生徒、上級生―下級生（先輩―後輩）などの関係に表れている。このような人間関係が、目には見えない名誉や信頼感といった社会的規範として作用するのである。

大卒の若者がある会社に就職すれば、それは終身会員になったことを意味する。彼は、伝統的な拡大家族に近似した人間関係に身を置くことになる。心のなかで実際は何を考えているかにかかわらず、彼の行動は忠誠という不文律に規定される。そのシステムが保守的であれば（大概はそうなわけだが）、彼は保守に投票するだろう。このような風潮が、非左翼の強みとなっているのである。同時に、伝統的な人間関係が崩壊することで根本的な弱さにもなっている。このような人間関係がなくなれば、日本に新たな埋めがたい亀裂をもたらし、ダイナミックな変化をもたらさざるをえないだろう。

USISの活動

USISジャパンの主たる存在理由は、親西洋的影響の複雑さのなかに存在する溝を埋めることができるということ、伝統的なシステムが近代的システムに取って代わられる影響として存在するであろう欠陥を補填することである。全体として、USISはアメリカが日本、日本文化、日本の野心や問題に関して持っている、相当の継続的な関心を象徴する存在であり、日本人とアメリカ人の間で情報や考えを交換している。USISは、アメリカの知的文化的名声と生活スタイルや考えを相当な情報量をもって伝える、日本国内で唯一かつ最大の拠点であり続けている。

USISの活動は、まずは東京の本部や神戸支局から直接発信される新聞、出版物、ラジオその他のマスコミにおけるものがあげられる。次に、札幌、仙台、新潟、金沢、東京、横浜、名古屋、京都、神戸、大阪、広島、松山、福岡という一三の文化センターによるものがある。

アメリカ文化センター

日本にあるこれらの機関は、他の国における「アメリカ情報センター」ではなく、「アメリカ文化センター（ACC）」と呼ばれている。というのも、日本語における「文化」という言葉は最も敬意を寄せられるものであり、単に情報を収集したもの以上の機関であることを意味しているからだ。

これらのACCには、その規模や任務の範囲によって一〇人から二〇人の日本人USISスタッフが配属されている。ACCは、アメリカ政府が借り上げているビルに全部あるいは部分的に置かれている（一三あるACCのうち九つは別棟にあり、二つはオフィスビル、一つが日本の協会と場所をシェアし、残る一つはアメリカ領事館に併設されている）。

三つを除いて、ビルがあまりにも古くてみすぼらしいため、アメリカという文字は掲げていない。ほとんどの施設は、占領時代から継続して使用しているものである。USISは日本に新たな文化センターを設置しておらず、アメリカにふさわしい近代的なビルとはほど遠いのが現状だ。木造の建物もいくつかあり、そのうちのほとんどが築四〇年にはなろうかという二階建ての元銀行の建物である。

これらのセンターは、日本におけるこの手の施設の最初のものとして、連合国軍最高司令官総司令部の民間情報教育局が二三の無料の開架式図書館を設置した占領期初期の歴史に遡ることができる。戦前の日本の図書館は、大学や特別機関によって民間から隔絶したかたちで維持・管理されていることがほとんどだった。

日本との平和条約が一九五二年に締結されると、国務省がSCAPからこれらの図書館を引き継いだ。一九五三年にUSISが国務省から独立して別の機関になると、図書館はUSISジャパンの管轄となった。つまり簡単に言うと、二三ある図書館のうち九つは市あるいは県に移譲されて現在はアメリカ文化センターとして維持されており、資料の供給は受けているものの、高松以外はUSISからまったく資金的援助を受けていない状況である。残る一四のACCに関しては、一九五九年五月に長崎のセンターが閉鎖となり、同じく五九年末に金沢が閉鎖予定となっていて、一二しか残らないことになる。

業務

センター長の仕事は、大まかに以下の業務に配分される。二五％が広報業務、二五％が情報業務、五〇％が文化活動である。

標準的な一日の仕事の流れは、まず現地職員との会議から始まり、文書に目を通したり返事を書いたりし、センターの客員講師として招聘を考えている大学教授との打ち合わせ。アメリカ留学を目前にしているフルブライト奨学生に適当な本を推薦し、戦闘機の騒音に関して領事と現地の空軍基地司令官と意見交換、ロータリークラブで昼食、センター主催の英語ディベートコンテストで開会のスピーチをして、日米間の貿易を協議するために新聞記者のオフィスを訪問、デパートに寄ってセンターと共催するアメリカ絵画の展覧会の打ち合わせを役員としてから、先の選挙での当選を祝うため市長に電話。夜は知識人の友人を何人か自宅に招き、ビールを飲んでの会合、という具合である。

現在のセンター長のうち四人は、日常業務の大半を日本語で行うことが可能である。他の二名は、社交的なやりとりと限定的な事務仕事なら日本語で十分可能である。残る七名は、非常に簡単な挨拶程度しかできないため、ほとんどの業務をスタッフの通訳の助けを借りて行っている。

ACCの日常業務は、以下のカテゴリーに分類できる。

1 図書館サービス
2 出版物の配布
3 報道資料の配布
4 刊行物の企画
5 交換留学プログラムの運営
6 フルブライト奨学金を受けた大学教員等の講演企画
7 来日音楽家によるコンサート企画
8 レコードコンサートの企画
9 センターでの映画上映と現地の各種組織への配給
10 展示会の企画
11 英会話教室運営

これらの業務が日々すべてのACCで行われているのである。

おそらく、こうした日常業務以外で最も重要なセンター業務は、セミナーの企画だろう。セミナーとは、来日したアメリカ人専門家が日本側が興味を持っている事柄について特定のグループ向けに講演やディスカッションを行うものである。過去数カ月の間、さまざまなセンターで取り上げられたトピックは「独占企業とそれがアメリカの経済構造へ及ぼす過去・現在の影響」「一九〇〇年以降のアメリカ人知識層の系譜」「日本におけるアメリカ学」「日米安保条約の未来」などである。これらのセミナーは、専門家の派遣に関して東京からの支援を受ける以外は、それぞれの地域で企画されている。というのも、センターにいる人間がその地域にふさわしい企画を立てるほうがいいことは明白だからだ。各地域のプログラムの強みは、個々のACCセンター長と地域のニーズに合わせて企画を行う現場責任者が信頼しあい、東京からは実施のサポートを受けるにとどまっていることだろう。

アメリカ文化センターの強みは、現地にアメリカ人センター長がいることであり、こうした人物がいない日米文化センターの弱さと比較できる。現在存在するセンターの図書館は、東京その他の都市に小さく分割すべきだと考えられてきた。しかし、実際には、適切な管理をしなければUSIS図書館はほとんど価値がないのである。

USISジャパンの出版部門では、ジュネーヴでの外相会談[*7]が閉会したわずか四日後の一九五九年六月二四日に、一〇〇頁に及ぶ背景報告書「ドイツ合意の問題——次々と明かされる真実」[*8]を刊行した。この報告書では、西側やソヴィエトの公式声明や政策立案者による公式発表の抜粋から、会談の記録を詳述し、相手側の立場を明確にしながら、会談に至るまでの経緯を描いている。関心を持つジャーナリスト、政府関係者、日本のオピニオン・リーダーらに、判断材料となる事実関係を伝えている。

USISは二冊の雑誌を刊行している。『アメリカーナ』[*9]は月刊誌で、アメリカの生活や文化に関するさまざまな記事を掲載している。もう一つは『米書だより』[*10]という書評雑誌で、アメリカの新刊本に関する書評やコメントを全ページにわたって載せている。

書籍推進プログラム

日本の出版社は、長年にわたってアメリカで出版された技術系の本や文書、あるいは最近では多くのフィクション、ノンフィクションを独自の戦略で選び、相当数の翻訳・刊行を行ってきた。

USISの主要任務の観点からすると、翻訳・刊行されていない基礎的な本がまだまだたくさんある。こうした問題を解決するために、数年前から日本の大手出版社と組んで、該当する本を安価に提供してきた。一シリーズ一〇冊組で四シリーズがすでに刊行され、書店に並んでいる。文化センターの図書館には、これら全巻が揃えられている。

一九五八年五月二日に東京から送信されてきた下記の文書は、このシリーズがどのように流通しているかを端的に示している。

この企画は、取次店や書店に完全に認知され、受け入れられている。その受容の様子を示す最近の好例としては、以下のようなものである。大手取次店と協議し、東京にある五〇以上、また地方の二五以上の大型書店が、「時事シリーズ」の四〇冊を定番品として特設棚に置いている。これは、これまで三つか四つの他の出版社しかなしえていない快挙である。今日、東京のどこの有名書店に入っても、常に一揃いの「時事シリーズ」全巻を目にすることができる。さらにこうした書店では、「時事シリーズ」の本が最新刊のコーナーに重複して置かれているのだ。

「ボーナスブック・システム」は低価格書籍の売り上げを伸ばすために考案された。これは次のように運営される予定である：三万人の個人読者や各種機関に配布されているチラシ広告によると、「時事シリーズ」を買うと、シリーズのなかから最低三五〇円から最高一二〇〇円までのおまけの本がもらえるようになっている。たとえば、定価五〇〇円の本を五冊買うと、三五〇円の本が無料となる。たくさん購入すれば、七五〇円の『時事年鑑』が無料となる。もらえる本の価格は、購入した本の数によって変わる仕組みだ。おまけでもらえる一番高い本は、「時事シリーズ」の『世界歴史事典』で一二〇〇円である。USIAによれば、「時事シリーズ」は、家庭常備薬や素人向けの法令解説などの本を筆頭に定番となっているようだ。『時事年鑑』は『世界年鑑』と同様に毎年刊行されており、世界各地の情報を扱っているが、日本に関する事項に多くのページを割いている。当組織は、販売促進の観点から「ボーナスブック」のメリットを出版社に説き、特に在庫処理に有効だと主張した。喧々諤々の討議の末、出版社側はこの企画を受け入れることになった。おまけの本をもらうために買わなければならない本は、現在選考中である。無料進呈される本がすべて決定すると、チラシが準備されて配布されることになっている。この時点で、当組織はチラシの内容と無料本の詳細を告知する予定である。この企画は、アメリカ本国で流行っているブック・オブ・ザ・マンス・クラブとあまり変わらないものだ。日本の出版社は、格が落ちることを懸念して毎月の定期購読のようなシステムにはなかなか踏み出せずにいた。この点「時事シリーズ」は過去の売り上げが好調だったので、定期購読が受け入れられることになった。出版社は、この企画の可能性を注視し、結果を期待している。

USISの活動に関する書籍

アメリカの外交政策を継続して補完し、確立させるための息の長い情報を提供するメディアとして、日本では小冊子が非常に有効である。日本における印刷価格は比較的安価で、販売を許可された主要な外交方針演説や外交声明、国務省の出版物や文書、その他政府による外交関連の研究などを日本語のシリーズとして刊行することが可能である。これらは、日本の指導層に有効なサンプルとして影響を及ぼすだろう。USISジャパンと各アメリカ文化センターは、USISの刊行物やアメリカの外交政策や関連書籍に個人的な関心を持ってきた日本のオピニオン・リーダーの特別な名簿を保持している。

映画配給

日本は娯楽映画をはじめ、教育映画あるいは非劇場目的の分野でも巨大な映画生産国に成長した。一九五八年には、六つの大手映画会社が五〇三本の長編映画を製作したが、娯楽映画の多くは輸入ものである。相当数の教育映画やドキュメンタリー映画を製作しているにもかかわらず、他国の娯楽作品に頼っているのが現状だ。一九五八年の一年間で、およそ一九三の製作会社が三一五本のニュース映画と七六八本の教育ドキュメンタリーを製作している。現地で製作された（つまり日本の自主企画の）アメリカに関するドキュメンタリー映画は一つもない。占領当初から現在に至るまで、アメリカ政府によって取り組まれてきた大きな課題がここにもある。

USIS東京の映画部は、三名のアメリカ人と四〇名の現地職員で構成され、下記のような活動を行ってきた。ワシントンから送られてくる厳選映画の日本語版を制作、まずは国内すべてのアメリカ文化センターに供給し、各センターでの配給ニーズに応じた数を提供する。センターにおける映画上映と地方組織への配給は、各センターの主要業務の一つとなっている。センターは平均で二〇の映写機を所持しており、フィルム修復作業にも対応している。東京本部では一〇ある日米文化センターへも映画の供給やサービスを行っている（日米文化センターは当初アメリカによる運営だったが、日本へ運営が移譲された）。

USIS映画の一番の顧客は、各都道府県庁所在地にある四六の視聴覚ライブラリーである。これらの図書館は、青年団体やPTA、社会人教育団体を含む多数の社会教育団体を対象としている。各図書館はそれぞれ都道府県の教育委員会に属し、学校へ映画の提供も行っている。一九五二年五月にUSIS映画の配給が開始されて以来、視聴覚ライブラリーに納品された映画は四四〇作品八〇〇本にのぼる。最初のうちは各作品三本分のフィルムが各図書館に無料提供されていたが、のちに二本に減らし、現在では一本にまで減らされている。

USISは映画だけでなく、映写機やカタログ資料もこれらの視聴覚ライブラリーに提供している。映画部では常に平均三台の映写機が、四六あるライブラリーのどこかに貸し出されている。さらにUSISでは、映写技師の育成も行っている。

四六の視聴覚ライブラリーに加え、およそ五〇〇の市区町村にもフィルムライブラリーがある。これらはだいたい一〇～五〇本の日本のドキュメンタリーフィルムを所蔵しており、都道府県のライブラリーからＵＳＩＳ映画を何本か借りている場合もある。映画部の調査では、一九五八年には約五〇〇〇万人の日本人（総人口の半分）が都道府県の視聴覚ライブラリーで映画を視聴している。他の接触手段を入れると、約六〇〇〇万人が視聴した計算である。また、ＵＳＩＳ映画を観た人のうちの三〇％は生徒・学生だった。

映画製作

ワシントンから送られてくる映画作品だけでは、とても課題を克服することはできない。映画部ではドキュメンタリー作品の追加製作も行っている。このうちの何本かは日本政府や地方自治体と共同製作している。『日本の宝』[*11]は、三九分の総天然色ドキュメンタリーで、ＵＳＩＳと日本の外務省が共同で製作した。『新しき大地（New Frontiers）』はＵＳＩＳと日本の特殊法人である農地開発機械公団[*12]が製作、『技術提携』[*13]は日米両国の商工会議所が製作した。これらの作品は、大変広範囲に販売されている。

テレビ

映画部では、継続して二本のテレビ番組を公共放送を通じて提供している。また、一九五九年九月現在、さらに二本の番組を制作中である。一本は『生きた英語（Living English）』で、もう一本は『国際記者会見（International Press Conference）』である。後者は日本とアメリカの共同製作によるもので、日本の有名人がアメリカの有名人に一対一でインタビューするという形式をとっている。日本部分は東京で撮影され、アメリカの部分はアメリカで撮影されているが、この二つのパートは技術的に非常にスムーズにつなぎ合わされて、違和感のない番組に仕上がっている。筆者が日本滞在中に視聴した番組は、有名な日本人ジャーナリストがアメリカの敏腕編集者であるアーウィン・カナム氏にインタビューするというものだったが、特任理事でもあるカナム氏のおかげで、なんと約七五万人に視聴された。

一九五九年五月の一カ月間に、定番のＵＳＩＳ映画が二〇五本もテレビ放映された。これはほとんどが文化センター長による仕事である。概算で延べ一八〇〇万人が放映された映画を観た計算となる。

ＵＳＩＳの技術者や番組制作者による多様な番組と個人の努力が、成長過程にあるできてまもない日本のテレビ事業者に注がれることで、この非常にパワフルなコミュニケーション・メディアを使用し、課題を相当克服することができているのである。一九五九年の五月時点で、日本には六四の放送局があり、そのうちの三三は政府による運営だが、新しく一四のテレビ局が営業許可を取得済みである。二〇〇万台以上のテレビ受像機がすでに国民に所有されており、そのうちの六〇％は東京と大阪にある。また、東京の大手テレビ局では現在四一本のアメリカの番組が放送されている。

ラジオ

現在日本には三一四のラジオ局がある。これらは全中波帯と、長波と短波のほとんどをカバーしている。日本にはおよそ二〇〇〇万台のラジオ受信機があり、一家に平均一・一台が所有されている計算となる。日本は、北京やモスクワをはじめとする諸外国の日本語ラジオ放送[*14]を簡単に受信することができる。VOA[*15]の中継局が沖縄にあるが、日本全国で聴取可能である。日本人は徹頭徹尾「ラジオ漬け」であり、克服すべき課題はごくわずかである。

多くのラジオ局が、USIS東京のラジオ部や文化センターが提供する番組を喜んで受容し使用している。加えて、アメリカの有名人が来日した際は、ラジオ局に招かれることが多く、アメリカ駐日大使や他の高官たちのスピーチは頻繁に放送されている。重要な記者会見、スピーチ、フルシチョフの外国訪問といった国際的な関心を集めるようなイベントが、日本では放送されている。ラジオ部が行っている他の業務に関しては後述する。

文化交流

一三のアメリカ文化センターによる多彩な文化交流に加え、USIS東京では大きく三つのタイプの文化交流事業を行っている。これらの事業は、（1）大使館の文化参事官、（2）フルブライト交換留学プログラムの責任者、（3）大統領特別国際プログラムの助成を受けた来日音楽家の公演、スポーツイベント、展示会などに関する本を刊行する出版部、によって運営されている。

アメリカ大使館の文化参事官は、USISの文化交流担当官によって通常行われている日常管理業務は受け持っていない。目下の彼の仕事は、彼の言葉によると「特徴的かつダイナミックなアメリカ文化のイメージを特にインテリ層向けに提供することである。そうすることで、人類に広く憧憬を喚起し、日本文化と日本の野心にとって有効な刺激となるからだ」。この任務を果たすために、彼はアメリカ文化センターのさまざまなプログラムと緊密に連携している。彼は在日合衆国教育委員会[*16]〔以下、フルブライト・ジャパン」をはじめ、日本のいくつかの大学や他の文化機関の委員も務めている。

彼が克服しようとしている日本の課題の一つに、主要大学におけるアメリカ学の教育課程設立がある。東京大学では、すでに課程が設立されており、若くて有能な助手とともに優秀な日本人研究者が牽引している。この課程の卒業生は、商業や工業あるいは政府での非常にいいポストに就いている。文化参事官は、同じような課程を他の大学でも作れないか模索しているのである。日本のある大物経済人は、こうした課程への援助に興味を示している。手始めに、一九五九年の春学期にはアメリカ学連続講演が四つの大学で開催された。一三名のアメリカ人客員教授と二名の日本人教授で行われ、アメリカ人による講演は通訳なしだった。とはいえ、講演内容の概要は、各講演日の一週間前に学生に配布されている。学生は、各大学から単位が認定される仕組みである。受講者数は、新潟と金沢で一〇〇名、大阪で六〇名、広島で二五〇名だった。

現在の文化参事官は、ダートマス大学文学部のドナルド・バートレット教授が、二年間の任期で務めている。バートレット博士は、大学の学長の子息として日本に生まれ、幼少時代に日本語を学んで多くの友人関係を築いている。彼を慕い、尊敬する日本人は多い。

来日音楽家の広報

一九五九年の上半期だけで、ゴールデンゲート・カルテット、リトル・オーケストラ、ジャック・ティーガーデンと六重奏団、ブランシェ・シーボムなどが来日した。ＵＳＩＳ東京でも各地方支部でも、公演の手配や広報にさまざまな援助を行った。それにはマスコミへの周知やパンフレット、ラジオでの宣伝、テレビ出演、写真展、レセプション、記者会見などが含まれている。こうした努力が公演の成功にかなり貢献していることは、疑う余地がない。

フルブライト交換留学プログラム

この国務省による事業は、USISの分野で運営されているにもかかわらず、USISの事業として正式に位置づけられていない。これはもちろん重要な「同盟勢力」の一部分である。

このプログラムは、フルブライト・ジャパン会長であるロバート・J・ボイラン氏により円滑に運営されている。委員会のメンバーは下記のとおりである。

ダグラス・マッカーサー二世閣下：名誉会長。在日アメリカ合衆国大使。
ロバート・J・ボイラン氏：会長。在京アメリカ大使館人物交流課課長。
ドナルド・バートレット氏：在京アメリカ大使館文化参事官。
チャールズ・B・ジェニングス氏：会計。RCAコミュニケーション会社副社長兼日本代表。
木村健康《たけやす》氏：東京大学経済学部教授。
小谷正雄氏：東京大学理学部教授。
武藤義雄氏：日本ユネスコ国内委員会事務局長。
二股一男氏：外務省研修所所長。
ロバート・トランブル氏：ニューヨーク・タイムズ東京支局長。

このプログラムは、日本を代表する新聞の一つである『THE MAINICHI』の一九五八年一月一三日付[*17]の記事に、的確にすっきりとまとめられている。下記の引用は、そのハイライト部分である。

一九五二年にフルブライト・プログラムが開始されて以来、一六一九名の日本人研究者、講師、学生、教師らが助成を受けてアメリカに渡っている。

この間に二五五名のアメリカ人が研修、指導のために来日している。

在日合衆国教育委員会がおよそ四〇〇万ドルを支出したことで、これら一六〇〇人あまりの奨学生が日米間を行き来できたのである。

基金は、ほぼ平等にアメリカと日本のプログラムごとに分配されてきた。しかし、日本ではドルに両替できない円での支給であり、また国内のアメリカ物資の余剰品や、一九五七年から五八年にかけては輸入されたアメリカの農産物を売った資金で運営されていたため、日本人は旅行資金のみが支給されるのに対し、アメリカ人は奨学金も受け取っていた。フルブライト事務局は、スミス・ムント法[*18]による奨学金も扱っており、日本人奨学生の三〇％ほどはフルブライトの旅費も含め、すべての経費を受け取っている。

奨学生の専門領域は、日本人とアメリカ人とではっきりと分かれている。日本人奨学生の関心が最も高いのは自然科学であり、アメリカ人のほうは社会科学となっている。日本人の割合は、四五％が自然科学、四〇％が社会科学、残りが人文科学である。アメリカ人のほうは、自然科学一五％、社会科学六〇％以上、約二五％が人文科学という割合になっている。

一九五一年以降、このプログラムは名声と人気を拡大してきた。日本人学生・研究者間の全額支給をめぐる競争倍率が、例としてあげられるだろう。一九五三年度は、一五〇〇人の大学院生が七四枠の奨学金に申請、翌年度は二五〇〇人が四五枠に申請を行った。このように、四年間で競争倍率は二〇倍から五〇倍にまで上昇している。同時に、日本の大学や学校でアメリカ人講師、研究者、教師らを招聘する動きも、継続的に拡大してきた。

一九五五年における特筆すべき事項は、交換留学生の数やフルブライト・プログラムを知っている人が増えたというだけでなく、このプログラムが日本の学術界のリーダーや官僚らの間で、純粋な名誉と地位を得たことである。

教育者たちは、在日合衆国教育委員会と提携する大学が増大したことを高く評価し、特にアメリカ人奨学生の受け入れを推奨した。また、選考委員会による実用的で惜しみない支援や帰国した奨学生に対する重要な教育職や行政的地位への指名なども絶賛している。

多くの場合、アメリカ人奨学生とその家族は、日本滞在期間での非常に真面目な態度で日本人を驚かせている。たとえば熱心に日本語を勉強し、日本家屋に好んで住み、熱狂的に日本食の美味しさを追求し、真摯に日本の習慣、考え方、生活様式を理解しようとするからである。

USISの多彩なプログラムは、大きく三つのカテゴリーに分類可能だ。（1）一般大衆を対象としたコミュニケーション。これには、報道資料、ラジオ、翻訳書籍、商業ルートを通じた一般書籍、映画配給、一般向け展示会、公共図書館のメンテナンス、来日音楽家によるコンサートなどが含まれる。（2）特定の層を対象としたコミュニケーション。たとえば、専門的な定期刊行物、専門グループが興味を持つトピックを扱った本、セミナー、講演、招待事業、共同事業などが該当する。（3）特定の個人との個別のコミュニケーション。これには、フルブライト・プログラム、書籍の推薦、その他かなり多様な個人的接触や会議などが含まれる。

この章では、USISの事業を紹介したのみで評価は行っていない。親西洋と親米が複雑にからまるなかでのUSISの役割に関する評価は、第5章で述べることにする。この評価の前に、日本における世論での評価をまず述べていく。というのも、ここには「左翼」と「保守」の影響がかなり強く関係しているからである。

【注】

＊1　原文では、「連合国軍」を意味する'allied forces'となっているが、ここではそれを念頭に置いての文化工作上の連携組織やプログラムを指すと理解されるため「同盟勢力」と訳した。以降も同様。

＊2　ABCCを前身とする日米共同研究機関の公益財団法人放射線影響研究所のホームページによると、George B. Darling博士はABCC所長として一九五七年から七二年まで勤務。一九四八年から七五年まで国立予防衛生研究所の広島支所（ABCCに対応する日本側機関）の所長を兼任したABCCの槇弘準《まきひろし》所長は、「Darling博士は日本の習慣と日本人の感情を深く理解しておられた」「Darling博士が長く在職されたお陰で継続され、日米関係が改善されたということは疑いありません」と語っている。公益財団法人放射線影響研究所HP「Darling博士」http://www.rerf.jp/glossary/darling.htm（二〇一七年一二月五日最終閲覧）。

＊3　一九五六年に締結され、五億五〇〇〇万ドル（締結当時の換算では一九八〇億円）の賠償金の支払いのほか、さまざまな援助を行った。

＊4　この研究は一九五九年四月五日から六日にかけて開催された日本政治学会春季研究大会で発表されたもので、石田雄《たけし》（東京大学社会科学研究所助教授）、升味《ますみ》準之輔（東京都立大学助教授）、松下圭一（法政大学助教授）による。『毎日新聞』の一九五九年四月九日朝刊に概要が掲載された（原注）。
原文では松下の所属が Keio University となっているが、法政大学が正しい。該当記事は、学芸欄に「圧力団体の特殊性」として掲載されている。
＊5　中堅企業が中心。
＊6　一九五六年一〇月に結成、会員四五万人を擁する旧在郷軍人の全国的統合体となる。国防問題、教育問題、憲法改正などで政治的圧力活動を推進した反共団体。公式ホームページでは「内外の情勢を明らかにし、国防思想の普及をはかり、英霊の慰霊・顕彰を行うとともに光栄ある歴史及び伝統を継承助長し、もってわが国の発展に寄与することを目的とする防衛庁所管の公益法人」と謳っている。一般社団法人日本郷友連盟ＨＰ「日本郷友連盟の概要」http://www.goyuren.jp/goaisatu.htm（二〇一八年七月三日最終閲覧）。
＊7　ポツダム協定で明記された、イギリス、ソヴィエト連邦、中華民国、フランス、アメリカで構成される外相理事会による会議。一九五五年、五六年に第一回、第二回がジュネーヴで開催され、ドイツの再統一やヨーロッパにおける安全保障、軍備縮小などが話し合われた。
＊8　福岡アメリカンセンターで調査を依頼したが、文書を特定することはできなかった。
＊9　米国大使館文化交換局出版課により、一九五五年一〇月から六二年二月まで刊行された。
＊10　注9同様、一九五三年四月から七一年四月まで二一六号が刊行された。
＊11　『ＵＳＩＳ映画目録一九五九年版』によると、「ＵＳＩＳ東京と外務省の共同提供、イーストマン・カラーで、日本の芸術を学ぼうとするアメリカ人の目を通して、七人の日本芸術の巨匠たちの制作ぶりや作品を紹介する」内容である。作品番号は、USIS5820。

＊12　農地開発機械公団法により、国際復興開発銀行等からの資金提供を受けて、農業経営の合理化と農業生産力の発展を目的に一九五五年に設立された。一九七四年に解散後は、農用地開発公団となり、現在は国立研究開発法人森林研究・整備機構森林整備センターとなっている。

＊13　『USIS映画目録一九五九年版』によると、「大阪で開かれた一九五八年国際見本市を通じて、主として日本とアメリカの技術提携の成果を紹介する」内容である。作品番号は、USIS5826。

＊14　中国国際放送は一九四一年一二月に日本語放送を開始、五〇年四月からは日本語での呼称「北京放送局」となった。モスクワ放送は一九四二年四月に日本語放送が開始され、現在は「ラジオ　スプートニク」として引き継がれている。

＊15　Voice of America の略称で、アメリカ政府による国営放送。「アメリカの声」もしくは「ボイス・オブ・アメリカ」と呼ぶのが日本では一般的。

＊16　現在ある日米教育委員会の前身。公式HPによれば、「一九五二年に米国政府資金により在日合衆国教育委員会を日本に設立。一九七九年に日本政府はその運営資金を米国政府と折半する事を決定し、同事業を継承する形で同年一二月二四日に日米教育委員会が設立」された。日米教育委員会HP「日米教育委員会設立の経緯」http://www.fulbright.jp/jusec/index.html（二〇一八年六月二三日最終閲覧）。

＊17　原文では「Mainichi」の一九五八年一月一二日付となっていたが、『毎日新聞』には該当する記事がなく、英字新聞の『THE MAINICHI』の同月一三日に、引用どおりの記述が含まれる“Fulbright Program Important Channel Of US-Japan Cultural Communication”という記事が六面に掲載されている。

＊18　一九四八年に成立したアメリカの対外広報政策の基本法。国務長官を対外広報の責任者とし、国務省以外の省庁が活用できるようになっている。

第4章　日本での世論評価

この章では、どのように日本は大きな目標を達成することができるかという設問に関する世論調査の結果を報告し、内容について評価を行う。

日本では世論調査を行う独立組織が四つあり、それぞれ商社や政府、新聞社やラジオ局などに向けて分析を行っている。加えて七五の企業や政府機関、マス・メディアや各種団体などが独自の調査を行っている。一九五七年四月から五九年四月までの間に、一三四〇を超える調査が実施され、そのうち七五〇は市場とマス・メディアの発行部数を扱ったものだった。

これらの調査は、サンプル数の大きさ、それらがどのように選ばれ、実際にどのようにインタビューが行われたかなどの観点から、かなり信頼性の高いものと言えるだろう。また、質問の内容や面接の方法から見ても価値がある。このなかでも最も信頼でき、価値が高いと思われるものだけを、本報告書では採用している。高頻度で引用した三つの調査は、（1）大学の研究者がスタッフとなり、総理府による調査として刊行されているもの、（2）時事通信社が母体となっている中央調査社が、プリンストン大学の国際社会調査研究所所長のロイド・フリー教授に依頼されて行った、国会議員一〇〇人に日本の目指すべき方向、不安要素、意見を聞いた調査、（3）同じく中央調査社が実施した調査で、未刊行のもの、である。

1　政治的野望に関する調査

第1章で述べたように、日本が目指すゴールの一つは、あらゆる階級の利益とニーズを満たすような、強力で信頼のできる政府を確立することである。現在の政府は、社会のあらゆる欲求を満たす純粋な「国民政党」になるべきという圧力に過度にさらされていると言われている。[*1]

政党支持

『産経新聞』がスポンサーとなって、一九五八年一一月に東京大学の二人の助教授が下記のような世論調査を実施した。東京在住の一二五三人の有権者をランダムに抽出し、一人一人に支持する政党はどこかを尋ね、その政党を支持する度合いを「とても強い」「まあまあ強い」「それほどでもない」「答えたくない」から選ばせるものである。

池内〔一《はじめ》〕教授[*2]によれば、結果は下記のようになった。

自由民主党三四・五％、社会党三九・五％、共産党〇・五％、支持政党なし一七・六％、答えたくない七・九％。社会党支持者のうち一五・三％が右派、六・四％が左派、残りの一七・八％はどちらでもない。

政党を支持する度合いは、社会党左派に対しては「とても強い」と「まあまあ強い」が合計六七・〇%、社会党右派が四九・五%、自民党では五一・六%だった。

池内教授はこの結果に対し、下記のようにコメントしている。

このデータを見ると、どの政党に対する支持もそれほど固定しているとはいえない。社会党左派の支持者がかなり忠実であるのは事実としても、社会党全体への支持という点では、必ずしも強固なものではない。これは自民党支持者に関しても同様である。自民党支持者は一定数いるものの、保守政権の政策にはかなり懐疑的である。

「支持政党なし」と回答した一七・六%、また「答えたくない」と答えた七・九%に関しては考慮の余地がある。これは明確な政治的思想を持っていないことを表していると言えよう。問題は、どの政党が将来こういう人たちを政治的に動かすかということである。有権者はパンによってのみ生きるわけでもなく、思想によってのみ生きるわけでもない。有権者はさまざまな力を秘めており、現在あるどこの政党もその力をまだ十分把握しきれていないのである。

参議院の役割

議会政治における上院の役割の一つは、時計で言えば一定の速度を保つための「天輪《わ》」もしくは与党の基盤や政策をサポートしがちな下院に対する制御装置、安定剤としての機能である。上院の責務は、政権与党が政府の持つ権力を自らのために用いて全体主義へと傾いたりしないように牽制することである。この概念は、日本の有権者の間で候補者を選ぶ際にどの政党かにかかわらず共有されているといえるだろう。

共同通信社は、今度の参議院選挙[*3]に向けて五月九日と一〇日に世論調査を実施した。下記は調査結果で判明した特筆すべき点である。

「参議院選挙において、あなたは候補者が所属する政党と個人の能力とどちらがより重要だと思いますか」という質問に対し、「所属政党が重要」と回答した人が一五％、「政党も大事だが個人の能力も考慮する」が二〇・八％、「個人の能力」と回答した人が三七・三％、「個人の能力が大事だが政党も考慮する」が一八・四％、一三・九％が無回答だった。このように、候補者の政党を重要視する人は、個人的な力量を最も重視する人の半分にも満たないことが判明した。以上のことから、参議院が二大政党の大きな影響を受けているにもかかわらず、人びとは参議院に「常識ある議院」としての位置づけを期待していると言えよう。

2 二大政党制

『東京新聞』は輿論科学協会[*4]との共催で、ランダムに選出した東京住民七九五人を対象に、政治に関するさまざまな調査を実施した。質問項目の一つは、二代政党制に関するものである。

質問：現在国会は二大政党対立の形をとっていますが、あなたはこのような二大政党対立の形でよいと思いますか。それとも、よくないと思いますか。

よい	48・5%
わるい	20・3%
どちらともいえない	20・9%
わからない	10・1%
その他・無回答	0・2%
	100%

（『東京新聞』一九五八年一一月一八日朝刊）

この結果から言えることは、日本の政治指導者たちは国民が安心して歩んでいけるような政治的道筋を示すことにまったく成功していないということである。ただし、一点については、ほとんど世論が一致している。それは、国民が戦前のファシスト政権であれ、現代の共産党であれ、一党独裁に向かうことには固く反対しているということだ。こうした方針を目指し、指導力を発揮しようとする社会主義者の目論見は、以下の二つの理由で失敗に終わっている。（1）マルクス主義イデオロギーを持つ社会主義左派の影響下にあり、議論の対象となっている案件に関しては共産党と同じ立場をとるため。[*5]（2）共産党率いる巨大労働組合である総評による「闘争、闘争、闘争」という活動方針に、国民はいい加減うんざりしており、特に教育改革を要求する口うるさい日教組に辟易しているため。

道徳教育

戦前の長い期間にわたり、日本の学校では教育勅語として知られる文書をベースにした道徳教育が課せられていた。教育勅語は天皇崇拝を奨励していたという理由で占領軍により破棄されているが、増加する若年層の非行に対してその有用性を信じる者は決して少なくはなく、その禁止は徹底されていない。最近になって、小学校と中学校の全校で何らかの道徳教育を行うことが政府により提案された。世論調査によれば、六五％が賛成、一九％が反対、一九％が無回答であった。しかし、日教組はこれに強く反対し、「活動組織」を作って大多数の賛成派国民の不評をかっている。

教員の勤務評定

より国民の反感をかった出来事と言えば、政府の「教員の勤務評定」に対する彼らの「戦闘作戦」である。特定の日に日本中の教員がストライキを敢行し、丸一日学校が閉鎖されたのだ。この事件をきっかけに、主として新聞社によって多くの全国的世論調査が実施された。一九五八年九月に『朝日新聞』によって行われた調査結果は[*6]、以下のとおりである。

質問：先生が学校にきた時間とか、病気をしたとか、熱心か不熱心かなどという先生の勤めぶりに校長先生が点数をつけるのは、よいことだと思いますか、よくないことだと思いますか。

よい	65％
よくない	18％
その他の答	3％
答えない（わからない）	14％
	100％

五〇％から七五％が教員評価システムに対する日教組の抵抗に反対姿勢を示し、九％から二〇％の間の人がこうした作戦に同意し、致し方ないと考えている。これらのことが、同じ世論調査の下記結果から読み取れる。

質問：勤務評定をやめさせるために、日教組の先生たちは、この十五日の授業をやめたり、半日で打切ったりしたところがありました。あなたは、このやり方に賛成ですか、反対ですか。

賛成	9％
反対	75％
その他の答	2％
答えない（わからない）	14％
	100％

選挙に関する事項

以下に示されるのは、なぜ大多数の有権者が社会主義者を支持せず、ましな選択として自民党に投票するのかということに関するいくつかの理由である。政党の綱領が、人びとにはよくわからない国際問題ではなく、暮らしに密着した国内問題に関するものであることがまず政党を選ぶ際の優先事項となる。この点に関し、共同通信によって実施された世論調査の結果を一九五九年五月二二日付の『東京新聞』が下記のように報じている。

「各党の政策、各候補の公約のうちあなたはどの問題を最も重視しますか。」という質問に対し、三・六％が安保条約の改定、六・四％が日中関係の改善、六・九％が憲法と核兵器の問題、三・八％が警職法などの治安対策、四・五％が勤評を中心とする文教政策、四二・四％が身近な生活にかんする問題、三・八％がその他、二八・六％がわからないとなっている。[*7] このように、四〇％以上の国民が最も関心を寄せているのは、自分の生活に直結する問題なのである。注目すべきは、日中関係や安全保障条約に大きな関心を持っている人が非常に少ないにもかかわらず、現在の参議院選挙のキャンペーンにおいては、これらの外交問題が争点になっていることだ。おそらくこれは、国民が外交問題に興味がないのではなく、一般の人が理解するにはあまりにも込み入った問題だからだろう。

人びとの日常生活に最も身近な問題の一つは、生活水準をもっと上げるということなのだ。

3　繁栄への道という選択

個人の努力

自由主義経済をベースにした個人の自発性とやる気による繁栄と、左翼が示すような政府による「計画経済」のどちらが良いかという選択では、下記の世論調査によると、「意見なし」が比較的大きな割合を占めていることから推察し、〔自由主義経済が〕おおむね好ましいからどちらとも決めかねるということのようである。「個人の努力によって生活水準は上がっているか」という質問に対しては、二五％がそうだと答え、四二％がそうではない、三三％がわからないとなっている。そうではないと答えた人のうち、主として自分の家族から支援を受けるべきだと答えた人が三一％、政府が援助すべきだとする人が一一％、六八％がわからないと答えた。しかし、この六八％の半数以上が、生活水準を上げるためには人びととの共同的な努力が何よりも重要であるとしている。

社会福祉

以上の事柄は、全体的に日本人の気質と勤勉さを反映しており、日本について書かれた特徴にしばしば登場するものである。一方で、社会福祉に関することは日本人のなかでは精神的な部類に属するものであり、自分の財産で家族の面倒をみることが好ましいとされている（これはしばしば独特の東洋的、そして、日本人の家族制度のもとでの特徴とみなされてきた）。

質問：病気、解雇、災害などにあった場合、あなたは自分の貯金や家族・親威からの援助で十分だと思いますか。あるいは、健康保険のように社会福祉が必要でしょうか。

家族・親戚・自分で十分	12%
社会福祉が必要	75%
わからない	13%
	100%

対外貿易

ほとんどの日本人は、生活水準が正規雇用と高い賃金にかかっていると認識しているが、その次に食料や原料の輸入への支払いのために、どれだけ海外市場で日本の製品を売ることができるかに左右されると考えている。大きな問題は、いかに海外市場を拡大し安定させるかである。第1章で述べたように、日本政府が推奨しているのは、（a）生産性向上、（b）輸出品の品質向上、（c）輸入、および海外のバイヤーが自国市場の販売に力を入れる製品を見極めるための市場調査、（d）繊維やステンレスなど、特定製品の無節操で過剰な輸出やダンピングに対してもっと政府の規制を強めること、などである。これらの施策のいくつかは、左翼によって強く批判されている。巨大社会主義組織で、共産党の影響もある労働組合である総評は、自動化は労働を減少させるとして「生産性」に徹底的に反対する立場をとり、

「闘争」を組織すると表明した。この点に関して世論調査では、生産性を向上させて対外貿易を拡大しようとする政府の努力を支持する人がほとんどという結果となっている。

共産中国との貿易

左翼と保守を分断している問題は、日本経済の多大なアメリカ依存である。左翼は、この不健全な状況を是正する最良の政策は、共産中国とロシアとの貿易を拡大することだと認識している。保守はこれを危険視しているが、それは共産主義者が貿易を公然たる政治力だとみなしているからである。この問題は解決していないが、日本人の多くは、現在のアメリカとの貿易関係を放棄したり危うくしたりせずに、経済的もしくは文化的な理由で中国との貿易を再開したいと思っている。このことを認知している左翼らによって、問題が故意に混乱させられていると言えよう。

一九五八年一二月に実施された最近の全国世論調査を見ると、「共産中国との貿易を拡大することにはリスクがある」とする国民は、一〇%を超えない。六七六人の調査対象のうち一〇%が「はい」と回答し、四七%は「いいえ」、四三%が無回答もしくは「わからない」と答えている。支持政党ごとに見ると、社会党支持者である一五一人のうち九%が「はい」、六四%が「いいえ」、二七%が「わからない」となる。一二七五人を調査した一九五七年六月に実施された同一の調査においても、同様の結果が出ていた。中国との貿易を増やすことで対米貿易が悪化するかという質問には、たった二%しか「そう思う」と答えていない。

4　国家安全保障への野望

第2章で触れたように、これには三つの道があげられている。保守は岸政権の外交政策を支持し、現在の日米安全保障条約を見直し、ミサイル基地建設によって日本の軍事的防衛力を増大させることが、世界平和と日本の安全にとって最良の保障になると考えている。中道派は、世界のすべての大国と安全保障条約を結び、中立の立場を維持することを提唱している。左翼は、日本の安全保障のためには共産圏と良好な関係を築き、日米安全保障条約を破棄するかもしくは無効とすべきだと主張しており、日本の軍事力を国内の警察力程度の最低レベルに抑えておくべきだとしている。

これらの三つの道に関しては歴然とした違いがあるにもかかわらず、日本国民はどの道を選択して従っていくべきか、当惑し混乱しているように見受けられる。世論調査を見ると、ある事項に関してはこの道、別の事項に関してはあの道というような具合なのである。

再軍備は合憲か

日本国憲法第九条には、「日本国民は（略）国権の発動たる戦争と、武力による威嚇又は武力の行使は、国際紛争を解決する手段としては、永久にこれを放棄する」と明記されている。

「前項の目的を達するため、陸海空軍その他の戦力は、これを保持しない。国の交戦権は、これを認めない」。

自衛の目的に限って再軍備することが違憲かどうかに関しては、日本国中で大きな論議が巻き起こった。岸政権は、憲法は自衛の権利まで禁止するものではなく、（戦前のように）侵略の目的で武力を使用したり威嚇したりする権利は認めていないという見解を発表した。明らかな武力攻撃の脅威に対しては、日本は核兵器の使用を含めて自衛の権利を有するのは明白である、としている。左翼と中道派は、国内の警察権力以上のあらゆる自衛手段を違憲であると主張する。

自衛隊の強さ

一九五八年の世論調査における質問では、約三〇％が自衛隊を拡大すべきだと回答し、五〇％がすべきでない、二〇％が「わからない」と答えている。拡大すべきだと答えた人のうち三分の二が、憲法改正を容認している。ただし、拡大すべきでないと回答した人のほとんどが自衛隊を縮小することには反対しており、日本国民の三分の二強の人びとは、日本には何かしらの自衛的な武力が必要であると感じていることになる。

日本が安全を確保するためにどのような方法が最適かという質問に関する意見は、以下の三つにきれいに分かれた。（1）自国の軍隊だけで安全を確保する、（2）「他国の軍隊」と協調して何らかの「集団的安全保障」を行う、（3）完全に武力を放棄して中立姿勢を選択する、で（3）は一〇％、二二％がいつものごとく「わからない」だった。

日本国内のミサイル基地

国家の安全保障を米国に頼っているという問題は、安保条約改定をめぐっての白熱した議論のなかで争点となっている。左翼や中立派はこれに反対しており、数名の保守派もいくぶんかこれに同調している。この案件は、「防衛」のためのミサイル基地建設問題によって混乱が起こっている。

安保改定（その全文は公開されていない）への反対意見は根強いが、岸首相が議会でこれを可決するのに必要な票を集められることもまた明白である。とはいえ、そんなことをすれば左翼が先導する世論の大きな反対にあうのは必至であろう。一〇〇人の国会議員の意見をまとめた一九五八年のフリー博士の調査では、社会党の九七％、自民党の七七％が日本に恒久的なミサイル基地を建設するのに反対している。ある議員は「我々はソヴィエトが新たな戦争を起こしかねないいかなる挑発も、断じて拒否する。核兵器がソ連の報復を引き起こすことが恐ろしい」と述べている。ソヴィエトは、まさしくそういうことになる、と明言している。

一九五七年六月に全国の一七八九人に対して行われた世論調査と、五八年一二月に六七六人を対象とした調査では、二五％が在日米軍はすでに核兵器を装備していると思うと答え、二二％がそうは思わない、五三％が無回答となっている。もう少し対象人数の少ない別の調査では、二五％がミサイル基地に賛成、二五％が好ましくはないが必要、二五％が絶対反対、二五％が無回答という結果だった。

世論全般に見られる核兵器に対する反対は、ソヴィエトの脅威というよりも広島、長崎の経験からくる混乱した感情に起因すると言えるだろう。「原子力」という言葉自体が[*8]、国民に不安を呼び起こすようになっているのだ。これはだんだんと解消されつつある。一九五六年には、七〇％の国民が原子力を人類にとって有害であると感じていたのに対し、五八年までには、その多様な平和的で有効な利用に関して啓蒙が進み、有害だと思う人の割合は全体の三〇％にまで下がっている。

在日米軍

最近の世論調査によれば、回答者のうち五〇％が日本に米軍が駐留していることに「反対」、二〇％が賛成、三〇％が「どちらともいえない」、という結果だった。反対の理由としては、主に（a）日本の主権・独立の侵害、（b）アメリカ軍人によるモラル問題、があげられている。後者のほうは、世間の怒りを爆発させた「発砲」事件[*9]によるところが大きい。とはいえ、五〇％の反対者のうちほぼ半数が、日本人が好むと好まざるとにかかわらず、日本に米軍が駐留することは必要であると認識している。というわけで、人口の約四〇％が在日米軍に賛成もしくはしぶしぶ容認、二五％が断固として反対、三五％がどちらでもないと言えそうだ。[*10]こうした世論調査の結果が、アメリカ政府が在日米軍を削減するかどうかの判断に影響するのかどうかは、報告者の私が関知するところではない。事実として言えることは、昨年かなりの削減が行われたということである。一九五九年六月から七月にかけての五週間、制服を着た軍人を一人も見かけていない。

アメリカによる日本の防衛

安保改定における条件の一つとしては、日本が攻撃された場合は米軍による防衛を要請できることが期待されている。このことに関する世論調査では、「ソビエトとアメリカの軍事的なバランスだけを考えた場合、日本の国益となるのは次のどれだと考えますか。アメリカの軍事力がもっと強くなったほうがいい、弱くなったほうがいい、同じくらいがいい」という質問がなされた。これに対し、四六%がより強力な軍事力を良しとし、一五%が弱いほうがいい、二〇%が同じ程度、三三%がわからないと答えた。社会党支持者ですら、四一%がアメリカがより強くなったほうがいいと答えている。

アメリカとソ連の現在の軍事力を問うた質問では、約三分の二が同等程度と考えており、三分の一は「わからない」もしくは無回答だった。

国連への信頼度

中立派は、日本の安全保障は基本的・必然的に世界平和に依拠すると考えている。現在の国際間の緊張を見れば、日本にとって最良の道は世界のあらゆる超大国との「集団的」相互安全保障条約に加盟することだろうという認識だ。中立派のスローガンは「積極的中立主義に基づく平和的共存」であり、モデルとする国家はインドである。中立派の主張では、日本は最小限の軍事力を持つべきであり、世界の平和と安全を維持するために主として国連に頼るべきだとしている。

フリー博士による国会議員一〇〇人へのインタビューでは、こうした目的のために国連に現実的に頼ることが可能かどうか問うている。この結果、自民党の八一%、社会党の七六%が「大いにできる」、わずか六%と三%が「それほどでもない」という回答だった。この高いパーセンテージは、国連安全保障理事会の常任理事国になりたいという非現実的な望みが相当程度反映されているものと言えよう。

他国との協力関係

現時点で日本と「緊密な」協力関係を望む国や国際機関を問う質問に対しては、下記のようなパーセンテージとなった。

	アメリカ	国連	共産主義中国	ソ連	インド	アジア・アフリカ諸国	自由世界	あらゆる国家
自民党	84%	74%	14%	5%	—	10%	56%	10%
社会党	47%	74%	59%	38%	24%	35%	6%	24%

「現在の状況のもと」つまり冷戦下において、日本はなるべく中立であるべきとするのがどちらの党も高い割合であることを考えると、インドの地位は驚くほど低い。

平和を目指している国家

「現在、真摯に平和を希求し、国際間の緊張緩和のために努力している国家」を中国、ソ連、アメリカのなかから問う質問に対しては、下記のようなパーセンテージになった（この数値は、「そう思う（＋）」から「そうではない（－）」を差し引いて求めたものである）。

	中国	ソ連	アメリカ
自民党	（－）8%	（－）13%	（＋）84%
社会党	（＋）79%	（＋）40%	（＋）15%
合計	（＋）30%	（－）8%	（＋）57%

「今後五年間で国際間の緊張緩和が確実に進む」という見通しに対し、社会党議員は自民党議員と比較して相当楽観的である。楽観的意見から悲観的意見を差し引いた信頼できる数値としては、自民党が（＋）一一%、社会党が（＋）五三%、両党の合計が（＋）一七%となっている。

右記の表におけるソ連の低い数値は、ソ連が新たな世界大戦を回避する努力を真剣に行っているかどうかという世論を測るうえで、かなり信頼できるものと言える。一九五六年の調査では（＋）二%だったが、五八年は（－）一七%となっており、両年とも四〇%がどちらでもないと回答していた。近年のソ連の外交政策に関して良いと思うか良くないと思うかを聞いた結果は、一九五七年が（－）一九%、五八年が（－）二八%だった。とはいえ、いずれの年も約三分の二がどちらでもない、わからないと回答している。

第2章を思い出していただきたいが、中立派は共産主義中国との外交関係を樹立し、国連に加盟することが喫緊の課題であると主張していた。一〇〇人の国会議員のうち、この共産主義中国との外交樹立に関しては、四八%が賛成、三五%が反対、一七%がどちらでもないと回答しているが、政党ごとに見ていくと、社会党は一〇〇%、自民党では二一%が賛成という結果となっている。

一九五七年一月に東京在住の人を対象としたある地方新聞の調査によれば、共産主義中国との外交をどのように考えるかという質問に対しては、下記のような結果が出ている。

現在の状況を維持する（中国国民党を承認）	16％
どちらも承認する（北京も台北も）	40％
共産主義中国のみ承認する（台北は除外）	23％
統一中国を承認する	1％
わからない	19％
その他	1％
	100％

共産主義中国の国連加盟について

六七六名の有権者を対象とした調査では、賛成四〇％、反対一三％、わからない四七％という結果の政党支持者ごとの内訳を知ることができる。社会党支持者の六〇％、自民党支持者の三五％が賛成、それぞれ一五％が反対となっている。また、自民党支持者の四八％がわからないとしているのに対し、社会党支持者のほうはたった一六％しかそう答えていない。

冷戦における中立主義

中立派の主要な主張の一つに、日本は自由世界と共産圏の中間の道を進むべきだというものがある。この事柄に関して、一九五六年から五九年の間にいくつかの世論調査が行われている。これらを見ると、(数ポイントの幅はあるものの)中立主義賛成の立場には二〇%の固定した層が存在する。約五〇%は反共の立場を支持、一%が共産主義を支持、二四%がわからないとなっている。政党別に見ると、社会党の約三分の一が中立主義、自民党の三分の二が反共産主義という立場をとっている。前述の世論調査によれば、約二〇%の回答者が自由世界と共産圏の軍事バランスが同等程度であるのが日本にとって最適であるとしている。

フリー博士による国会議員を対象にした調査では、自民党の五二%、社会党の九七%が冷戦における中立主義に賛成、不賛成は自民党の三七%、社会党では一人もいなかった。

5　名誉ある地位への道

第1章で述べたように、日本人にはアジア・アフリカ地域における平和的指導者の地位を占めたいという願望がある。つまり国連や広い範囲での世界情勢のなかで、より影響力のある地位につきたいというわけだ。

アメリカとのパートナーシップ

多くの日本人は、おそらく大多数だろうが、こうした名誉ある地位への道を阻害している最大要因は、経済の面でも安全保障の面でもアメリカに依存していることであると感じている。この阻害要因を取り除くために、「日本はアメリカの操り人形であり、ワシントンが外交政策を決定している」という共産主義者のプロパガンダに効果的に打ち勝つべく、より自主的な行動をとる必要があり、だから今日の日本の独立への前進（というより突進）がある、というわけなのだ。

アメリカ政府は、当然のことながら、あらゆる国家の主権的独立に賛成するものである。このことは、提案されている日米安全保障条約の改定文言にも、米軍の日本からの撤退、国連への再加盟、などの項目で相当程度含まれており、両国が関係するあらゆる事項に関して日本と「パートナーシップ」を結ぶという認識に基づく。しかし、日本人のなかにはかなり非現実的ながら「対等」なパートナー関係を志向する者がいる。「両国が関係する事案に対し、アメリカは日本を対等なパートナーとして扱っているか」という質問が、何回かの世論調査で行われている。[*11]

一九五六年から五八年一二月に行われた四つの世論調査によると、「はい」と答えた割合は一八%、「ときどき」が六%、「対等ではない」が四七%、残りの二九%が「わからない」となっていた。[*12]

世界の強国としての順位

地位にこだわる日本人は、今後五年間で日本が世界へ影響力を及ぼすような国としてより高い順位になるだろうとかなり楽観視している。こうした楽観主義は、国会議員の七六%、内訳では自民党の八一%、社会党の六八%という数値にも表れている。他の一〇カ国のうち下から三番目にランクされた五年前の結果と比べ、今日では四、五位ほど順位を上げ、五年以内に上から四番目（下から六番目）になるとしている。

6　全体的な印象と意見

世論調査では、日本が最終的なゴールに向けて人びとがどのような感情、心情を持っているかについて、直接ではないがいくつかの大まかな質問を行っている。ある調査では、六つの国名をあげ、それぞれの国に対して「良い」「悪い」「どちらでもない」の三つのなかから選択させている。無作為抽出した一三二二人の回答で、「良い」から「悪い」を引き、「どちらでもない」を計算から除外した六カ国の相対値は、下記のようなものである。アメリカ（＋）四二％、インド（＋）三九％、共産主義中国（－）五％、国民党中国（－）八％、ソ連（－）三二％、韓国（－）三五％。二一六名の自営の農業、漁業従事者を対象とした調査では、アメリカが一位の（＋）五一％、インド（＋）四一％、国民党中国（－）七％、共産主義中国（－）一一％、韓国（－）三五％、ソ連（－）四三％、となっている。しかし、労働組合の一〇六人を対象とした調査では、インドがトップで（＋）五一％、アメリカ（＋）三一％、共産主義中国（＋）一五％、ソ連（－）三〇％、国民党中国（－）二五％、韓国（－）四三％、という結果だった。

アメリカの影響

日本への「過剰なアメリカの影響」があるというプロパガンダを広めることで、日本とアメリカの関係を弱めようとする左翼の目論見は、あまり成功していないようだ。一九五七年六月の調査では、回答者の四一％が「過剰である」とし、二五％が「おおむね適当」、三二％が「わからない」と答えていた。これが一九五八年一二月の調査になると、「過剰である」の割合が三二％に減少、「おおむね適当」は三三％に上昇し、「わからない」は三二％のままだった。

日本に対して過剰なアメリカの影響があると答えた人に、その具体的な事例などを問うと、大多数がアメリカの習慣や風習を日本が真似しているという回答になっている。外交、軍事、経済的な影響をあげた割合は、比較的少ない。

ロイド・フリー博士による一九五八年から五九年にかけて一〇〇人の国会議員を対象とした調査では、自民党の八九％、社会党の七一％が「アメリカとの全般的な関係に、現在のところ満足している」と回答している。不満と答えた自民党の一〇％、社会党の二一％が、今後五年間のうちに改善されるだろうと回答、現在満足していると答えた自民党の八九％、社会党の七一％のうち、それぞれ六〇％と二七％が今後五年間のうちに改善されると回答している。

以上の調査結果を見ると、国家的野望を達成する最善の道に関し、日本国民のなかに明らかに不安感、混乱、不調和が見てとれる。

（1）世論調査が示すとおり、国民は現在の政治システムに対して不満を持っているが、有権者の相当数はどの政党にも格別強烈な拒否感を持っているわけでもない。ただ非常に明らかなことは、自民党が継続して政権についているのは、国民が左翼的方針を拒否してきたという事実である。国家主義的、軍国主義的、帝国主義的な戦前型の極右政府も、ほとんど全員一致で拒絶されている。

（２）生活水準の向上が継続していることで、国民は大まかにそれが基本的には対外貿易のおかげであること、日本は戦前のアジア市場の大部分を失ってしまったことに気づいている。しかし、貿易拡大や安定化のための政府の計画や政策についての理解はなされていない。ほとんどの国民は、一九五八年に完全に断絶した〔中国との〕貿易関係[*13]を修復する際に、政治的危険はないといまだに考えている。

（３）安全保障と世界平和への渇望は、不確実性と混乱となって表れている。日本人は、なぜアメリカが朝鮮戦争勃発後に極東における日本の外交方針を変更するよう迫っているかについて、まったく理解していない。ほとんどの日本人は、知識人も含めて、日本の安全保障がソ連や共産主義中国の好戦的な領土拡大政策を食い止めることにかかっていることを理解していないし、その重要性がわかっていない。国連を安全保障の担保とする、つまり「積極的中立主義」という政策を採用し、あらゆる主要国との「集団的」安全保障条約締結を模索するというような、非現実的でほとんど夢のようなイメージを描き、普及させているのだ。こうした考えを広く支えているのは、日本国内あるいは近隣に米軍が駐留していることや核実験が続けられていることに対する不満と苛立ち、共産主義中国による台湾攻撃に対してアメリカが防衛に加担しないかという恐怖である。さらに、外交関係の樹立や国連への加盟に関する世論調査が示すように、共産主義中国に対するかなり柔軟な姿勢も存在する。

（４）日本の名誉回復への道にとって最大かつ喫緊の障害と日本人が考えているのは、経済と安全保障をアメリカに依存している現状と、日本に対するあまりにも大きなアメリカの影響である。日米安保条約改定案における強い反対は、主権を持った独立国家としての日本が世界に対する立場を弱めるのではないか、という恐れが大部分を占めている。これらの事情にもかかわらず、日本国民は日本が国連や世界情勢に受け入れられたと認識して大いに満足し、「非常に誇りに感じている」のだ。一九六四年のオリンピック開催国に日本が選ばれたことは、国家の地位向上のシンボルとしてもてはやされた。

全体的な雰囲気と姿勢からして、大多数の日本人は他の国家より親西洋、親米であると言えるだろう。

日本に対するアメリカの影響が強すぎるとする確信は、弱まっているようだ。社会主義者の国会議員のうち三分の二が「現時点における日米関係には全般的に満足できる」と認めている。混乱と不信という雰囲気はあるものの、今日の日本の世論は、自由世界を堅持するという現政権の外交方針をおおむね支持していると言えるだろう。

保守政権による親米的な外交方針を維持することに賛同する勢力が、日本には数多く存在する。ここには、生活水準の迅速な向上、西洋と肩を並べたいという願望、アメリカとの安全保障関係などを、より自立的に主体的に実現したいという含意があるが、根底には「このまま余計なことをしない」というような保守的な態度も見え隠れする。しかし一方では、今日の日本には一定の潜在的な不安定要素、不確定要素が存在している。

日本における世論変化の一つの可能性としては、ソ連とアメリカ、同盟国との緊張関係が劇的に改善するか、あるいは戦争の危機にまで一気に緊張が高まるかに左右される。前者の場合には、独立への動きを加速させることになるだろうし、後者の場合は、戦争への恐怖が増大するだろう。どちらの場合にも、中立主義の方向へ容易に世論がシフトしうるのである。

解釈と評価

世論調査を元にした結論を導く場合、常に若干の技術的考察を挟む必要がある。第一に、信頼性という点に関し、世論調査は厳密な科学とは言えない。つまり、数学的定理としての可能性がいくらか根拠となっている程度にすぎないからだ。母集団のうちのかなり少数のサンプルから抽出された結果から、全体の意見との誤差がどの程度生じるか、その可能性を計算しなくてはならない。こうした概算の見積もりは「パーセント誤差」とか「確率誤差」とか呼ばれている。これはサンプルの大きさ、どのように回答者が選ばれたか、インタビューの状況などに左右される。今回引用されている調査において見積もられている誤差は、二％から高くて八％である。誤差が低ければ低いほど、結果の信頼性が増すということだ。

第二に、妥当性の問題がある。世論調査の妥当性は、インタビューによって回答者の率直な意見、心のなかの本音が引き出せたかどうかにかかっている。これには、質問が明確に完全に理解されているかどうかがある程度の決め手となる。また、回答者の意見がどの程度まとまっているか、自分の心情をうまく言葉にできているかということも重要だろう。さらに、日本人に（他国と比較して）かなり高い割合で見られる、「意見なし」あるいは「わからない」という回答に関しても、考慮が必要である。日本における高い識字率に鑑み、新聞、ラジオ、最近ではテレビによってますますあらゆる情報が氾濫しているにもかかわらず、かなり高い割合の日本人が、調査における多くの質問項目に関する情報にあまり触れていないということは考えにくい。では、なぜこれほど多くの人が「わからない」と答えるのか。日本人評論家による一つの答えが、一九五九年五月の『中央公論』での加藤周一氏による論考である。

　世論調査の統計的方法は、主として米国で発達した。そのことは、米国人のものの考え方や習慣と無関係ではあるまい。調査票の質問に近い質問が日常会話にたびたびあらわれ、それに対して各人がそれぞれ「然り」または「否」で答える習慣のある国では、原則としてB〔大衆自身が口に出していうこと、あるいは口に出していうのが適当だと考えていること〕・C〔大衆が胸の底で考えていること〕のひらきが小さくなるだろう。逆にものの考え方が論理的でなく、日常生活のあらゆる場面で言葉を濁すのを建前とし、「然り」または「否」という形で情況または意見を整理するよりも、微妙な心理的かけ引きを尊ぶよう《ママ》習慣のある国では、論理的な質問に対する答（B）と、本来その答とは別の面ではたらいている心情の内容（C）のひらきは、原則として大きくなるだろう。各人がそれぞれの意見をもつことは、本来望ましくないという考えの支配している社会で、各人がそれぞれの意見をもつのが当然だという考えの支配している社会で発達した調査方式を、そのまま適用すれば、調査の結果は、額面通りにうけとられない。しかし民主主義は、長年の習慣に挑戦して、意見をもつこと、その意見を発表することが、悪事ではなく、むしろ当然であるという考えを普及させた。*14

その教育効果の徹底した群（二〇歳代の男）のほうが、そうでない群よりも、口に出していうことと胸の底で考えていることの差は少ない。[*15]

とすれば、「わからない」と答えたうちの大多数が年配者であることが想像される。五〇代以上の人は、二〇代三〇代の人よりも保守的であることが知られている。[*16] このように調査ではっきりしない態度をとっていた人が自分の意見を表明すれば、保守の割合は相当大きいだろう。日本の世論は、おそらく調査結果よりもずっと非・左寄りなのだ。

世論調査の結果を評価するにあたり、第三に考慮すべきことは、彼らが「言うこと」と「すること」の関係である。たとえその調査が世論をおおむね反映しているという点に関して信頼でき、またその時点での正直な意見がある程度回答されていると評価できたところで、いざ実際の投票という別の行動になってみると、調査結果と合致したりしなかったりするのだ。世論調査の結果と投票結果とのギャップは「予測違い」と言われる。

日本においては、このギャップがしばしばとても大きなものとなる。一九五九年六月に行われた最近の参議院議員選挙に関する世論調査の質問では、社会党が議席を伸ばすと見られていた。実際は議席を減らし、多くの人を驚かせることになった。

これは、日本における影響の力学に関係する、非常に根本的な問題である。たいていの場合、日本人に対して気軽に尋ねることはできても、答えが返ってくるとは限らない。まず、伝統的な習慣、信条、道徳観などからくる深く根づいた感情、思考、行動によって決定される日本人の行動のうち、どの程度が政治的なものなのか？　次に、態度を決める要因のどの程度がマス・メディアによって流される情報や意見の影響を受けているのか？　最後に、権限や責任のある地位にある人物の判断が、どの程度世論の影響を受けるものなのか？　日本において重要な決定はどのようになされるのか？

不可欠だが複雑なこうした問いに答えるには、この報告書で提示できる以上のさらなる調査、時間、場所が必要となってくるだろう。しかし、これらの問いに答えることは、ＵＳＩＳジャパンの活動プログラムを計画、履行するうえで必要不可欠のものである。

三番目の問いに対するささやかな希望は、フリー博士による国会議員に対する調査結果の所見によれば、現在起きている諸問題に関しては世論とかなりの相関性があるということである。

【注】

＊1　一九五九年七月八日のＵＳＩＳによる内部調査分析資料『日本の世論――現在の評価』も参照のこと（原注）。

＊2　東京大学新聞研究所助手、助教授を経て一九六二年に教授、七七年から七九年まで同所長を務めた。新聞についての理論的、実証的研究を進め、特に流言、流行、世論、政治意識についての分析、コミュニケーションの効果、内容分析に業績を残した。日本社会心理学会の創設にも参画し、同会常任理事を長く務めた（『20世紀日本人名事典』日外アソシエーツ、二〇〇四年を参照）。原文は「Professor H. Ikeuchi」となっている。

＊3　一九五九年（昭和三四年）六月二日に行われた第五回参議院議員通常選挙のこと。

＊4　一九四六年設立の日本初の独立調査機関。一般社団法人輿論科学協会ＨＰ http://www.yoron-kagaku.or.jp/jhp/jtop.htm（二〇一八年七月一九日最終閲覧）。

＊5　社会党では、階級闘争を行う政党であるべきか、あるいはより穏健な社会民主主義政党であるべきかが、長い

間論争の種となってきた。このことは、社会党右派の傑出したリーダーである西尾末広とその同志らが、日本社会党が議会制度を軽視し、マルクス主義の教義に傾倒し、日米安保改定に反対する総評や党内での極左グループの支配下にあることを批判したことで、焦点化される。こうした論争に加え、西尾ら右派のメンバーが総評内に別の組合を結成して分裂させようとし、親共産党に対抗するきっかけを作ったことを、左派側が非難していた。この紛争は、一九五九年九月と一〇月に開かれた日本社会党全国大会で頂点に達する。西尾はいわゆる党の主流派を分裂させ、社会党にいた二一名の衆議院議員と一二名の参議院議員で「社会クラブ」という新しいグループを一一月下旬に結成、衆議院の十余名と参議院の二名も脱退し、別の非左翼組織である「民社クラブ」を結成した。一一月に西ドイツの社会主義者がマルクス主義政策を完全否定したことは、日本の社会主義者によってかなり広範囲に再評価され、一つの政党内にマルクス主義者と非マルクス主義者が同居しているというこれまでの妥協に対して、加速度的な影響を及ぼし続けている。こうした反乱分子によって「民主社会党」が日本で結党されるに至っている。現在のところ、彼らはいまだ安全保障条約改定には反対であるが、社会党左派よりも穏健な態度を表明している（原注）。

この注の内容は報告書の日付よりも後のものであり、後から付け加えられたと考えられる。タイプライターによる原文では、この注の部分がはみ出すように打ってある。

＊6　『朝日新聞』一九五八年九月一三日付東京版一頁。「日教組が勤務評定反対の統一行動を行った直後の十七、十八両日全国世論調査を行った」とある。本文の二つの質問と回答は、『朝日新聞』の原文を再録した。

＊7　アンケートの回答項目は、『東京新聞』一九五九年五月二一日付一面の記事をそのまま再録した。

＊8　原文では world となっているが、文脈から word の間違いと思われる。

＊9　特定されていないが、一九五七年一月三〇日に群馬県で起きた、ウィリアム・S・ジラード三等特技兵が日本人主婦を射殺したジラード事件を指すと推察される。

＊10　原文どおりの数字だが、二〇％（米軍駐留賛成者）＋二五％（しぶしぶ容認していることになる反対者の半数）＝四五％（駐留に賛成もしくはしぶしぶ容認）、また、どちらでもないは三〇％が正確だと思われる。

＊11　国際連盟を想定し、「backing Japan's admission to the UN」という表現をしていると思われる。

＊12　日本語には「パートナー（partner）」という言葉にぴったりした言葉が存在しない。さらに、質問を日本語の自然な言い回しにすると、主観的な感情（「あなたはアメリカが日本を――尊敬、尊重、友愛の気持ちを言外に表して――対等に扱っているという印象を持っていますか？」）を聞いているというよりは、客観的な情報（「アメリカは日本に対して――軍事、政治、工業の面で――同等の立場に立っていますか？」）を聞いているように感じられる。こうした言語的な違いというものは避け難く、ときどき統計的な誤差を生み出すことになってしまう。今回のケースだと、アメリカは日本を対等に扱っていないという割合が高いのは、こうしたはっきりとはわからない原因があることを差し引いて考えるべきだろう（原注）。

＊13　「長崎国旗事件」を指すと推測される。第1章、注5参照。

＊14　加藤周一「マス・コミは世論をつくるか」、『中央公論』一九五九年五月臨時増刊号、四九頁。報告書原文では多少要約している部分があったが、ここでは引用元をそのまま再録している。BとCの内容は、四六頁の定義を再録した。

＊15　同前論文。注14同様に報告書原文では多少要約している部分があるため、引用論文の用語や言い回しをできるだけ再録した。引用元の加藤論文は、表題どおり世論へのマスコミの影響を論じたものであり、報告書が引用している部分が主要テーマではない。

＊16　一九五八年の世論調査では、政党支持に関する質問における「わからない」という回答の割合は、二〇代三〇代では一五％ほどだが、六〇歳を超えると二九％にまで上昇している（原注）。

第5章　日本におけるUSISの役割に関する評価

日本を自由世界の同盟国とし、アメリカと緊密な協働関係を保持するための影響力のかなりの部分をUSISジャパンが担っている事実に鑑み、前章で報告された好ましい結果に関しては、ある程度合格点を与えることができる。つまり、同盟勢力全体のなかで果たしている重要な役割という観点で、USISジャパンの仕事を評価すべきだろう。

第3章で述べた活動の報告は不十分である。というのも、プログラムのうち半分もしくはそれ以上がUSISの名前を冠していないもの、つまり機密事項とされるものだからだ。活動の包括的概要と遂行の目的は、直近に刊行された国別プランの最新版（一九五九年九月）において紹介されている。

目的、プロジェクト、プログラム

目的1：「自由世界における互助関係と集団安全保障を促進していくというアメリカの外交政策に沿うよう、日本をある程度帰属させる」。このため、以下の二つのプロジェクトを行う。

プロジェクト1：アメリカの外交政策、国内政策の解説。このプロジェクトにおいては、七つのプログラムが準備されており、このうち三つは匿名のものである。

プロジェクト2：中国―ソヴィエト関係が、日本への明白かつ現実の危険を意味するという典型的イメージの創造、喧伝。これには六つのプログラムがあり、四つが匿名のものである。

目的2：「安定雇用と日米関係によってもたらされる資産を持続的に発展させることで、独立と政治経済的安定が達成できる、というコンセンサスを形成する」。このため、以下の四つのプロジェクトを行う。

プロジェクト1：アメリカによる日本製品の購入が一貫して増大してきたこと、また日本が規則に準じて販売活動を行っていくなら、今後もそれを継続していくことが可能であることを可視化させる。このプロジェクトにおいては、七つのプログラムが準備されており、四つは匿名のものである。

プロジェクト2：国内経済を持続的に強化するためには、企業・商業分野における日米の提携、科学と生産技術を生かしたアメリカ的経営の広範な受容が必要であることを示す。六つのプログラム、うち二つは匿名のもの。

プロジェクト3：影響力のある日本人に、日本の安全保障を担保するためには、先進兵器とアメリカとの軍事協力の両方が不可欠であると確信させる。二つのプログラム、うち一つは匿名のもの。

プロジェクト4：広い意味での文化―学術面における権威、また社会的・経済的・科学的な能力を網羅するようなアメリカのイメージを与える。五つのプログラム、うち二つは匿名のもの。

目的3：「日本にアメリカからの影響を自主的に表明させることで、有益な日米協力関係を広範囲にわたって永続させる」。このため、以下の三つのプロジェクトを行う。

プロジェクト1：何校かの主要な日本の大学において、体系的なアメリカ学設立を推進する。八つのプログラム、うち二つは匿名のもの。

プロジェクト2：影響力のある著名なスポークスマンに、典型的なアメリカ式のシステマティックな調査や思想の自由に関する情報資料を大量に流す。五つのプログラム、うち三つは匿名のもの。

プロジェクト3：啓蒙された民主的な社会における若者の責任を、大学生や高校生に理解させていく。四つのプログラム、うち二つは匿名のもの。

手短に言えば、USISジャパンは九つの主要なプロジェクトと、半ば機密となっている五〇のプログラムで三つの目的を達成してきた。しかし、実情としては、いくつかのプログラムは二つか三つのプロジェクトにまたがっており、特定できるプログラムの数は五十弱となっている。日本における第一のターゲットは知識人層であり、この報告書の最初のほうで「左寄り」とされた人びとである。国別プランでも報告されたように、彼らはUSISジャパン設立の一九五二年から意見や態度をほとんど変えていない。他のターゲットは、大学生や高校生のうち将来的に知識人層になるであろうグループである。

目的3であげたように、USISが現在のプログラムのすべてを永久に継続させようとしているわけではない。いくつかのものは、日本の私企業や地方自治体あるいは政府によって、運営もしくは後援されることが望ましい。いくつかのものは優先度が低いので、廃止してもよいだろう。というわけで、現在USISと協力関係にある日本の軍事組織が強くなり、よりいっそう自由世界と緊密な連帯を結び、日米同盟を永続させることが可能となるよう期待されている。

評価基準

適正な評価は、どんな組織であれ、目的に適った活動がどの程度進捗しているかどうかで判断されるべきである。しかし、USISジャパンは二つの理由によって、こうした評価が不可能である。一つ目には、その活動が最終目的までどの程度進んだかを示すことが不可能だからである。二つ目には、前述のように、その目的が定義としてあまりにも大雑把で漠然としており、ところどころ非常に不明瞭で、USISジャパンが到達すべき地点がどこなのかを見極めるのは、誰にとっても非常に困難な状況にあるからだ。たとえば目的1は、前述のように「アメリカの外交政策にある程度帰属させる」ことである。しかし、この報告書の第1章で述べたように、現在の岸政権の外交方針は、すでにアメリカの外交政策と調和的なものとなっており、いくつかの点ではほぼ帰属している。最近東京から帰ったAP通信の特派員によれば、岸はどっかりと権力の座に収まっていて、提案中の日米安全保障条約改定に反対する党内のメンバーに制裁を加えている。目的1が持つ明確な含意を、下記のように読み解くこともできるだろう。「USISジャパンの主要任務：(a) 特に発展途上国との相互援助や集団安全保障の面で、自由世界の団結とアメリカとの緊密な関係を進める政策に賛成する日本人組織や個人の影響力を強化すること、(b) 共産主義中国の再編による現在の日本の危機を暴露する補助をすること」[*1]。

このように規定すれば、USISがこうした組織や個人に行ってきた情報面、金銭面、助言、精神面での支援、さらにこれらの支援によって獲得された技能などによって、活動評価が可能となるだろう。目的2は、日米関係の概念を表明している。つまり「独立と政治経済的安全は、この関係による援助を通して達成されうるというコンセンサス」を意味する。第4章で述べたように、現状においてはアメリカとの経済面・安全保障面での緊密な協力が不可欠である、という確固たる合意がすでにある。ただし、日本の国家的野心を実現するために、アメリカとのパートナー関係を継続するかどうかでは、世論が割れている。この目的を達成するために、日米関係によってもたらされる資源をより充実させることが、現在そして将来にわたっても、日本がとるべき現実的かつ合理的な唯一の道であるということを、もっともっとオピニオン・リーダーたちと世間一般に喧伝すべきだろう。この目的に関する進捗状況の評価は、次のように言い換えるとより簡単になるはずである。

「現在『中立主義』を標榜している知識人やオピニオン・リーダーらに、アメリカとの緊密な連携を継続し、それによる資源を増大させていくことが、日本にとって高い生活水準と国家の安全保障、そして同時に日本の主権的独立を達成し、確保する最善の道であると納得させること」。

目的3については、次のように言い換えられるだろう。「USISジャパンの長期的な目的は、日米の協力関係を実質的に自立したものとすることである」。つまりこれは、日本側と協力してUSISで行っている多くのプログラムを、完全に日本の私企業もしくは行政機関によって実施されるよう段階的に移行していくことを意味する。ＵＳＩＳのプロジェクトやプログラムが日本側にすでに移行した数と移行が決定している数を見れば、この点を評価することが可能だろう。

前述の目的を達成するためには、同じゴールを目指して任務を遂行しているＵＳＩＳと日本における他の機関や個人が、連携していくことが求められる。よって、ＵＳＩＳによる貢献というものは、こうした結束力を強化する度合いでしか測れないのである。

複合的な同盟勢力全体におけるＵＳＩＳの役割は、次のように記述、評価されうるだろう。

（１）現在、どの程度「課題」が克服され、またどのように成功したのか。また残っている「課題」はどのようなものか。

（２）同盟関係にある日本の機関や個人に対し、金銭面・情報面あるいは助言や精神面での援助がどの程度効果を持ったか。

（３）ＵＳＩＳによるプログラムによって提供された多くの文化や情報が、どのように日本人に受容されたか。

ＵＳＩＳの主要な活動は、いずれもこれら三つの観点から測ることができるであろう。

アメリカ文化センター

現在存在する一三のセンターのうち六つには訪問済みである。残りの七つのセンターにおける業務に関しては、情報を共有した。

これらのセンターは、ＵＳＩＳによる多彩なプログラムによって、情報面と文化面の両方で地域から注目されている。それぞれのコミュニティにおいて、センターが明らかに不足を埋めていると言えるのは、開架式図書館とアメリカの本や雑誌が揃えてある閲覧室である。閲覧室は、自分の大学の図書館では物足りない地元の大学生らにかなり利用されている。どの図書館でも、貸し出し期日の決まった本には非常に長い予約者リストができている。司書はすべて、特定の情報を探している客にどのようにさまざまなサービスを行うかを心得ている地元の日本人である。

センターは、USIS映画、ラジオ、テレビの録画番組、音楽レコード、本、催事、印刷物などの配給拠点としての役割を果たしている。

こうした配給サービスに加え、さまざまな講座、セミナー、コンサート、映画上映、催し物、英会話教室などの豊富なプログラムが、センターで開催されている。

センター長

各センター長とその家族は、ほとんどのコミュニティにおいて不足を埋める重要な役割を担う。センターがある都市のうち、規模の小さな四つの市では、彼らは宣教師以外の唯一のアメリカ人なのだ。宣教師らは、ほとんどの日本人に懐疑的な目で見られがちである。というのも、特定の信仰を広めるからというだけでなく、センター長が持っているようなアメリカ政府の公的証明書を所持していないからである。

センター長は、文化人という受け入れられやすいステイタスに加え、アメリカ大使館という名誉あるお墨付きがある。こうした評価があるので、都道府県知事や市長、大学の総長・学長や教授、新聞社の社主や企業家、芸術家からコミュニティのリーダーに至るまで、交友関係を築くのにほとんど支障がない。一三ある各センターには、「接触」（と呼ばれている）すべき相手の名前と職業を記した名簿が配られている。この名簿は、その地域で最も重要で権限のある「紳士録」のようなものだ。ここには都道府県知事、市長、大学教授の氏名のみならず、専門職、ビジネス、労働組合のトップや著名な企業家まで載っている。非公式のこれらセンターのパトロンたちは、あらゆる重要な式典に招待され、うち何名かは書籍の贈呈も受けている。

センター長の影響力は、多くの地域組織による行事へ参加し、積極的な役割を果たすことで増大・強化される。こうすることで、彼は人びとの役に立っていることを自覚し、同時に、彼はアメリカの国益のためだけに駐在しているのだろう、という人びとが持つ自然な疑念を晴らすことになるのだ。

各センター長は、ＵＳＩＳ東京と緊密に連絡をとっている。つまり、彼は地域の日本人がアメリカ大使館に支援要請を行うことのできる重要な——しばしば唯一の——窓口なのだ。日本人の指導者たちはこの点に関してかなりの威力を発揮しており、自分たちのコミュニティでこうした機関が存続する必要性を訴える筆頭者となっている。

センター長は、センターのさまざまな情報・文化イベントを企画、運営する中心人物である。彼の個人的なサービスによって、最近までは宣伝しても全然来館者のいなかった図書館や公開フォーラムを幅広く無料公開することで、地域の人びとにすぐさま熱狂的に受け入れられるようになっている。この事業に見られるような誰の目にも明らかな公共性と利他の精神によって、世界情勢における現在のアメリカの視点が、誤解されず疑われないものとなっていると言えるだろう。

日本人アドバイザー[*2]

各センターは、上級広報アドバイザーと数名のアシスタントアドバイザーを雇っている。上級アドバイザーは、すべて大卒者である。うち何人かはアメリカの大学の学位を持っている。彼らは、各コミュニティと緊密に連携し、非常に尊敬を得ている。彼らは、アメリカ人所長と指導的市民や重要な組織を結ぶ、かけがえのない存在となっているのだ。

F・L・ホシノ氏は、一九五二年以来神戸の上級アドバイザーとして勤務している。占領期間中、彼女はこの地域の教育セクションのアドバイザーだった。彼女の父は、コロンビア大学の名誉教授である。彼女は一九二〇年から三一年までアメリカで暮らし、バーナード・カレッジで文学士号を取得している。結婚しており、五人の子どもがいる。地元の女性団体から指導者として非常に尊敬されており、甚大な影響力を持っている。神戸センターや日本にある他のアメリカンセンターに関わる業務に携わり、非常に有能で知的で、積極的な発言をしている人物である。

キタムラ氏は、一九五五年からの大阪の上級アドバイザーである。一九二四年から四七年までは、『毎日新聞』英語版の編集者、発行者だった(彼は、戦前のスローガンだった「共栄圏」という言葉の生みの親だと言われている)。彼は出版業界で非常に尊敬を集めており、主要な組織や委員会のメンバーになっている。彼は、広い分野において市や県の職員からアドバイスを求められる立場にいる。大阪センターの業務に関し、歯に衣着せぬ非常に率直な意見を言う。彼は六七歳だが、非常に活動的で精力的である。

K・クロサワ氏は、一九五〇年から横浜センターの上級アドバイザーを務めている。彼は既婚者で、五人の子持ちである。職業は教師で、横浜市立大学で非常勤講師として今でも英語を教えている。長年にわたり、彼はアメリカ大使館の報道翻訳部門の長を務めてきた。非常に威厳があり、真面目で熟慮する人物である。彼は知識人サークルにやすやすと入り、尊敬を集めている。

東京と京都の上級アドバイザーに関しては、最近任命されたばかりである。ジャーナリズム、教育分野出身で、どちらも慎重で分別のある男性である。一人はアメリカで教育を受け、もう一人は調査と研究目的で二回の渡米経験を持つ。

現地の日本人従業員たちは、二、三の例外を除き、教育程度も高く仕事に対する能力も優れている。各センター長は、それぞれ一人以上の日本人アドバイザーを有している。

以上のアドバイザーたちは、二つの点でかけがえのない存在となっている。一つ目は、彼らが日本市民のために忠誠を尽くしているという点だ。彼らがＵＳＩＳに勤務しているのは、主としてその目的、方針、政策が日本のためになると信じているからである。彼らは現在のところ、共産組織と重複して任務を行ってはいない。うち一人は、シベリア抑留者として二年間にわたって炭鉱労働を強いられ、他の職に就いたらもっといい給料をもらえるとしても、断固として共産主義と闘うために人生を捧げる決意であると話している。彼は京都大学出身の大変なインテリである。二つ目の点としては、彼らが日本人のことをよくわかっており、いつが「進む」ときか、そうでないのかの鋭い感覚を持ち合わせていることである。この理にかなった感覚は、ＵＳＩＳが適切なタイミングで活動を継続するのに非常に重要だ。とはいえ、筆者は、給与や待遇の面で多くのスタッフが二級市民のような扱いを受けているという印象を持った。日本の慣習に従えば、給与所得者は新年を迎えるにあたり、通常の給与とは別に二カ月分の給与にあたるボーナスをもらうのが一般的である。アメリカ政府は、雇用者への支払いに関するこうした習慣を理解していない。

所蔵図書

図書館や閲覧室は、大学教員や研究者たちからはあまり支持されているとは言えない。というのも、所蔵されている図書が十分でないからである。標準的な参考文献に関しては足りているだろう。不十分なのは、アメリカの研究機関、財団、政府調査団体の報告書と、学会誌や学術誌である。各図書館がこれらの書物を所蔵するには、あまりにも専門的内容であり、またその多くが最近の事象を扱っているという特徴から、こうした書物がアメリカから日本までの船便で到着したときにはすでに時節外れになっている、という理由で困難が伴う。ワシントンのＵＳＩＡによる図書提供政策では、プログラムにとって最大限の価値を有する最高の図書を提供するように規定している。この政策を厳格に照らしてみると、ＵＳＩＳジャパンはごく限られた範囲でしか効果を発揮できていないということになろう。

施設と所在地

現在ある一三のセンターのうち半分ほどは、各都市における理想的な場所にあるとは言えず、十分なスペースもない。場所的にも広さ的にも最も良いのは、横浜センターである。米軍の将校クラブだった建物を使用しており、市の中心部にあって目の前が海に面した公園になっている。最悪なのは東京センターだ。非常に立地が悪く、古いビルの一部にあって施設も相当みすぼらしい。他の国の文化センターと比較すると、見劣りがすることは否めない。

センターの閉鎖

一九五三年、二三あったセンターのうち九つが閉鎖もしくは別の施設へ転用された。最近さらに三つの施設が転用されることで、センター数は一四から一一になることが決定した。この決定は、アメリカ人の一部とその影響を受ける日本人の双方をかなり仰天させたのだが、これには二つの理由が申し渡された。一つには、USISがたくさんのセンターを永久に運営していくことはできないというものである。転用によって当初感じる落差は大きいが、時間がたつにつれてだんだん収束していくだろう。その間、左翼組織による影響はほとんどないと言える。二つ目には、USISには文化センターを運営する能力のある人材が限られているということだ。優先順位として、他国における需要を考慮に入れる必要がある。現在、日本の中小都市は優先度が低く、大都市は優先度が高いままだ。報告者の評価とすれば、もっと良い立地と設備を獲得できるまでは、中小都市を低い優先度にとどめておくべきだろう。

コミュニティにおいてセンター長が克服してきた課題の大きさは、彼が退任することになり、組織が日米センターへと改組されたときの地元の人びとの痛々しいまでの反応が、雄弁に物語っている。組織が変更される際には、地元の自治体がその役割を引き継ぎ、日本人の館長やスタッフを任命する。USISは、引き続き書籍、雑誌、映画等を配給する。東京と神戸の現場スタッフは、引き続き助言や相談などの業務の一部を続けている。

センターが大部分の配給業務を移行したところで、それほど深刻な影響は生じない。大きく損なわれるのは、プログラムの編成と名声の部分であろう。人びとはセンターのことを、アメリカ政府からの本などの文化資源を提供する自治体の一部門とみなすようになってきている。センター長が築いてきた地元との価値ある交流は失われ、センターの非公式のパトロンとなっていた人びとの関心が薄れつつある。スタッフの一部の熱意が失われたことで、利用者の活動も縮小してきている。

センター閉鎖の優先順位という点においてきちんと判断しようとすれば、アメリカの影響を日本側が自主的に表明することで「日米パートナーシップを持続させる」という目的への、先を見越した取り組みであったかどうかという点が問われてくる。たとえ双方がパートナーだという物的証拠があるとしても、日本人がアメリカのパートナーシップという概念を理解するのはかなりの困難をともなう。しかし、金持ちのアメリカ人パートナーが地元を去り、資金を引き上げてしまったら、「不在者とのパートナーシップ」という概念に日本人が混乱するのは間違いない。最近長崎のセンターが閉鎖された際、指導的立場の市民の一人がこの点を強く主張していた。

アメリカ人の館長がいるセンターは、コミュニティでとてもよく受け入れられている。一九五五年に新潟市で大規模な火災事故が起こった際、アメリカ文化センター（ＡＣＣ）の再建を求める四万人以上もの署名が、東京のアメリカ大使館に届けられた。日本人指導者層のＡＣＣに対する高い関心は、その影響力を示す好例と言えるだろう。

日本の大学におけるアメリカ学課程

日本でアメリカ学の学科を持つ大学は一つしかない。日本の高等教育機関のなかでトップに位置する東京大学である。USISは、他の大学との間にあるこの明らかなギャップを埋めることを大変重要視している。文化担当官はこのために多大な時間を割いている。

第3章で述べたように、日本の企業家に対しては、商業・工業分野においてアメリカでの専門家養成をサポートすることが自分たちの利益になることを理解させるようなプログラムが遂行されてきた。こうした専門家たちのニーズは、経済発展によって増加していくだろう。

基本的な問題は、大学の総長・学長、学部長、教授にアメリカ学の課程を置く必要性を説くことである。左翼系の教授がアメリカ学の必要性を認めようとしないのは、中立派や反米派のほうが尊敬されると感じているからなのだ。アメリカには独自の文化がまったくないとまで断言する者もいるが、日本の大学ではこういう態度が尊敬されるのである。もちろんまったく反対の意見を持つ者もいるが、そうした人びとのほとんどがアメリカに留学した経験があるか、長期滞在のための助成金を獲得したことがある。

日本で第二の大学は京都にある。文部省は、法学・文学・経済・教育・人文学の五つの分野で、アメリカ学の新しいポストを五年以内に新設することを決定した。しかし、この五つはそれぞれバラバラの学科に配置されることになるので、東京大学のような一つの学部、研究所のようにまとまることがない。とはいえ、一九五三年のようにマルクス主義の教授や過激派の学生がこの大学を支配していた時代[*3]に比べると、格段の進歩と言えるだろう。USISがどのようにこうした悪の巣窟から大学を救出したのかは、付録Aの事例報告1で述べられている。

来日音楽家による広報と宣伝

アメリカ人のトップの音楽家が来日しないことに対し、かなりの不満が生じている。ボストン交響楽団による来日ツアーが決定したことは、こうした要求を相当満足させるに違いない。

フルブライト・プログラム

このプログラムに関する評価は、合衆国情報諮問委員会の管轄外である。しかし、USIS東京はこの分野に関する責任を上手に回避していると言われかねない。日本人はこのプログラムにかなり満足しており、多大なる尊敬と名誉を集めるものとなっている。

フルブライト・プログラムは、文化・教育・情報分野における日米パートナーシップの最も良い例と言えるだろう。日本で多くの著書がある一流作家のなかには、「リーダー・グラント」によって渡米経験のある者が複数いる。彼らの書物に描かれたアメリカのイメージは、非常にバランスがとれていて、民衆が持っている多くの誤解を正すことに貢献している。「リーダー・グラント」の対象となった人のなかには、日本社会党の上級顧問が数名含まれている。アメリカやヨーロッパでの彼らの体験や見解は、社会主義者、特に左派党員によるいくつかの政策の危険性に注目させる効果があった。

フルブライトによる渡航費、留学費を受理した五〇〇名あまりの日本人は、日米相互理解や友好を促進する二〇以上の機関を設立している。なかでも規模が大きく活動も盛んな学生交換留学協会には、七〇〇名の会員がいる。ほとんどの主要都市には、帰国者たちの組織が存在する。これらの組織は、アメリカ文化センターと協力関係にある。

映画とテレビ

国別プランにあげられているプログラムのうち、視聴覚メディアとの関連があるものが五つある。全世界共通のプログラムとしてワシントンから送られてくる映画に加え、多くの映画がＵＳＩＳジャパン独自の目的のために、現地で製作されている。このうちの何本かは、たとえば在日米国商工会議所のような現地のアメリカ法人や、日本政府のいくつかの機関との共同製作となっている。この場合、映画はそれらのスポンサーに権利が帰属している。二、三の日本の映画製作会社と共同で作った商業配給の映画も存在する。これらの作品に関しては、ＵＳＩＳは関与を秘匿している。脚本はＵＳＩＳが承認し、契約者が劇場公開とテレビ放映の両方で一定の配給を保証している。これらの映画のテーマは、反共産主義から国防広報に至る。以上の経緯で、五本の映画が密かに製作された。どの作品も興行的に成功を収め、何本かは非常に好意的なコメントがマスコミに寄せられた。おそらく最も成功したのは、一九五七年一二月に公開された『ジェット機出動　第１０１航空基地』（Jet Vapor Trails in Dawn）だろう。この作品は二二〇〇の劇場で公開され、一五〇〇万人が劇場に足を運んだとされる。航空自衛隊の見習いパイロット（操縦幹部候補生）の訓練風景を描いたこの作品は、現在の民主主義体制のもとにある日本の軍事組織と旧日本軍との明確な違いを映し出している。ストーリーを見ると、ジェット時代における長い滑走路の必要性が指摘され、現在日米が推進するジェット戦闘機の離陸・着陸に必要な滑走路拡張計画に反対する左翼のプロパガンダや宣伝に対抗することに貢献している。

評価

（1）これらのプログラムによって克服された課題は、すでに第3章で指摘したとおりである。第3章では述べなかったUSISが非公式に関与した作品に関しては、共産党員や社会党左派の党員によって推奨されている日中国交回復の危険性を、一般大衆に周知させる役割を果たしている。どの程度課題が克服できるかについては、テーマの選び方やスクリーンにどれくらいうまく表現できるかに当然ながらかかっている。通常ほとんどのニュース映画では、USISの「メッセージ」が挿入されている。[*4]たとえば、パラマウントのニュース映画では、USISが調達したチベット侵攻に関するフィルム映像が使用された。少し前では、ハンガリー動乱のフィルム映像全編が、[*5]ユニバーサルの特別「速報」ニュース映画で使用されている。

共産主義諸国は、日本の映画館に反米・親ソの作品を浸透させようと目論んでいる。USISはこの動きに対抗し、非公式に支援した作品で上映時間を可能なかぎり満たそうとしているのだ。

占領期とその直後は、日本の視聴覚ライブラリーにはアメリカのドキュメンタリー作品や教育フィルムが豊富に所蔵されていたとみなすことができる。しかし、ライブラリーの数が増えるにつれて需要も増え、主要なセンターに配給するプリントの数をUSISが減らさざるをえなくなっていった。ドキュメンタリー作品の需要が増えたことで、日本の製作会社は製作費を回収できるくらいのプリント数を販売でき、少しばかりの利益も出るようになっている。とはいえ、アメリカが主導して日本の製作者にドキュメンタリーを作らせた場合のレベルほど、日本人がアメリカの影響を「表明」しているかどうかに関しては疑問が残る。

（2）ＵＳＩＳの視聴覚活動に関する二つ目の評価基準は、連携している日本の組織や個人に対して、こうした活動がどの程度効果的なサポートとなっているかをどのように測るのかという問題を抱えている。友好的な日本の組織は、言うまでもなくＵＳＩＳの作品のほとんどを広範囲に使用している。観客に対するこれらの作品の影響は、非常に評価しづらい。というのも、基本的に製作者の想像力や技術力にかかっているからである。

さらに別の問題もある。つまり、ＵＳＩＳの公式／非公式作品に対して製作会社に助成を行う場合、彼らのモチベーションとして、金銭的見返りが大きいことと同じくらいに親米感情が大きいことが理由になっていると言えるだろうか？　それとも、もっと高く買ってくれるところがあれば、そちらと商売するのだろうか？　ＵＳＩＳ東京は、彼らを「同盟勢力」の一部とみなしているわけだが、金銭的な利益がなくとも、彼ら自身で同様の作品を製作するだろうか。

アメリカ映画の受容という点に関しては、ハリウッド作品もＵＳＩＳ作品も非常に多くの観客を魅了している。ハリウッド映画によって形成されたアメリカのイメージは「プラスマイナスゼロ」というべきで、おそらく少々マイナスに傾いているのではないだろうか。ＵＳＩＳの映画とテレビ番組がどの程度誤解を是正し、プラスのほうに押し上げているかは、大規模調査を行わないとはっきりとしたことは言えない。

ラジオ番組

ラジオは、国別プランでも多くのプログラムで利用されている。このうちのほとんどが匿名のものとなっている。USISが民間放送局へのテープ録音などの使用に関与していることは、日本のラジオ局のなかでは知られていたとしても、一般の視聴者はこれらの番組の情報元に関して何も知らない。

USISのラジオ番組には、主に二つの種類がある。（1）国民的な有名評論家にUSISジャパンからの情報をもとに議論させ、率直な分析を行わせるニュースおよびニュース解説番組、（2）特定の出来事やUSISの主要テーマに関する特別番組で、インタビューあるいは半分ドラマ仕立てのトーク番組形式のもの、である。

（1）の例として、（a）『背景（Background）』という週一回の三〇分番組では、まさにUSISの背景を扱っている。（b）毎週放送の一五分番組『海外経済解説（Foreign Economic Commentary）』では、世界の貿易問題を扱っている。一九五五年から続く番組で、今ではスポンサーがついて主要局で放送されている。（c）『科学の今日（Today in Science）』は、アメリカにおける新技術や科学の発達を扱う毎週放送の一五分番組で、特に原子力技術や宇宙探索を強調している。

（2）の例としては、一九五九年一月にスタートした『若者は知りたい（Youth Wants To Know）』という週一回の三〇分番組があげられる。この番組は、三〇の民放局で放送されている。番組の形式は、『ニューヨーク・タイムズ』がスポンサーとなって毎週土曜日の朝に放送されている若者向け番組と同類のものである。

これらの番組は、日本人主導では現在克服されていない日本のラジオにおける課題を、確実に埋めていると言える。しかしながら、そのうちのいくつかはすでに商売として成り立っており、将来的にはアメリカのラジオ番組制作の技術を学んだ日本の制作会社が引き継いでいくことだろう。USISは多くの日本人ラジオ番組制作者と解説者を雇っており、その効果は、番組制作者のスキルと解説者の評判の良さが物語っている。付録Aの事例報告2で紹介している人物がそのうちの一人である。

USISがはっきりとこれらのラジオ事業でもたらしたと言える効果は、アメリカタイプのラジオ解説者の日本での導入と受容である。戦前は、解説者が政府の軍事拡張政策を宣伝する役目を一手に担っていた。今日では、ほとんどすべての主要ラジオ局で、自分の意見を自由に話す新しいタイプのニュース解説者を起用している。これは、USISが行ってきたアメリカのシステムの明らかな模倣であり、商業的にも成功するという理由で真似されているのだ。USISが貢献したと言えるであろう他の効果としては、現在のUSISの番組が始まった一九五五年当初よりも、ラジオ解説のトーンが露骨な反米でなくなり親米的になったことである。こうした変化の証拠としては、USISが雇用している解説者らと似た見解を持つ解説者たちが、最新トピックに対する解説のために民放局に難なく起用されている状況があげられよう。あるUSISのラジオ担当者は、次のように述べている。「我々は左翼の砂漠のなかに、親西洋的政策分析のオアシスを提供したのだ。そして、このオアシスはだんだんと砂漠に広がり、どんどんその土地を潤している」。

この担当者は、ラジオ業務の効果に関してさらに次のような発言をしている。

我々が関与している秘密番組に何年も従事している解説者らは、毎週の解説をはるかに超えた影響をもたらしている。彼らは影響力のある新聞や雑誌でコラムを書いている。彼らは日本の実業界の指導者、政府高官、オピニオン・リーダーたちが参加する勉強会において、指導者ではないにしろ参加者となっており、研究機関のメンバーや代表者になっている。ＵＳＩＳが提供する口頭あるいは書面での素材は、ラジオ解説によって作られたベースに加えて、これらすべての分野で活用されてきたのである。

いくつかの事例をあげれば、木内信胤《のぶたね》[*6]氏はベルリンのソ連地区についての米国務省の分析から、『経済復興』と『世界経済』という評価の高い経済誌で主要な地位を占めるに至っている。これらの刊行物は「有名である」というだけにとどまらず、国家政策を左右するような日本の政治家や経済人らに影響力を及ぼしている。他の例としては、稲葉秀三《ひでぞう》[*7]氏が国民経済研究協会[*8]の『計画経済対自由経済（Planned Economy versus Free Economy）』という報告書において、アメリカの記録シリーズ経済編から引用を行っている。この報告書は、民間の経済機関と同様にさまざまの大学の経済学部にも配布された。最後に最も重要かつ最近の例をあげれば、長谷川才次《さいじ》[*9]が『世界週報』で、チベットにおける共産主義中国の行動に関する国際法学レポートの全文を掲載すると発表したことである。

これらＵＳＩＳの活動の影響力を評価する基準の三つの例すべてで、ラジオ放送は高評価を得ている。日本におけるラジオ放送が解決している主要な課題は、ＵＳＩＳと協力したいと望んでいる多くの有能な個人の支援となって、アメリカン・ライフの信頼できる側面に関する現実的な情報を提供していることである。

新聞・出版

第3章で指摘したように、翻訳物を安価に商業出版することで、日本の出版社が翻訳・刊行する本では克服できない課題を、セレクトされたアメリカの出版物が解決している。ただし、もしＵＳＩＳがセレクトしたこのような書籍が商業的に成功すれば、より多くの書籍が出版社主導で翻訳・刊行されることになるだろう。重要な課題は、ＵＳＩＳの名前を明記している雑誌である『アメリカーナ』とＵＳＩＳの書評雑誌である『米書だより』によって克服されている。この二冊の刊行物が、ＵＳＩＳの関与がなくとも何ら効果を減じることなく持続していくようになるのは、もう間近であると確信している。

関与を秘匿した刊行物

（1）基礎的な書物の執筆と刊行は、ＵＳＩＳ東京の任務となっている。たとえば、ＵＳＩＳの援助を受けている経済分野の日本人著述家が、アメリカ政府が書籍のかたちで再編集した普及版の『後進国における中ソの経済攻勢』（*The Sino-Soviet economic offensive in the less developed countries*, United States. Dept. of State, Greenwood Press, 1969）を手に入れられるようにした。彼は、『経済往来』という主要経済誌に、ＵＳＩＳの金銭的援助でこの本を単行本として刊行するよう説得した。[*10] この本は、国会議員全員、都道府県知事全員、各市長、ラジオ・テレビ局、経済分野の有名教授、著述家や解説者、すべての主要商工会議所と企業組織に配布されている。この手の活動がもたらす価値は、USISが事実に基づいた資料を提供する能力、つまり想定される読者に対して書き手が訴えかけ、専門家としての威厳を示すような方法で原稿を書けるようサポートする能力に、主としてかかっていると言えるだろう。

（2）アメリカの記録シリーズ。一九五七年八月、USIS東京は、アメリカの外交方針に関する小冊子シリーズを匿名で制作・刊行する計画を決定した。「アメリカの経済発展」「軍縮」「科学と技術」に関する三冊が、現在印刷中である。刊行予定のものとしては、「軍事防衛」「貿易と関税政策」「労働雇用の実践」「国連におけるアメリカの関与」がある。このシリーズの目的は、日本の知識人が二〇年間にわたってアメリカやヨーロッパの経済学・社会学・政治学研究の主流から疎外されていたことで生じた問題を解決することにある。USISの現代アメリカ事情や政策についての情報発信は、歴史的視点からの言及なしには決定的な効果を持ちえない。このように、アメリカの政策を歴史的に位置づけることが、USIS東京の主要任務の一つとなっている。

これらの資料をアメリカから入手し、各冊子の学術的なクオリティを保つのは、かなり困難であることがわかっている。ワシントンのUSIAは、こちらが要望する研究報告書のほとんどを調達・提供してきた。難しいのは、USIS東京のスタッフがアメリカにおける最新の歴史学・経済学・社会学・政治学の研究成果がわからず、またどんなものが入手できるのかも不明なことである。スタッフの不満としては、ワシントンのUSIAがアメリカの研究機関の成果を注視しておらず、東京側がかなり有益な多くの報告書類を逃してしまうことだ。

（3）『世界新潮』。この刊行物は、隔週ニュースのかたちをとり、アメリカの記録シリーズの歴史編の最新記事として提供されている。これは「新国民外交調査会」の名称で刊行・配給されている。新国民外交調査会は、多くの有名学者やジャーナリストで構成される、非常に権威のある組織である（付録Aの事例報告3を参照のこと）。

これらの書籍はいずれも、日米の外交政策に関連する特に重要な最新事項の率直な解説となっているのが特徴である。その著者として名前を出している人物は、どれもみなその分野で名の知られた学者である。書籍はすべて、一〇〇以上の日本の新聞社、一〇〇〇人近くになる時事評論家やオピニオン・リーダーたち、新国民外交調査会のメンバーのほとんどに直接送付されている。

アメリカの記録と『世界新潮』という二つのシリーズの価値は、主として基礎となる資料の価値と著者や後援組織の名声にかかっていると言えるだろう。アメリカの記録シリーズの冊子は、関与を秘匿しているラジオ番組や『世界新潮』シリーズの何冊かに合致するような情報を提供している。アメリカの記録シリーズの冊子はUSISの名前を出しているが、それは合衆国政府の公的機関であることを明示することで、アメリカ外交に関するこれらの解説への権威を与えるためである。

（4）『国際ニュース』。これは日本で最大の学生向け週刊新聞である。この新聞は、国際問題研究協会が発行している。この組織には、USISが裏で限定的な支援を行っている。

（5）関与を秘匿した記事とコメント。USISジャパンは、日本の出版物における他の重要な課題を克服するよう努力している。新聞、雑誌、書籍の編集者や出版社は、常に読者にアピールし、部数を伸ばすような記事や原稿を探している。人気があるのは、政府に対する批判記事、とりわけ親米的な外交政策を批判するものである。

「左寄り」の知識人たちは、左派的な記事や批評を書き、すでに存在している収益性の高い市場に供給している。日本人の大学教授たちは恥ずかしいほどの低賃金に甘んじているので、多くの人が収入の足しにするための執筆を行っているのだ。さらに、多くの左翼組織は、著述家や出版社に助成するための基金を所有している一方、非左翼組織はこうした基金を持っていない。

影響力のある新聞や雑誌の読者に、描かれた事実の「反対側」を公平に見せるために、USISは一二人以上の批評家、解説者、評論家の仕事に援助を行っている。論争的なトピックに関する最新の基礎的な資料を彼らに提供し、書き手がほかからさらなる情報を自分で得られるようにしている。通常は、その時々の契約で資金援助がなされる。

これらの活動は、USISの活動を真摯に信奉して協力したいと望んでいる著述家らに、情報提供と金銭面という有形無形の援助をするというメリットがある。多くの者が、良質で読みごたえのある記事を書くのに必要な調査のための時間が節約できることで、金銭面での援助がなくても著述を継続している。こうした活動の価値は、いくつかの要因で決まる。一つには、情報の真実味と、それをうまく体系化して表現するスキルがあること。ほかには、記事が掲載される新聞や雑誌の評判や販売部数があること。また、その著述家の名前がどれくらい広く知られており、その見解が尊重されているかがおそらく最も重要である。

日本で最もよく知られ、広く読まれている評論家のベスト三は、大宅壮一、矢部貞治、蠟山政道[*11]の三名である。彼らは「人びとの声」を代表する一流批評家のグループに位置する。彼らはまさに、一般市民が関心を寄せるあらゆるトピックについて議論や批評をするゼネラリストである。しかし、特別なテーマに対する十分な知識、特に技術的な情報が要求されるような場合には、専門家の基礎知識に頼ることがしばしばある。

日本人が「専門性」に大きな尊敬を払うことに鑑み、USISジャパンはこれらビッグネームのゼネラリストに「接触」することはあきらめ、代わりに国防・貿易・生産などの分野の専門家と仕事をしてきた。たとえば、軍事関係の専門家はUSISと協力関係を維持している。彼らがいかによく知られた人物で、彼らの見地が尊敬されているかについては、付録Aの事例報告4を参照のこと。

協力者たちが記事や批評を寄せている、より影響力のあるいくつかの雑誌と新聞の名前と発行部数は以下である。

『読売新聞』：二〇〇万部
『東京新聞』：三五万部
『毎日新聞』：三〇〇万部
『文藝春秋』（月刊誌）：五〇―六〇万部
『日本週報』（週刊誌）：一〇万部[*12]
『世界週報』（週刊誌）：五〇〇〇部（ただし、かなりの影響力を持つ）

これらの記事のいくつかの翻訳を読んだところ、現時点でほかでは解決できない課題を克服しているのは明らかである。実際これらの記事は、軍事関連事項の左派の言説に対抗する唯一のものとなっている。やがて日本の編集者や出版社が、これらの記事が出版物の価値を上げることに気づき、自分たちのほうから同様の記事を求めるようになるだろう。

日本が自由世界との同盟やアメリカとのパートナーシップを維持するために働いている個人に対する援助活動は、かなりの高評価を得るものと思われる。

レクチャーとセミナー

日本で実施しているセミナーは、一つの大きなテーマに沿ったシリーズとなっており、講義後にディスカッションの時間を設けている。ＵＳＩＳは、正式な主催と匿名のものと、二種類のセミナーに出資している。

主催しているセミナーは、文化センターのセンター長らによって実施され、アメリカ本国から来日しているフルブライト奨学金による大学教授や研究者が講師となることが多い。とはいえ、日本人の教授であることもめずらしくない。いくつかのセミナーは、中央もしくは地方の大学との共催になっている。通常これらのセミナーは、一般には公開されない。参加者は、事前に選出されたリストによって招待されることになっている。ディスカッションのトピックは、経済に関連するかなり広範囲にわたった問題が扱われる。京都で開催された経済セミナーの一つは「専売制」がテーマで、神戸大学客員教授でもあるウィスコンシン大学のロトウェイン教授による講義だった。

後援名を出していないセミナーは権威のある日本の団体が主催となっており、ＵＳＩＳは物質面、金銭面での援助を行っている。日本国際連合協会（ＵＮＡＪ）[*13]の京都支部主催のセミナーは、一九五七年の五月六月に開始されてから現在まで続いており、これまで三つのセミナーを開催し、四つ目を計画中である。

最初のセミナーのテーマは「軍縮」、二回目は「民主主義」、三回目は「ソヴィエト帝国主義」、計画中の四回目は「アメリカ経済」である。

基本計画では、その地域の各主要都市に講師チーム（通常一チームにつき二名の講師）を次々に派遣していくというものである。たとえば、一週目は№1チームがA市に行き、二週目には№2チームが行く、という要領である。そして同時に№1チームはB市に移動し、順次他のチームも移動していく。これらの実施にあたっては、日本国際連合協会が前もってその土地の主催団体や大学と一緒に準備を行っている。

講師はすべて大学の教授で、日本国際連合協会京都支部事務局長[*14]の石川芳次郎氏が、USIS神戸の上級日本人アドバイザーである熊谷直忠氏と相談しながら決定している。各都市には、石川氏と熊谷氏によって選ばされた約五〇名のオピニオン・リーダーたちが招聘されている。

各講師のベースとなる資料はUSIS神戸によって提供されているが、文化センターやUSIS東京とも協力している。各講師は、レクチャー開催日の一週間ほど前に講演内容の概要を招待参加者に送付する。また、講師はプリントを用意し、パンフレットや小冊子などの一般配布も行う。これらは講師が持って行き、各都市で一般配布されている。

「軍縮」をテーマにした最初のセミナーは、四つの主要都市で三週連続企画として開催された。これが成功を収めたことにより、二回目の「民主主義」セミナーは日本国際連合協会〔京都支部〕と神戸市教育委員会との共催で、関西の七つの主要都市における七週連続企画となり、いくつかの都市では招待参加者が一〇〇名ほどにまで膨れ上がった。講演後に、聴衆は小さなディスカッション・グループに分かれる。三回目となる「ソヴィエト帝国主義」セミナーは、一九の都道府県で四週にわたって開催された。

これらのセミナーが開催に至った経緯については、付録Aの事例報告5に書いた。そこでは、USISがどのようにして三名の有名な日本人大学教授に接触したかが述べられている。彼らは、共産主義中国やソ連と強力に手を組み、アメリカとの連携を弱めることを推奨する日本人「中立主義者」の立場を変えることが重要である、と考える人びとである。きっかけは、USIS神戸の熊谷直忠氏がこれらの人物と知り合いで、立場を変えさせる必要性について話し合ったことだ。大学教授たちとの会議の場を設けたのは、石川芳次郎氏である。熊谷氏はまさにセミナーの計画と実施のキーマンと言えよう。これらの功績は、USIAワシントンも認知している。彼は、一九五九年の「最優秀功績賞」を受賞した八人のうちの一人である。

三つの評価基準――重要な課題を克服する、協力的な組織や個人に支援をする、親米的立場の理解・受容・尊敬を推進する――のすべての見地から、これらのセミナーは当然ながら高い評価を得るものである。参加者の大学教授のうち二人が、非常に満足度が高く、とても有益な経験だったと報告者に語っている。

個人的影響

影響力のある日本人をUSIS情報センターに惹きつけるための数ある方策のうち、スタッフの一人と個人的な親交を持たせることが最も効果があるだろう。その際立った例としては、S教授〔関嘉彦〕の事例があげられる（付録Aの事例報告6を参照のこと）。彼は東京の有名大学の政治経済分野の教授で、社会党右派の顧問（相談役）である。彼は、一九五五年にたまたま近所に住んでいた一人のUSISスタッフを訪れ、家のなかで英会話の練習をさせていただくことはできないかと尋ねたのである。このことで、親密な友好関係に進展することになった。一年ほど後に、社会党右派は左派と再統一を果たすことになるが、彼はこの統一に関する規約の草稿を手伝った。USISの事務官は、英語の練習としてこの翻訳を彼と行っている。これがきっかけで思想的な議論をするうちに、他のアメリカ大使館やイギリス大使館のスタッフの紹介、さらにアメリカやイギリス訪問のためのリーダー・グラントの紹介につながった。

彼は、社会党左派のマルクス主義イデオロギーとは断固として戦うべきである、という確信を抱いて帰国した。こうした信念のもとに彼によって書かれた重要な経済学のテキスト[*15]は、競合するソヴィエト主導の経済学テキストの日本語訳よりも、すぐに売り上げを伸ばすようになった。最近では、国防や核武装に関しては政府の立場を支持すべきと主張するようにさえなっている。

以上、日本人の精神性と西洋の民主主義イデオロギーを理解している日本語を話すUSISの職員が、自分の夜の時間を割いてまで、こうしたイデオロギーが将来の日本にどれほど意味を持つかについて辛抱強く説明することが、どんなに効果があるかを鮮やかに示していると言えるだろう。残念なことに、この職員のドアがノックされる機会は、そう頻繁にはないのだが。

広報官の役割

東京、神戸、および各センターのアメリカ人スタッフは、日本やアメリカの組織の幹部との話し合いに相当の時間を費やしている。広報・文化交流担当官は、情報カウンセラーとして非常に有能な彼の側近とともに、毎日大使と会議を行っている。このカウンセラーは、広報に直接関連する諸問題についての率直で歯に衣着せぬ意見によって、大使の信頼と尊敬を勝ち取っている。

ＵＳＩＳからは、一人が代表としてＵＳＯＭ〔大使館〕のスタッフ会議に毎週出席し、合同でかかわっている日米生産性プログラムなどの調整を行っている。ＵＳＩＳは、日本の経済的・工業的進展に対するアメリカの貢献を周知する役目を負っている。

在日米軍の存在は、長きにわたって多くの日本人にとっていらだちの種となってきた。こうしたくすぶりがあるため、「銃撃」事件が起こるたびに反米運動として火がつくことになる。広報・文化交流担当官は、在日米軍の広報官と頻繁に連絡を取り合っている。

彼は、フルブライト委員会の文化官と人物交流部門の長を務めている。日本を自由世界の同盟国にしておくために、日本の軍隊の力を強化することが確実にできそうな人物を、この委員会では選出している。

日本人スタッフ

ＵＳＩＳが情報・広報関係担当としての役割を発揮する効果、特に日本の組織に対しての効果は、日本人スタッフの力量に負うところが少なくない。セミナーの遂行上、裏でサポートしている熊谷氏の役割はその好例である。

熊谷直忠氏は、ＵＳＩＳの職員のなかでおそらく最も有能で価値のある日本人スタッフであろう。彼は、京都では有名な非常に権威のある家の出身である。彼は日米両国で非常に高い教育を受けており、よって日本の知識人に受け入れられやすく、アメリカやアメリカ人への理解にも役立っている。彼は経済的に十分恵まれているため、ＵＳＩＳの仕事に専念できている。つまり、日本の企業でも役所でもずっと高い給料を得る能力があるにもかかわらず、ＵＳＩＳに居続けることを選択しているのである。彼には、民主主義的で西洋的な路線への舵取りで日本の将来に貢献したいという強い心情があるため、ＵＳＩＳの仕事に従事しているのだ。彼は、日本で最高レベルの知識人や政府のグループにおいて、大いなる信頼と権威をもって人びとを動かすことができ、彼の意見は企業家のなかでも同様に尊重されている。さらに、彼は社会主義者とも有効なパイプを持っており、左翼陣営で働く機会が与えられるほどである。精力的、創造的な人物で、高度な責任感を有している。まさにＵＳＩＳジャパンの現地プログラムにおいて、欠かせぬ人物であると言っても過言ではない。

他の有能な日本人職員では、東京の出版部門に勤めている鷺村達也氏があげられるだろう。彼の上司の批評では、「おそらくどんな主要な出版社よりも日本の出版業界のことを知っている」。彼は名だたる作家や出版社から信頼と尊敬を得ているため、自由に自信満々で彼らの書籍を出版している。彼はＵＳＩＳの目的を正確に把握しているので、ＵＳＩＳにとっても日本の出版社にとっても適切なアドバイザーであり、ＵＳＩＳの目的にかなったアメリカ、日本どちらの本の出版にも助言を行っている。一九五二年の創設以来、ずっとＵＳＩＳ東京に勤めている。この七年間で書籍プログラムが刊行した本は、翻訳五六〇冊、日本語の書籍七〇冊にものぼっている。

西山千氏[*16]は、「広報コンサルタント」という地位にある。アメリカで生まれ、大学では電気工学を専攻、物理学の修士号を取得した。一九三五年に日本国籍を取得。戦時中は、東京で郵便や通信を管轄する逓信省に勤務していた。占領期にはSCAPの民間通信局（CCS）で、特別顧問と技術コンサルタントを務めていた。一九五一年には東京にあるUSIE事務所におり、五二年のUSIS設立にともなって異動している。一九五七年に、彼はワシントンで三カ月間の社会調査分野の特別コースを受講している。世論調査の特別顧問として東京の調査部に所属しているにもかかわらず、かなり広い分野にまたがるコンサルタント業を行っている。彼は、ロイド・フリー博士による日本の国会議員一〇〇人に対する野心と恐れの研究の準備も手伝った。彼はパートタイムの仕事として、本報告書の第4章で紹介したデータを集計してまとめるアシスタントをしていた。

西山は、ラジオ番組のアナウンサーを雇って日本のVOAプログラムを補佐し、催事準備を手伝い、マッカーサー大使の公務における同時通訳や翻訳をするなど、広い範囲にわたって仕事をしている。彼もまた欠かせぬ人物である。

アメリカ人スタッフ

スタッフの士気は、アメリカ人も日本人も良いと言えるだろう。広報・文化交流担当官は、彼の方針のすべてに賛成していないトップクラスの職員たちからさえ忠実な支援を受けている。プログラムにとって良いと判断すれば、ある任務を遂行するのに業務を調整したり、あるいはスタッフを担当者から外したり、理由をきちんと関係者に説明したうえで実行することができる。

彼は、大使から仕事ぶりを高く評価されており、信頼と尊敬を得ている。

現在の広報・文化交流担当官は、一九五八年九月に着任した。彼の最初の「国別プラン」は、ワシントンでは「冒険的で空想的」と判断されたが、はっきりと伝えられることはなかった。一九五九年九月に彼が提案した修正案に対するワシントンの反応は、今のところ私のところに伝わってきていない。

他の職員の好ましい印象としては、この報告書に対する情報提供において、特に有益な補助をしてくれた人びとがいる。特記したいのは、リサーチ・アシスタントとして派遣されて任務に就いた、C・R・ビーチャムの仕事ぶりである。彼は有能で勤勉な職員で、あらゆるUSISの活動やそのベースとなる方針をよく理解していた。

外交ポストには、独身者ではなく妻帯者を起用するというUSIAの方針は、日本ではかなり成功したと言える。この印象は、私が自分の妻を連れて来日した印象でも裏づけられる。

USISのアメリカ人スタッフには、三つの明らかな弱点がある。一つ目は、夫婦ともにレッスンを受けているにもかかわらず、流暢に日本語を話す者がほとんどいないことである。二つ目は、住宅事情。東京では住宅が極端に不足しているので、賃料が非常に高い。適当な住宅環境の物件を探すのが非常に困難である。よって、ほとんどのアメリカ人が占領期間中もしくはその後に建てられた、アメリカ人職員専用の二、三の大きなアパートに住まわざるをえなくなっている。このことで、際立った「プログラムの価値」をもたらすこともある、日本人の家族との日常的な接触が制限されてしまうのだ。東京以外の土地では、事情はかなり異なってくる。アメリカ文化センターのディレクターや各地域の広報・文化交流担当官は、日本人が住んでいる地域に全員が住んでいて、近隣の人びとと付き合いがあり、交流をしている。

日本人と接触する機会を作り、関係を維持するためのプログラムの価値は、その娯楽要素に多くを負っている。この一年間、ほとんどの職員が自腹で払える以上の金をつぎ込まざるをえない状況になっている。改善されつつはあるものの、大勢いるスタッフのなかで交際費として支出できる総額はとても少ないため、会計処理を求めずに自腹で支払っている者も何名かいる。

三つ目としては、USISのアメリカ人スタッフが、主として交流・広報技術の専門家で構成されていることである。特に経済学・政治学・歴史学の分野で、何名かの専門家が必要だ。業務を成功させるためには、アメリカの研究成果を常に把握し、学術研究者の精神を持ったスタッフの専門的な知識が不可欠である。現在のスタッフが無能というわけではないが、彼らの主たる専門分野と関心が、ある特定のテーマとはずれている。こうした欠陥は、部分的には来日するアメリカ人研究者によって補われてはいるものの、組織的で継続的なものではない。

全体評価

USISジャパンの主要な活動とプログラムを、この章の冒頭で示した三つの主要分野で評価すると、おおむねすべての分野でかなり良い結果が出た。そのうちのいくつかは、実際ずば抜けている。その七例に関しては、付録Aの事例として詳細に報告を行う。ここでは、主要目的を達成するために、プログラムをさらに前進させるという総合的な観点から見ていきたい。

ＵＳＩＳジャパンは、一九五二年四月二八日に設立された。日米安全保障条約が締結された一九五一年九月八日の約八カ月後のことである。任務が開始されたのは、一〇〇名以上の優れた日本人知識人が率いる、条約に反対する苦い闘争の最中だった。反対の動機はそれぞれだったが、主たる理由は、日本の非軍事化を進めた賞賛すべき占領政策から一転、安保条約が新たな戦争へと向かわせるとされたからだ。

日本が主権を回復した後にアメリカ大使館やＵＳＩＳが直面した問題は、占領当局が立ち向かった問題とは異なるものだった。占領期間中は、民主主義的な再編に対して表立ってなされる反対はほとんどなく、日本人に歓迎され、感謝すらされた。しかし、占領が終わった途端、口には出さなかった心のなかの本音や疑問が噴き出したのである。まもなく日本の多くのオピニオン・リーダーたちが、国内にあるアメリカの組織や外交方針に対して、批判的な見方を表明するようになった。

ＵＳＩＳ東京のファイルにある記録によると、日本で占領期間からその後まで占領当局からＵＳＩＳと継続して任務にあたっているアメリカ人スタッフは、この状況を以下のように分析している。日本の知識人たちは、二〇年以上にわたって諸外国、特にヨーロッパやアメリカから取り残され、情報が手に入らなかったばかりか、いろいろな変化が間違って伝えられてきたからだ、と。この分析は、東京からワシントンに一九五一年の時点で迅速に伝えられた。

「日本の知識人は、他国の知識人から参照されるというよりは、世論に絶大な影響を及ぼす人物であり、日本人の態度や政策を決める重要な要因である」。

「アメリカの生活、理想、目的に対する理解不足は、日本の知識人に共通のものである。共産主義者への共感や共産主義プロパガンダの影響によって、こうした感情〔アメリカへの反感〕がもたらされることもあるが、ほとんどは知識の欠如に要因がある。残念ながら、心がまっさらの状態でこのような無知の状態であるわけでなく、簡単には追い払うことのできない、アメリカについての強固な誤解で心がいっぱいになっているからなのである。他の日本人ならともかく、単に我々の理想を聞いたり、ロシアを誹謗したり、共産主義に対する闘争を呼びかけたりするだけでは、知識人たちが絶対に誤解を解かないことはかなり明確だ」。

「最も必要なことは、より正確なアメリカ国家、その生活・理想・目的に関する実像を、日本の知識人たちに可視化させることだろう。自画自賛、過剰な理屈っぽさ、露骨な反共産主義志向などを連想させる要素は、この目的には限定的な効果しかないか、まったく無価値である。こうした要素は、効果よりもむしろ害となりかねない。素朴な事実に立脚した冷静な分析こそが、当てこすりや、これまでのような直接的な反共産主義プロパガンダよりも効果を発揮するだろう。事実を的確に表現すれば、過剰な説明は不要ということだ。事実なき解説は役に立たないのである」。

これまでの企画立案者によれば、ＵＳＩＳの主要業務は、日本の知識人たちの間違った情報、思い違い、誤解を解き、アメリカの文化機関・意図・外交方針に関する誤った見方を払拭することである。そのうえで、正確で完全な情報をもたらす。端的に言うと、主たる業務は、ＵＳＩＳを効果的な情報機関とすることである。七年の間、これがＵＳＩＳジャパンの優先業務となってきた。

では、この七年にどのような進展があっただろうか。その問いに対する答えは、この報告書のいろいろな箇所で述べられている。一つには、人物交流プログラム――フルブライトや他のプログラム――の成功がある。ほかには、ＵＳＩＳの後援で翻訳されたり刊行されたりした書籍の売り上げ増加もあげられる。ラジオ、新聞、その他マス・メディアにおけるアメリカに関する情報の受容増加、日本の報道機関の敵対的な雰囲気が薄れ、信頼できるようになったこと、よりバラエティに富む専門的な情報を得るために、文化センターの図書館への需要が顕著なこと、日本人の大学教授による学術的情報への欲求が、国連セミナーへの参加と関心につながっていること、そしておそらく最も重要なのは、正確な情報を得た人の数が増えることで、知識人のなかにある誤解が意識されるようになったことだろう。

その一方で、一九五一年の安保条約に猛反対する頑強な左翼知識人らは、相変わらず反対姿勢のまま改定への反対運動を指揮している。彼らの誤解や思い違いは感情的な嫌悪感で満たされており、心を固く閉ざしているので、事実に基づく情報などとても効果を発揮するどころではない。

ＵＳＩＳジャパンに、さらに効果的な情報業務をさせるための重要なステップについては、この報告書の本文ですでに示したとおりである。ＵＳＩＳ東京は、職員組織をかなり抜本的に改編することを現在提案している。ほとんどのポストは広報・文化交流担当官とその他職員で構成されており、ワシントンのメディア部門に相当する地位にある。情報の内容はほとんどがワシントンで集められて現地に送られ、メディアの専門家によってその土地に適した形で使用されている。多くの事例では、相当な量の情報が現地で生産されている。

東京で提案されている再編では、四つの部署が要求されている。プログラム部門、人材交流部門、現地管理部門、制作部門、である。制作部門のスタッフは、トピックやテーマの内容を選択する責任を負い、それを信頼できるメディアに合わせて提供することになる。主たる情報源は、これまで同様にＵＳ

IAワシントンからもたらされるが、他の情報源からのものも相当使用することになろう。

情報内容に関する優先順位は、誤って伝えられている主要な分野における現地の情報や、影響力のある日本人の知識における課題、将来影響力を持ちそうな日本人作家や評論家の文章などを現地でモニターすることによって決定されることになる。

このかなり巧妙な計画が成功するためには、何名かのアメリカ人ゼネラリストをテーマごとの専門家に交代することが必要である。ただし、これは、熟練した日本人専門家を雇用することで促進できるだろう。

日本人はUSISをどのように考えているか

一九五八年の一二月に、全国から無作為抽出された六五九人に次の質問を行った。「あなたはアメリカ政府がアメリカに対する知識を増やすために、日本との文化交流に従事していることを知っていますか、知りませんか」。回答は、三二%が「知っている」、三六%が「知らない」、三二%が「わからない」だった。このサンプルには、六二名の労働組合員が含まれており、彼らの答えは、五八%が「知っている」、二六%が「知らない」、一六%が「わからない」だった。

続けての質問では、こうしたプログラムを聞いたことがあるかどうかにかかわらず、良いと思うかどうかを尋ねると、四〇%が「良いと思う」、一六%が「良いと思わない」、四三%が「わからない」となっている。

これらの結果は、USISから情報を得ているマスコミのほとんどが出所を秘匿しており、また人物交流プログラムは指導者や知識人のためのものである事実に鑑みれば、驚くべきことではない。中小都市での地元世論調査では、アメリカ文化センターのことを聞いたことがある、とする割合はずっと高くなるのは間違いないだろう。

駐日米国大使による評価

マッカーサー大使にUSISの評価をお願いした。大使は、USISは日本でのアメリカ外交政策推進に必須かつ不可欠である、とみなされている。合衆国情報諮問委員会への最新の報告書において示されていたUSISの四つの主要な機能のすべてがうまく作用していると、大使は判断されている。「外交は、互いの信頼と理解が第一である」と、大使は述べられた。USISは、外交交渉がより和やかに進められるような雰囲気作りに、さらに邁進していく予定である。

【注】

＊1　中国国民党が支配する台湾と中国共産党が支配する中国本土とが戦争状態に陥った場合、日本もそれに巻き込まれざるをえない緊張が当時は存在した。

＊2　京都アメリカンセンター、関西アメリカンセンターに調査依頼したが、ホシノ、キタムラ、クロサワの三名の人名表記は判明しなかった。

＊3　年は違うが、一九五五年の第二次滝川事件を指すと思われる。創立記念行事の開催をめぐって京都大学学生自治会と瀧川幸辰総長が対立し、学生が総長を監禁したことで警官隊が導入された。中心人物とされた学生二名が逮捕起訴され、法学部教員三名が特別弁護人として公判に参加した。

＊4　中国人民解放軍が一九四八―四九年にチベットの東北部・東部、五〇―五一年には中央チベットを制圧し、チベット全域が中華人民共和国の支配下となった。

＊5　一九五六年一〇月二三日に政府関係施設や区域を多数占拠した民衆蜂起。当時ハンガリーを支配していたソ連軍により即座に鎮圧されたが、その過程で数千人の市民が殺害され、二〇万人以上が難民となった。現在、一〇月二三日はハンガリーの祝日となっている。

＊6　吉田茂、池田勇人、佐藤栄作などへ影響力を持ち、「歴代内閣の経済指南番」と呼ばれた。付録Aの事例報告2に詳しい。

＊7　都留重人、山本高行とともに経済安定本部（のちの経済企画庁）の三羽ガラスと言われた。一九六五年には産経新聞社社長となる。

＊8　敗戦後の一九四五年に日本経済復興のため稲葉秀三によって設立された、商工省（現、経済産業省）、農林省（現、農林水産省）、文部省（現、文部科学省）の三省共管による財団法人。鶴田俊正ほか「小特集：日本の経済発展と経済システム・企業システム」『専修大学社会科学年報』三九号、二〇〇五年、三一頁参照。http://www.senshu-u.ac.jp/~off1009/PDF/0002.pdf（二〇一八年七月七日最終閲覧）。

＊9　東京帝国大学法学部卒、時事通信社の初代代表取締役。

＊10　『経済往来』はたびたび別冊付録を刊行し、また経済往来社の単行本も多数あるので、それらのどれかを指すと思われる。

＊11　原文は Masamichi Royana となっているが、間違い。

＊12　原文では週刊ではなく月刊だが、少なくとも昭和二一年当時は毎週日曜刊行の週刊誌なので、原文の間違いと思われる。

＊13　一九四七年、国連精神の普及や国連加盟の実現等をはかるために設立。全国都道府県単位に四七支部が設置さ

れた。日本国際連合協会ＨＰ「本協会の実績と将来の方針」http://www.unaj.or.jp/zaidanhoujin/jigyou.html（二〇一八年五月一八日最終閲覧）。

＊14　原文では「会長」となっているが、実際には「京都支部事務局長」である。ただし、「軍縮問題研究」シリーズの冊子や機関誌『国連京都』の発行人は石川敬介となっており、会長は石川敬介だったと推測されるので、マーク・メイがこの二人を混同したものと思われる。

＊15　社会思想研究会編『経済学教科書の問題（上・下）』中央公論社、一九五六年。

＊16　原文ではSEN NISHIYAMEとなっているが、間違い。

第6章　将来の展望

第5章で示したＵＳＩＳジャパンに対する高評価は、筆者がこのプログラムの桜や菊のような花の部分しか見ていないという印象を読者に与えたとしても不思議ではない。最終的には、花の美しさや香りよりも、実った果実で評価すべきだろう。この章では、現在見えているもの、見えていないものを合わせ、将来的な収穫という面から評価を行いたいと思う。

知識人らに対する結果

一九五二年にＵＳＩＳジャパンが発足して以来、ＵＳＩＳの第一のターゲットは日本人知識人層だった。最初の広報・文化交流担当官だったサックス・ブラッドフォードが国際情報局（International Information Administration：ＩＩＡ）のウィルソン・コンプトンに宛てた一九五二年の手紙から、その任務を見ていきたい。

彼ら（知識人）は、事実上社会のあらゆるグループに対し、直接／間接に大きな影響力を持っている。彼らは、多くの大学生（大学・短大の学生はほぼ四〇万人）、小中学校の教師たち（彼らは生徒たちに直接／間接に多大な影響を及ぼす）の考え方に影響力を持つ。日本で教養のある階層やあらゆる組織や機関の指導層における意見形成に際して、彼らは決定的に重要である。彼らの議論は、この国のハイ・レベルの雑誌で直接表明され……その見解はマス・メディアでそのまま伝えられ……共産主義者の影響を非常に受けやすいのだ……。異常なほど多くの日本の知識人らが、日本の機関とアメリカの外交政策目的にはっきりと批判的な見解を表明しているのは明白な事実と言える。

七年後、一九五九年九月刊行の国別プランにおいて、現在の広報・文化交流担当官であるジョージ・ヘルヤー氏は以下のように述べている。

「過去を振り返ると、一九五二年のUSISジャパンの設立以来、日本社会には好ましい変化が起こった反面、ほとんどの日本の知識人の態度は変わらなかった」。つまり、「本計画は、最も迅速で、経済的で、直接的な方法で、日本のインテリ層に対して影響を与えるよう強く要求されているのである」。

この報告は失敗を表明しているかに見えるが、付録Aの事例報告6で示したように、結果は必ずしも完全な失敗だったわけではなく、フルブライトという樹木からは豊かな果実がいくつも実っている。あまり結果が出なかった理由の一つには、USISと同盟勢力が左翼の議論に対抗するために多大な時間と労力を使うことになり、積極的に民主主義思想を広めることが不十分だったことがあげられよう。E・O・ライシャワーは、この点を次のように鋭く突いている。

戦後日本の知的風土を生んだ責任の相当部分は、日本の知識人に訴えかけるすべを知らなかった占領軍当局にもあったはずである。確かに占領軍は、最初は日本人の外界との接触に制限を加えることによって、知識人が現実から遊離していくのに手を貸した。そして、理論的言葉でものごとを考えることに慣れた知識人のほうでも、アメリカ当局がわれわれの行動を説明し、われわれの目的を解明するような明瞭かつ包括的な原理を提示しえなかったことに、明らかに失望した。日本の知識人は、個々の占領軍当局者が行なった断片的説明に幻滅を感じた。というのは、個々の当局者は、他のたいていのアメリカ人と同じく、自分たちがそれほどまでに信じている民主主義という大きな信条を、当たり前のものと考え、筋道の通った原理として体系づけられるように説明できなかったからである。われわれは、知的な真空状態を残したが、これを、非常に体裁のととのったマルクス主義的唯物弁証法がすみやかに満たし、日本の多くの知識人は、十九世紀半ばのマルクス理論を最新の、したがって西洋文明のもっとも進んだ思想として受けとったのである。[*1]

より素晴らしい理論がなければ、マルクス主義イデオロギーを払拭することは不可能である。アメリカやヨーロッパで暮らしたことがある、あるいは西洋諸国に旅行したり留学したりしたことのある日本人知識人は、「人民による民主主義的な資本主義」と呼ばれるものがどんなものか、ある程度は理解している。しかし、彼らにしても、自分たちの国家的野心をかなえるための最適な道として民主主義原理を促進していくところにまでは至っていない。こうした原理が「メイド・イン・ジャパン」でなければいけないのは明白である。アメリカやヨーロッパからの借り物だったら、そこには少しも知性の行使がないからだ。

日本の知的ラディカリズムは、ＵＳＩＳがコントロールできない他のいくつかの力によって、現在も続いている。一つには、戦前は社会主義や共産主義の言説が容赦なく弾圧されていた、ということがある。こうしたイデオロギーは、国家主義、軍国主義、天皇主義という右翼原理にとって危険視されていたからだ。よって「右翼」が弾圧されている戦後では、自然と左翼が勝者となるのは容易に想像がつく。戦前弾圧されていた左翼は、全体主義へと後戻りさせようとするいかなる動向も、非常にいぶかしく恐ろしく思うのである。これこそが、憲法第九条の改正や教育における道徳の再・再編成にひどく反発する理由なのだ。日本におけるあらゆる矛盾のなかで最も興味深いものの一つが、占領体制を最も強力に支持しているのが、親米保守層ではなく反米の社会主義者であるという事実である。だからこそ、軍事的自衛力をもっと強化しようとする、あるいは中央政府にもっと権力を集中させようとするような、現在の政府によって提案されるあらゆる措置が、戦前の体制に向かうと考えられるために反対されることになるのだ。

日本のラディカリズムは、悲観主義・平和主義・中立主義・敵対主義などの知的土壌のなかで存続してきた。広く読まれている雑誌の多くの編集者らは、こうした土壌を肥やすような論文を探している。これらの雑誌の読者も、体制寄りではなく、反体制の論文のほうを好む傾向があるようだ。これは、ほとんどの一般市民よりも知識人のほうが、占領されていることを屈辱と感じ、日本にアメリカ軍が駐留していることに苛立っているという事実に一因があろう。

日本における左翼の他の要因としては、日本の学者たちが戦前、占領期においてアメリカの思想や文化に触れることがほとんどなかったことがあげられる。「西洋への窓」が開かれてからは、多くの知識人が他国の状況についての情報を得るようになり、楽観的な傾向が強まって左翼がいくぶん弱まってきた。フルブライトや他の交換プログラムは、このように豊かな実を結んだのである。

今やUSIS東京は、左翼知識人に接触するためのさらに良い形態が見つかったと確信している。それは、アメリカの学術の最高知識を彼らにもたらすことである。日本の大学教授らは、ドイツの知識を非常に進歩的で特別とみなして受容してきた。どの教授も、自分の学問領域における狭い範囲でのあらゆる知識を欲している。対外貿易を専門とする経済学者は、自分と同じくらい、あるいはより知識を持った人間に大きな敬意を払う。これこそが、USIS東京がもっとアメリカ人の研究者や研究機関の成果を送るようにとやかましく要求する理由なのである。この計画は、言うまでもなく、日本人の学者がアメリカの研究を尊敬し、さらに求めるようになるだろう。左翼イデオロギーにもたらすだろうその潜在的な効果については定かではないが。

USISには、古い世代のことはもう放念し、若い教授や学生たちに対象を絞るよう助言したい。よって、将来の日米関係において知識人が果たす役割をきちんと考慮すべきだろう。この評価に関するデータとしては、日本の主要大学に勤務し、人文科学分野で教鞭をとり、一般に刊行されている主要雑誌で執筆を行っている助教授三九人（およそ一〇〇〇人のうち）への詳細なインタビュー調査を使用した。詳細な報告は、付録Bで示している。この調査のハイライト部分は下記である。

はじめに、これらの若手教員や学者は、マス・メディアで執筆していない同僚らに見下されていると報告している。専門学術誌の査読付き論文は非常に評価が高いが、準一般向けの雑誌や新聞に書いたものは、学者としての格より下とみなされるし、原稿料をもらっている場合はなおさらである。非常に高く評価されている戦前の知識人の学術論文の特徴は、難解であることだ。インタビューの協力者の一人は、「学生すら難解な講義を好む」と話している。つまり、教授が学生から尊敬されるためには、難解さを装わなければいけないということなのだ。しかし、こうした行為はマス・メディアの執筆には向かない。そこでは、自分の考えを明確に簡潔に表明する能力が求められるからだ。

マス・メディアで執筆している者は、難解なそぶりは大衆教育にとっても大学生にとっても有害であると主張する。その教授が自分の課題を本当に極めることから遠ざけ、思考が混乱していることの言い訳を与えることになるからだ。さらに、学者の責任を大学の壁を越えて拡げるべきだという主張もある。学者には、主に大学での講義を通して学生に知識を与えるだけでなく、マス・メディアにおける執筆によって、一般大衆にも同様のことをするよう最善を尽くす責務があるはずだ。

一般読者に対する継続的な教育を行うという任務は、新聞や主要雑誌の編集者や経営者の方針によっても困難に直面させられている。たとえば、非常に多くの日本人が日本の将来に対して悲観的である。楽観的な学者が楽観的な文脈で論考を書いたら、出版にこぎつけるのは困難だろう。政治的な話題はとても人気があり、学者が書いたものは非常に信用される。しかし、著者は政治的立場を明確にし、はっきりと一つの政党への指示を表明しなければならない。政治にあまり関心がなかったり、政党政治に興味が薄かったりすると、編集者に論考を受け取ってもらえる可能性はかなり低いだろう。

日本への全般的な外国の影響、とりわけアメリカの影響に関しての助教授たちによる見解は、大変興味深い。第一に、彼らは米国を現在の日本において最も影響力を持つ国だと考えていることである。戦後のこのようなアメリカの影響は、良いものが勝る形で善悪共存してきた。これには、インタビューを受けたうちの〔約〕四〇名がアメリカの大学に通ったことがあり、アメリカの学位を持っていることが関係しているに違いない。彼らは明らかに、アメリカに行ったことのない人よりも親米的だった。

米国で学んだことのある人びとは、アメリカやアメリカのものだけを褒めちぎる「アメリカかぶれ」と受けとめられることで、同僚たちの尊敬を失うと感じている。そのため、彼らはアメリカの強みと同様に欠点や弱点をあげることで「バランスのとれた」見解に見せようと必死に努力している。彼らは、「アメリカには文明はあるが文化がない」というような聞き飽きた一般的な決まり文句に対しては、それが良いものであれ悪いものであれ反対している。

日本へのアメリカの影響に対するありがたい批評としては、次のようなものがある——日本人と接する際、イギリス人は非常にスムーズで戦略的に長けているが、アメリカ人は不器用で無邪気である。イギリス人のお高くとまった態度よりも、アメリカ人の優越的な態度のほうがイライラする。というのも急いで何かをやろうとする「強引さ」が見えるからだ。アメリカ人は、日本への軍事的・経済的援助の見返りを期待しすぎる。あまりにも親米保守と一体化している。親米保守の人びとは、アメリカ人に過剰に擦り寄る仲間を嫌悪し、アメリカを批判する勇気を持つ仲間に対してはほとんど注意を払わない。最後に、多くのアメリカ人は無作法で感情の機微に欠けるという印象を日本人に与えている。

一方、アメリカやアメリカ人に対しては、多くの美点も指摘されている。たとえば、多くの日本人知識人は、反米であっても、アメリカ人が日本人に対して多くの良い感情や意思を持っていると信じている。戦争中や終戦直後に存在したアメリカ人に対する敵意は、ほとんど消えている。概してアメリカ人は心が温かく、フレンドリーで人間らしいと思われている。アメリカ人は、率直で公平で気取りがない。アメリカ人の開けっぴろげさは、しばしば日本人には無作法と思われるが、実際にはそうではない。

日米関係において最も有益な影響を及ぼすアメリカ人はどういう人かを尋ねる質問には、まず第一に学者のグループがあげられている。日本人は、アメリカの学術と科学を高く評価している。来日したアメリカ人研究者は、レクチャーにおいて「見下した態度で話す」ことや数名の教授や学生としかかかわらないことを、やんわりと非難されている。今回調査対象となった助教授らが個人的にコンタクトをとっている他のグループは、宣教師たちだ。「戦前」の宣教師は尊敬の対象であり、教育や医療の面では特に絶賛されている。しかし、リーフレットを配って伝道活動をし、その結果相手を改宗させようとする最近の宣教師らの何割かは、単純で子どもじみており、単なる「甘ちゃん」だと思われている。

調査対象者によれば、知識人の間には一般的に反米の強い気運があるということだ。ある人は、知識人の八〇%が反米であると見積もっているが、それよりは低いという概算もある。とはいえ、インタビューでは反米にはさまざまな意味が存在することが明らかになっている。ある知識人は、アメリカ文化よりもイギリス、ドイツ、フランスの文化のほうを尊敬しているという意味であり、他の人は、全般的に外国が嫌いで、特に反西洋であることを意味し、反米なのはつまりアメリカが西洋の影響を受けているからだ、というのである。インタビュー調査を行ったうち、共産主義思想を持っていると思われる人物は一人か二人しかいなかった。彼らは慎重にこの議論を避けている。ほとんどの人は共産主義を過激な狂信主義とみなしており、どんな形であれ無視か軽蔑の対象なのだ。マルクス主義はもっとずっと尊敬されているが、日本のほとんどのマルクス主義者は反共であると強調する。

日本の知識人らは、アメリカ思想よりも共産主義思想が広まることに対して脅威を抱いていないように見える。しかし、何人かの回答によると、知識人の大多数は現実に向き合っておらず、共産主義者に都合のいい現実逃避的な態度をとっているという。

将来の日米関係に関しては、ほとんどの者が日本にとってアメリカが非常に重要であると感じている。日本人にとって、アメリカの影響よりもアジアからの影響を消化するほうがずっとたやすい。今日、消化しきれないアメリカニズムが日本で重荷となっている。アメリカの民主主義を完璧に理解し、アメリカのものを賞賛するようになった日本人はたった数名しかいない。一人の日本人は、次のように言った。「我々は平等についてもっと知り、経験する必要があります……本当の平等は日本人のなかにまだ存在していません」。

このインタビュー調査のなかで、何度も何度も表れる最も興味深い点の一つは、相互理解に必要な手段である言語コミュニケーションが不十分であることだ。ある人は、「感覚からの知識」「概念はわかるが、まだ感じとるところまでいかない」「西欧人には、我々が感じることができるように概念を提示してもらいたい」と述べている。日本人は、合理的・論理的な論拠よりも、直感つまり広く一般化された感覚からのほうがずっと理解が早いのである。またある人は、「我々の考え方は、論理的というよりは情緒的である」と言う。彼らは、自分たちの感情を言葉で表現することが非常に困難であることを認めている。彼らは、アメリカ人が「自己表現に長けている」ことを羨ましく思っているのだ。彼らが言うには、日本人は理解できないときに黙っている、というのも「何について黙っているのか」をどうやって表現していいかわからないからだ。つまり、日本人が自分たちのことを説明できないのだから、「いったいどうやって外国人に自分たちのことを知ってもらうことができるだろう」というのである。さらに言えば、もし外国人が言ったことを日本人が心で感じられない場合、彼らはどうやって外国人を理解できるというのか？

こうしたジレンマに対し、彼らは二つの方法を見出している。一つは、詩・文学・美術を含む芸術的なコミュニケーション形態に、アメリカはもっと力点を置くべきだというものである。長野で開催されたアメリカ文学のセミナーのようなものが、強く推奨されているのだ。もう一つは、もっと多くの日本人が英語を習得すべきであるというものだ。外国人はもちろん、日本人が相互理解に失敗した理由の一つが、日本語が今日とはかなりかけ離れた生活状況のなかで発達してきたことにある、と彼らは感じている。「自己表現に長ける」ようになる前に、まずは自己表現にふさわしい言語を身につけることが不可欠であると考えているのだ。よって、日本の大学はもっと英語教育やアメリカ学に意識を向けるべきなのである。

調査対象者の多くが、大学生は全体として世間で言われているよりはずっと過激ではない、という意見を表明していた。ごく一部の少数者だけが、全学連のような過激な運動を行っているのである。これらの組織は、おおむね一年生、二年生が中心である。日本の雇用者たちがトラブルメーカーに仕事を与えるのを好まないことがよくわかっているので、過激で騒々しい有害な運動に参加する四年生はほとんどいない。

学生に接触するためのＵＳＩＳの現在の計画は、『若者は知りたい』のようなラジオ番組を通じて、主要大学におけるアメリカ学の学科設立を奨励することである。

ＵＳＩＳジャパンは、印象を創出するうえで、それが日本の若い知識人のイデオロギーに対して何かしら実質的な影響を与えることに、特に注意を払うようワシントンから忠告されている。日本の若い知識人のなかに広がっている急進主義は、USISのコントロールが効かないさまざまな力によって起こり、継続している。

こうした力の一つに、社会的流動性がある。日本の教育システムは、明治維新の一事業として一〇〇年前に始まった。それは、社会のあらゆる階層からリーダーを募り訓練するために設計されていた。実際に知的エリートを養成し、そのうちの多くの者が軍事や政治のリーダーとなった。戦後改革の一つは、家柄や収入に関係のない教育機会の平等を達成することであった。低い授業料や奨学金によって、才能のある若い人がより高い教育を受けることが可能となっている。主要大学に入学するためには、競争率の高い厳しい試験がベースとなる。優秀な学生は優秀な高校から入学することになる。こうした競争システムが、小学校にまで行き渡っている。卒業後は、上位大学の出身学生や、家族が企業や政府内でコネを持っている学生には、良い職が保証されている。ほとんどの大卒者は、熟練の工場労働者がもらっているよりも少ない給料の「事務仕事」に就かざるをえない。

こうした状況は日本に限ったことではないが、いたるところで不満と鬱憤を増大させている。このようなことが起こっている国はどこであれ、大学生や大卒者は過激になり、システムを変革するためにできることは何でもやろうと躍起になるのだ。ソ連は、高い教育に見合った仕事に就くことができる人数しか大学に入学させないことで、この問題から逃れてきた。とはいえ、日本の若い知識人らがこうしたソヴィエトのやり方を絶賛しているかと言えば疑問である。

この報告書で前に示したとおり、若い知識人のうち最も過激になっているのは、いい仕事に就けなかった者たちである。良い職に就いたら、左翼的な思想を持ち続けていたとしても、保守に投票する傾向がある。教員として大学に入った者は、「官僚」あるいは「ビジネス」分野のインテリよりも、「文化人」として全体のことを考えて社会主義者に投票するようだ。

知識人がＵＳＩＳの第一のターゲットとなっている主な理由は、世論への影響力である。こうした影響の度合いと性質は、未知数だ。コミュニケーション技術によって態度や意見を変化させることに関する最近の試験的研究では、実験上の条件のもとで変化を起こすのは、少なくとも一時的には可能であるという結果が出ている。[*2] 印刷物や電波によっていろいろなマス・コミュニケーションが存在する状況で、この研究の結果が一般化されうるかどうかは不明である。

マス・コミュニケーションの効果の一つは、すでにある意見を強化し、はっきりしない気持ちや態度に言葉を与えることだ、という考えを支持するうえで相当の証拠が存在する。おそらく、現在のＵＳＩＳによるマス・コミュニケーションのプログラムによって期待されている最も実質的な効果の一つは、米国に対して親しみのある感情や態度を持っている相当数の日本人に対し、「すでにある信用」への理由づけをすることだろう。こうした感情や態度を強化して明瞭にするだけでも、ＵＳＩＳの仕事はコストに値するはずである。

ＵＳＩＳジャパンが行っている努力として、左翼知識人の転向や反米的な現在の態度を親米へと転換させることなどがあるが、筆者が見るかぎり成功しているとはとても言えない。親米的なコミュニケーションが、すでに親米である人にのみ受け入れられているのと同じように、左翼によるコミュニケーション活動は、反米感情を持っている人に効果があり、つまりはすでにある意見を強化させているにすぎないということになる。左翼の主張に対する応答は、彼らが間違っていることを認めさせるというよりは、刺激してさらなる反論を巻き起こす結果となっているようだ。彼らの反論に対して時間と労力を費やすべき理由は、親米主義者に有効な解答を与えることなのである。

多くの人びとが持っている、言葉にはならない基本的な態度と言葉として表現された意見は、時間をかけて大きな変化をもたらしている。日本人に対するアメリカ人の態度は、終戦直後の「大嫌い」から「かなり好ましい」へと変化した。こうした変化は、アメリカ本国の日本情報文化センターによってもたらされたとは言えない。それをもたらしたのは、部分的には世界情勢の変化であり、第一には占領期や占領後に日本で起こった変化である。アメリカ人は、日本の変化に気づいて態度を変えたのだ。よって、日本における反米意識を変える最も有効な方法は、日本人に対するアメリカ人の好意的な感情や態度を強化することであろう。

アメリカの奨学金や研究成果を与えることで、間接的に左翼知識人に接触するという現在の計画を反故にしない形で、USISはより直接的なアプローチとして、アメリカ人が日本人のためを思っていることがわかるような、名前をはっきりと出したコミュニケーションに対して検討し、時間や労力を使うべきである。

文化的成果――目に見える成果と目に見えない成果

USISジャパンの人物交換部門は、長年の努力が実って成果を出しつつある。アメリカから学生、研究者あるいはアメリカを観察して帰国した日本人の活動に関しては、前の章で要約したとおりである。交換プログラムの報告書で明らかにされていない疑問としては、いったい何人のグランティーが奨学金を受給する前に左翼的思想を持ち、反米的な態度だったか、というものがある。マルクス主義思想を持っていたり、共産主義者と関係したりしている者には、法律によって国務省が奨学金を出すことを禁止しているが、USISの事務官の一人は報告者に、数名の左翼知識人にリーダー・グラントを行ったと話した。こうした禁止令は、影響力のある左翼知識人を転向させたり啓蒙したりするために交換プログラムを用いることを、事実上不可能にしている。前述のように、コミュニケーション技術によってこのような人物に好印象を与えることがほぼ不可能となるので、これは大いに残念なことと言わざるをえない。

顕在化していない成果

交換プログラム、アメリカ文化センター、その他文化プログラムが、日本人にとてもよく受け入れられていることは、今後実ってくる潜在的な成果があるという証拠だろう。USISの主たる目的は、「日本がアメリカからの影響を自主的に表明する」ことで米日関係を自主的に継続するようにすることである。多くのアメリカ文化センターが日米センターに改組されるということは、このゴールに向かっての動きと言える。とはいえ、いくつかのセンターが成果を出すにはほど遠いことも事実だろう。活動を行うなかで、良い芽を摘んでしまったのだ。

USISの文化活動が、単なる受容というレベルを超えて要求されるレベルに達し、本来の相互パートナーシップに基づいて再編成されるほどに熟して完全に終結する時期はもうまもなくであろう。そうなれば、日本人にも、USIS東京にも、USIAワシントンにも、国務省にも好ましい計画が待っている。

この計画のアイデアの萌芽は、一九五一年に国務省指令による特別委員会によって準備された、『米国─日本　文化関係』と題する書類のなかに見出すことができる。これは、日米平和条約をまとめるよう任命されたダレス特使への報告書である。

アメリカと日本の間の文化交流に対する、長い目で見た目的は、以下のようにまとめられていた。（a）「双方の国民を友好的に歩み寄らせ、互いを理解し合い、お互いの生活様式を尊重すること」、（b）「交流によって互いの文化に対する敬意を増大し」、（c）「それぞれの問題を解決すべく、互いに助け合うこと」。これらの目的を達成するための方法や手段については、本物の「双方向」文化協定の原則を反映している。日本やアメリカに組織的な日米文化センターを設立することが、主要な事柄として推奨されていた。

「アメリカと日本の間の文化交流に興味を持つあらゆる個人、組織、機関などが、自由に使うことのできる情報センターや調整機関となるよう、こうしたセンターを（日本において）設立することが奨励される」。この報告書では、このようなセンターを組織すべきと規定しているわけではないが、厳格に非政治的でなければならないし、アメリカ大使館によって運営されるべきではないと明言している。「運営委員会の大多数は、日本人であるべきである」。それに並行するアメリカの組織は、「民間によって、日米が共同で運営すべきである」。

一九五二年にUSISジャパンが正式に設立したとき、SCAPが準備した二三の開架式図書館がこのような成果をもたらすとは予想されていなかった。東京とニューヨークに共同運営の特別センターを設立するという、特別委員会による進言は採択されていない。機は熟していなかった、ということであろう。

日米文化財団

このような財団の設立には、関心が高く影響力もある日本人とそれにふさわしいアメリカ人とが合同で計画を進めるべきである。とはいえ、以下の基本原則は遵守されなくてはならない。

(1) 可能なかぎり、平等でバランスのとれたパートナーシップを表明すべきこと。
(2) 民間運営の厳密に非政治的な組織とし、日本の法律で法人化を行い、アメリカ人と日本人の両方が入った運営委員会によって管理を行うこと。
(3) スタッフは、財団から任命・雇用された日本人とアメリカ人の両方で構成すること。
(4) 文化センター（改編されるものもされないものも合わせ）や交換プログラムを含め、現在USISが行っている文化活動のほとんどすべては、こちらの管轄に移行すべきこと。
(5) 各地の地方センターには、それぞれ日本人とアメリカ人から構成される運営委員会を設置し、委員長は中央の財団のメンバーとすること。各センターは、雇用・経営・企画に関して、相当の独立性を確保すること。財団は、東京のアメリカンセンターが他のセンターに提供していたのと同様に、図書館や各種プログラムの情報センターとして機能すべきこと。
(6) 財団の本部は東京に置くが、必ずしも東京のセンターと同じ建物である必要はない。

（7）財団は、USIAワシントンをはじめ各種機関から、書籍・雑誌・映画・その他の資料を入手可能とすること。

（8）財団の資金運営に関しては、日本人とアメリカ人が共同で行うこと。当初の資金は、おそらく大部分を両国政府から調達することになろうが、願わくば将来的には、個人の献金や寄付を確保できるようにしていくこと。

以上の提言は、言うまでもなく強い反対にあうものと思われる。いくつかの反論が予測できる。一つ目には、日本はまだそのような準備が整っていない、ほかには、現在USIAが日本の文化プログラムに対して及ぼしている影響力のほとんどを失ってしまう、といったものである。

今この計画を支持するのは、USISジャパンの三つの主要目的のうちの二つが達成に向けて大きく踏み出すからである。一つ目には、文化の領域でアメリカの対日外交政策に基づいたパートナーシップの概念を提示することになるだろう。二つ目には、経済と安全保障の領域で、「日本がアメリカからの影響を自主的に表明する」ことによって、より自立したパートナーシップを築くことに貢献するだろう。

【注】

＊1　*United States and Japan*, p. 301 参照（原注）。

ここでは日本語訳として出版されているものを再録した（第1章、注9参照）。E・O・ライシャワー『ライシャワーの見た日本』林伸郎訳、徳間書店、一九六七年、三五四頁。

＊2　Hovland, C. I., Janis, I. L., & Kelley, H. H., *Communication and Persuasion; Psychological Studies of Opinion Change*（『コミュニケーションと説得——意見の変化に関する心理的研究』), Yale University Press, 1953. および Hovland, C. I., Lumsdaine, Arthur. A. & Sheffield, Fred. D., *Experiments on Mass Communication*（『マス・コミュニケーションにおける実験』), Princeton University Press, 1949（原注）.

【解説】マーク・メイ報告書に見る戦後日本の「De」と「Re」の攻防

須藤遙子

はじめに

二〇一七年九月、外務省のホームページ「よくある質問集」に「広報文化外交」という項目が追加された。「パブリック・ディプロマシー」の重要性を「ソフト・パワー」という言葉とともに、「伝統的な政府対政府の外交とは異なり、広報や文化交流を通じて、民間とも連携しながら、外国の国民や世論に直接働きかける外交活動」と説明している。この考え方に基づき「日本文化の紹介や人的交流といった文化交流を通して、親日派・知日派の育成に取り組んで」いること、「二〇一二年八月に報道対策、国内・海外広報及び文化交流を有機的に連携させていくための新体制『外務報道官・広報文化組織』を発足させるとともに、当組織の総合調整を行う総括課として広報文化外交戦略課を新たに設置」したことが紹介されている。[*1]

このように、日本が戦後七〇年近くたってから本格的にパブリック・ディプロマシーに乗り出したのに対し、アメリカの対外政策は軍事・経済・文化の三要素を常に統合する形で展開されてきた。[*2]「広報」(publicity, public relations) や「文化」(culture) という一見非政治的な用語が、「政策」(policy)、「情報／諜報」(information／intelligence)、「宣伝／プロパガンダ」(propaganda) と密接に結びついていることは、多くの研究者によって示されてきた。マーク・メイ報告書(以下、報告書)で詳述されているアメリカの関与を秘匿した文化活動・メディア活動の内容自体が、そのグレーな性格を如実に物語っている。

報告書の存在を最初に世に知らしめたケネス・オズグッドは、他の機密解除文書の分析から、一九五〇年代はUSIAとCIAの作戦の間にほとんど差異が認められない状況であり、冷戦が深刻化するなかでの心理戦の真っ只中だったと指摘している。[*3] 心理学者であるマーク・メイはUSIAの組織編成にも従事しており、「文化」という名の灰色のプロパガンダに深く関与した人物だ。土屋由香の先行研究によれば、マーク・メイは第一次大戦期から軍のプログラムに携わり、第二次大戦でも一貫して戦時下での心理に関するさまざまな軍学共同プログラムを主導、特に教育映画の活用に熱心であったという。[*4] 終戦でようやく世界に平和が訪れたと思ったのもつかの間、共産主義・社会主義国家の台頭で資本主義圏との冷戦に突入し、共産主義と資本主義の東西陣営のプロパガンダ合戦も激化していった。報告書で随所に書かれているように、日本はそのプロパガンダの主戦場の一つとなっており、マーク・メイが引き続き活躍する現場だったと言えよう。

本稿では、報告書を通しての当時のアメリカから見た日本の状況、その日本に対するアメリカの考えを整理しながら、一九五九年当時のアメリカと日本の政治社会状況を考察していきたい。「逆コース」と言われる一九五〇年代に日本が直面した課題は、二〇一〇年代も終わろうかという現在においても続いている。それは、報告書に見られる「De」（脱）と「Re」（再）の問題とも言えるだろう。日本は何から離脱しよう／させられようとし、何を再獲得しよう／させられようとしたのか。まずは、報告書が書かれた時代背景を概観していきたい。

1　時代背景

一九四五年八月にアジア・太平洋戦争で敗北した日本は、天皇を元首とする軍事的な独裁国家であることをやめて民主国家としての新たな道を踏み出した。それは、六年半余り続く連合国軍最高司令官総司令部（GHQ／SCAP）の占領の始まりも意味していた。GHQは、日本国民の自由意思に支えられた「平和的で責任のある政府の樹立」を目指すとともに、「初期の対日方針」として非軍事化（Demilitarization）、民主化（Democratization）、財閥解体（Dissolution of Zaibatsu）という三つのDからなる政策を定めた。[*5] 連合国というよりは、実質的には敵国だったアメリカによる単独占領にもかかわらず、マッカーサーが救世主のごとく当時の日本国民に歓迎されたことは、日本を親米・親西洋的な国家へと改造しようとするアメリカの対日戦略の第一歩が、まずは成功したことを示している。一九四六年一一月には、GHQ主導の日本国憲法が公布された。

新生日本の非武装化と民主化を根幹とする政策が、冷戦の激化によってたった数年で変更されたのは周知のとおりである。一九四七年二月にGHQが共産党主導のゼネストに中止命令を出し、民主化を進めるために労働運動を支援していた方針を一八〇度転換させた。いわゆる「逆コース」の始まりである。

一九四八年には、のちのＵＳＩＡ／ＵＳＩＳの活動に関連していくような出来事が、アメリカで続けて起こった。まず、「広報活動」や「教育交流活動」という名でプロパガンダを法的に容認する内容のスミス・ムント法が成立した。その背景には、ソ連・中国という共産主義陣営からもたらされる大量のプロパガンダが及ぼす影響に対する恐怖と焦りがあったという。[*6] また、対日圧力団体であるアメリカ対日協議会が発足しており、その後の対日政策に大きな影響を及ぼしていくことになる。ケネス・ロイヤル陸軍長官による「日本は共産主義に対する防壁」という演説も行われ、それを現実化するかのように、分断国家である大韓民国と朝鮮民主主義人民共和国が成立して東アジアの緊張が一気に高まった。一九四九年には中華人民共和国が成立したこともあり、アメリカは日本を再軍備させるようあっさり方針を変え、朝鮮戦争が勃発した一九五〇年には警察予備隊が設置される。

占領終結を睨み、一九五一年九月には日米安全保障条約が署名された。一九五二年四月に占領が終結したが、同時に数々の密約締結の場となる日米合同委員会が発足している。同年一〇月には、警察予備隊を改編して保安隊が発足した。一九五三年一月には、報告書の時代まで続くアイゼンハワー政権が誕生する。五〇年代のアメリカ文化外交を牽引した人物であった。[*7] 彼の提案で、同年八月にＵＳＩＡが発足している。文化・広報活動に熱心だった一方、アイゼンハワーは心理作戦の熱心な支持者であり、日本の再軍備に力を注いでいたことはよく知られている。同年一二月には国連で「アトムズ・フォー・ピース」という有名な演説を行い、これを受けて日本では一九五四年三月に早くも原子力関連の予算が成立した。しかし、それは同月にアメリカの水爆実験によりビキニ環礁で操業していた第五福竜丸が被爆して、大きな社会問題になっている最中のことであり、原水爆禁止運動が盛り上がっていた時期でもあった。一一月には、反核映画としても名高い『ゴジラ』が公開されている。また、同年七月には自衛隊が発足した。このように、一九五四年は戦後日本の安全保障を見るうえで、重要な年だったと言えよう。

一九五五年には、読売新聞社社主の正力松太郎が衆議院議員に当選、その後大々的な「原子力の平和利用」キャンペーンが実施されることになる。ただし、本報告書の原子力関連のページには、正力松太郎や『読売新聞』の名前はまったく出てこない。政治体制としては、憲法改正を綱領とする自由民主党が与党、護憲と反安保を掲げる統一社会党が野党第一党となり、いわゆる五五年体制が開始され、その後三八年も続くことになる。

一九五六年の経済白書に示された「もはや戦後ではない」という言葉に示されるように、この時期になると日本の復興はかなり進んでいた。この年には日ソ共同宣言が出され、国連加盟を果たすなど、日本の外交が東西両陣営の間で慌ただしく動いていたことが推察される。米ソの対立が深まり、また共産圏内部ではハンガリー動乱のような衝突も起こっている。

こうしたなか、一九五七年には在日米軍に関連する事件が続けて起こった。一つは、薬莢等の金属を拾いに演習地に入っていた日本人主婦を米軍兵士がおびき寄せたうえに後ろから射殺したジラード事件であり、もう一つは、在日米軍立川飛行場の拡張反対のデモ隊が警官隊と衝突した砂川事件である。ジラード事件では、激怒する日本の世論の高まりから、アメリカの主張を退けて日本側で裁判が行われた。警官隊が無抵抗の市民を襲って多数の負傷者を出した砂川事件では、日米安全保障条約の違憲性が裁判で問われることになった。また、一九五八年には第二のジラード事件とも呼ばれたロングプリ事件が起きている。埼玉県の米ジョンソン基地勤務のロングプリが、走行中の電車に発砲して大学生が死亡したのだ。これらの事件はいずれもマスコミに大きく取り上げられ、在日米軍に対する日本の不満を爆発させることになった。

当のアメリカは、どの事件の処分にも強権的に介入した。ジラード事件では、罪状を最大限軽くする密約を交わし、ジラードは執行猶予で帰国している。[*8] 砂川裁判では、米軍の駐留を違憲とする画期的な判決が一九五九年に東京地裁によって出されるが、アメリカが入れ知恵をした最高裁への跳躍上告によって年内には破棄された。機密解除文書により、これには何としてでも六〇年の安保改定を成立させたいアメリカの圧力があったとされる。[*9] 基地に数メートル立ち入ったことで行政協定違反により起訴された七名のデモ参加者は当時有罪判決を受けたが、その有罪判決を破棄して免訴とする再審の訴えも二〇一八年七月一八日に棄却が確定している。ロングプリの罪名は、「殺人罪」から「重過失致死罪」、最終的には「業務上過失致死」に切り下げられ、禁固一〇カ月という非常に軽い処分に終わっている。[*10] 日本のエリート官僚と米軍のエリート軍人・官僚で構成される日米合同委員会において、砂川事件やジラード事件などが当時協議されていた。[*11] 一九五七年は、ソ連がアメリカより先に人工衛星の打ち上げに成功したので、焦るアメリカは反共の砦としての日本において米軍に対する批判を高めるわけにはいかなかったのである。

一九五八年には、長崎のデパートで右翼が中国の国旗を破損する事件が起こり、その際の政府の対応が原因で対中関係が悪化、貿易が中断されることになった（長崎国旗事件）。日本経済はこれに大きな打撃を受け、対中関係の改善を模索していた。これに対してアメリカが警戒感を募らせていたことは、報

表１　報告書に関連する事件の略年表

年	日　本	アメリカ・その他
1945	8月 敗戦，被占領開始。	
1946	11月 日本国憲法公布。	
1947	2月 GHQゼネスト中止命令，「逆コース」開始。	
1948		1月 スミス・ムント法成立，「日本は共産主義に対する防壁」演説。6月 アメリカ対日協議会発足。8月 韓国成立，9月 北朝鮮成立。
1949		8月 ソ連核実験に成功。10月 中華人民共和国成立。
1950	8月 警察予備隊設置。	3月「マッカーシズム」の用語誕生。6月 朝鮮戦争勃発。
1951	9月 日米安全保障条約署名。	
1952	4月 占領終結，日米合同委員会設置。10月 保安隊発足。	
1953		1月 アイゼンハワー政権誕生，8月 USIA発足，12月「アトムズ・フォー・ピース」演説。
1954	3月 第五福竜丸事件，原子力関連予算成立。7月 自衛隊発足。11月『ゴジラ』公開。	
1955	2月 正力松太郎が衆議院議員当選。10月 社会党再統一。12月「55年体制」開始。	11月 西ドイツ再軍備開始。
1956	7月 経済白書「もはや戦後ではない」。10月 日ソ共同宣言署名。12月 国連加盟。	10月 ハンガリー動乱。
1957	1月 ジラード事件。2月 岸内閣成立。7月 砂川事件。	1月 アイゼンハワー大統領再任。10月 ソ連人工衛星打ち上げ成功。
1958	5月 長崎国旗事件。	
1959	3月 砂川事件訴訟で東京地裁が米軍駐留違憲判決。	1月 キューバ革命。

告書のなかで日本にとってのアメリカの経済的役割がやや唐突に強調されていることでも想像できる。さらに、報告書が書かれた直前の一九五九年一月には、アメリカ本土から見て裏庭とも言えるキューバで社会主義革命が起こり、アメリカの緊張はピークに達していたのである。

報告書に見られる共産主義・社会主義に対する激しい憎悪は、以上のさまざまな要因をふまえたものである。また別の要因として、五〇年代前半のアメリカで猛威を振るった、ジョセフ・マッカーシー上院議員主導の反共産主義政治運動である「マッカーシズム」の余韻が、報告書が書かれた頃にはまだまだ残っていたことも特記すべきだろう。

以上の約一五年間の流れを表1のようにまとめた。この時代は、まさに軍事再編成の時期だったことがよくわかる。終戦直後は、軍事国家だった日本を脱構築(Deconstruction)し、自由陣営の一員となる親米・親西洋の国家として再構築(Reconstruction)するのが第一目的であり、まずは非武装化(Demilitarization)と民主化(Democratization)を含む再教育(Re-education)が不可欠だった。しかし、世界情勢の急激な変化によって、報告書の時期には非武装化は過去のものとなり、再軍備(Rearmament)に躍起となっていた。つまり、軍事的には「De」は急速に色あせ、「Re」へとまっしぐらに進んでいったのである。次章では、この再軍備に注目して報告書の内容を考察していく。

2 再軍備(Rearmament)

報告書では、戦後一〇年以上を経ても日本国民の戦争に対する恐怖がまったく消えていないこと、二発の原子爆弾の記憶がまだ鮮明であること、そしてその事実をアメリカ側がよく理解していることが見て取れる。特に一九五四年三月の第五福竜丸事件によって、日本における核兵器への拒否感情は増大しており、日本の再軍備を推進しようとするアメリカ側にとっては、当然ながら厄介な問題となっていた。報告書からは、当時のアメリカが日本への核兵器の配備も念頭に入れていたことが読み取れるが、日本の国民感情からしてそれはほとんど不可能であり、その感情を少しでも緩和、変化させることにUSISの主要な活動の一つがあったと言える。よって、USISはメディアを使った原子力の平和利用キャンペーンの主翼を担っており、その活動がアメリカ文化センターにおける講演や所蔵資料、広島平和記念資料館における展示にまで及んでいたのだ。

別のUSIA文書では、この時期の原子力問題に関する日本の世論が「一貫性を欠く」と指摘されている。つまり、原子力の平和利用について七割が知っていて、その半数は自分が生きている間にその恩恵を受けることができると考えている一方、六割が原子力は恩恵よりは災いをもたらすと考えていたからだ。[*12] こうした揺らぎは報告書でも指摘されているが、報告書内で広島平和記念資料館を「恐怖の館」と表現しているように、マーク・メイ自身は核兵器の悲惨さ・おぞましさを相当程度理解していると推察され、核兵器に対する日本人の拒否反応もむべなるかなと感じているふしがある。

USISの文化交流活動を評価した報告書なので、安全保障や軍事に直接関わる記述はそれほど多くはない。そのなかで注目されるのが、主に第2章と第3章に書かれている左翼と中立主義に関する分析である。ここでは、論じられることの少ない中立主義について、若干の考察を行いたい。

二〇一〇年代も終わろうかという現代から見るとまさに隔世の感があるが、一九七〇年代までは確かに政治的・軍事的中立を良しとする中立主義が日本に存在していた。報告書当時の様子は、以下のようにまとめられている。

サンフランシスコ講和会議のころ、日本国内情勢は米国の占領から解放されたという意識的、無意識的な要求から、独立国日本は米国一辺倒であってはならぬ、米ソに対して中立でなければならぬという情勢であった。それに加え一部の国民の根底に埋蔵されていた反米感情と結びついていた。こうした日本国内情勢をソ連は巧みに外交の戦術に利用したのである。日本中立化に対するソ連の最初の呼びかけは、一九五八年一二月二日、グロムイコ外相が門脇大使に「日本の安全は再軍備と戦争を拒否し、中立を守る可能性を日本に与える、日本の憲法の規定を厳格に順守する事によって最もよく保障される。（略）」と述べている。この対日中立政策は日本の革新陣営に大きな影響をあたえた。この対日中立政策申出の八日後に日本共産党は「日本が今日おかれている民族的危機から抜け出す道は、日本外交政策を対米従属から真に自主的な中立政策に転換する以外にない」と声明され、（略）また社会党にあっても同様に、一九五九年三月一一日（安保改正反対運動のため共産党と統一戦線結成を決定している）でもうかがわれる。[*13]

報告書が書かれたのは、このようにまさに日本の共産党・社会党がソ連の意向も汲みながら中立主義を表明していた時期であり、アメリカは日本での「中立」が中立ではないことへの危機感を募らせていた。アイゼンハワー政権発足からまもなく、国家安全保障会議（ＮＳＣ）が定めた「日本に関する目標と方針」には「日本内部の中立主義、共産主義、反米主義を無力化すること」とはっきり書かれており、社会党の支持母体であった「総評（日本労働組合総評議会）」が最大のターゲットだったことが判明している。[*14]労組の穏健派の指導者たちがアメリカに招待されていたことは、報告書でも確認できる。

対して、日本には「中立」に対する過度な期待があったのではないだろうか。報告書でたびたび引用されているロイド・フリー博士による国会議員を対象としたアンケート調査でも、自民党を含めた多くの議員が、東西どちらの陣営にも与せずに政治的・軍事的中立を保つことが日本の国益であると真剣に考えていたことが示されている。報告書を読むかぎり、たとえば個別的自衛権を採用しているスイスでは徴兵制をとっており、民間防衛の思想が徹底していることなどが同時に議論されていた様子は見えない。それは、当時の日本国民が持っていた強い厭戦感情と結びついていたのではないか。

「反戦」と「厭戦」の違いは簡単に定義できるものではないが、「反戦」が思想・理念に裏打ちされた指針・行動をともなうのに対し、「厭戦」は暴力や貧困の回避を願っているだけと言えようか。[*15]日本国民の感情は「反戦」と言うよりは「厭戦」であっただろうし、現在でもそうであろう。というのも、「反戦」であれば国家の安全保障をどのように担保するのかを熟慮する必要があるはずだが、軍事的な事柄へのアレルギーによって、それを議論すること自体が悪であるかのように回避されてきたからである。アメリカとしては、この強い厭戦感情によって日本が戦前のような軍国主義に回帰する可能性がほとんどゼロであることに安堵した反面、ソ連・中国との対立が深まるなかで、具体的な安全保障政策の検討すらなかなかできない日本に手を焼いていたのである。

国民全体が持っていたと言っても過言でないこの厭戦感情が、日本の再軍備への歯止めになってきたことは言うまでもない。一九七六年、三木武夫内閣は軍事大国化の歯止めとして「防衛費は国内総生産（GDP。当時は国民総生産＝GNP）の一％以内」とすることを閣議決定した。一九八七年の中曽根康弘内閣が一％枠を撤廃したが、その後も「一％」が強く意識されて予算編成が行われてきている。

日本において平和を希求することは、民主化とセットで考えられてきた。たとえば外務省は、二〇〇五年に「我が国は戦後六〇年一貫して、強固な民主主義に支えられた『平和国家』として、専守防衛に徹し、国際紛争を助長せず、国際の平和と安定のために持てる国力を最大限に投入してきた[*16]」と発表している。しかし、本当に日本には強固な民主主義が根づいていた／いるのだろうか。次節では、日本の再教育の中心だった民主化について考えてみる。

3　再教育（Re-education）としての民主化（Democratization）

報告書では、ヒステリックなまでの共産主義への憎悪と対照的に、民主主義・自由主義への絶対的とも言えるような信頼が随所に見られる。当時のアメリカの指導者の多くが、マニ教的な善悪二元論の世界観を抱いていた[*17]こともあり、アメリカの国家政策は「民主主義・自由主義VS共産主義・全体主義」という構図がベースになっていた。よって、反共産主義ではあったが全体主義国家だった旧大日本帝国を解体して再教育し、民主主義・自由主義を根づかせることは、対日政策の基本中の基本だった。

抑圧された戦争の時代から解放された日本国民に、自由主義あるいは個人主義を広める、あるいは「大正デモクラシー」の自由な風潮を蘇らせることはたやすかっただろう。問題は民主主義である。報告書付録Bに収録されている日本の知識人へのインタビューにもあるように、〝民主主義が日本に十分に根づいたとは言えない〟〝日本において民主主義を発達させるべき〟というのが当時の大半の見方だった。アメリカも当然それを理解し、民主主義の概念を自分たちの国益のためにどのように使うかで悩んでいたはずである。というのも、日本がもし本当に民主主義を確立したら、日本国内からアメリカが排除される可能性が高くなり、もし民主主義が根づかないなら、対共産主義の戦いの意義や理念が理解されず、軍事を含めた政策全般に影響が出ると考えられるからである。それはアメリカにとっては政策上の課題の一つにすぎなかったかもしれないが、日本にとっては国家としての主体の問題だった。

思想の議論に深く立ち入る紙幅はないが、簡単に言えば、大文字の主体（Subject）は常にアメリカが独占し、日本はそれに従属（subject）しているだけにもかかわらず、見かけだけは主体であるかのようにふるまわれていた／いるということだ。アメリカからすれば、日本がアメリカに「主体的に従属」することが最も望ましい。それは、報告書の表現では「日本がアメリカからの影響を自主的に表明」することであり、ＵＳＩＳの活動目的として再三報告書に登場する fill the gap（溝の填補、課題解決）によって達成されることになっていた。一九五二年に日本は主権国家として返り咲いたとされるが、多くの論者が指摘しているように、米軍基地が残り、アメリカの治外法権があり、日本がアメリカ人に対する裁判権を制限されていることで、国家主権は相当制限されているのが現実である。「領土・国民・主権」という国家の三要素の一部が、アメリカによって侵食されているのだ。

報告書には、アメリカの対日政策として「双方向」「相互依存」「協力関係」「連帯」という言葉が繰り返し出てくるが、それは「平等」「対等」をまったく意味していない。報告書では、「アメリカと同盟関係にあることが自分たち自身の利益になるのだと、日本人に納得させることが重要である――たとえ多くの面で日本の役割が従属的なものであったとしても」（第1章）、「日本人のなかにはかなり非現実的ながら『対等』なパートナー関係を志向する者がいる」（第4章）というように、日米関係が非対称であることがはっきりと表明されている。そして明らかに、「日本人がアメリカのパートナーシップという概念を理解するのはかなりの困難をともなう」（第5章）ものだった。アメリカにとっては強すぎる日本国民の厭戦感情、平和の手段としての「中立主義」への過度な期待、そして民主主義に単純に平等を重ね合わせるナイーブさなどは、「パートナー」という英語に含まれるアメリカの戦略性・政治性の理解を邪魔するものだっただろう。

結局、報告書を読むかぎり、アメリカの対日政策における民主主義という言葉は、アメリカの政策に同調する政治的態度とほぼ同義である。一方、引用されているアンケートやインタビューの結果を読むと、日本人にとっては平和と繁栄を自動的に保証してくれる夢の社会システムとして解釈されていたと言えようか。それでも、報告書が書かれた一九五〇年代末には、民主主義という概念には近代の理想・理念としての輝きが明らかに存在していたことが、報告書の記述からも見てとれる。イデオロギーの対立はあれ、人類共通の目指すべき到達すべき世界が、はっきりと描かれていた時代だったのである。

むすび

ソ連をはじめとする社会主義東欧諸国が崩壊してから早三〇年、中国が改革開放路線の効果でGDP

世界第二位へと躍進する現在となっては、冷戦真っ只中の一九五九年に書かれた報告書には現実とはならなかった予測や「なつかしさ」さえ感じる内容も散見される。それでもこの報告書に今も大きな意味があるのは、パブリック・ディプロマシーという文化交流活動が軍事問題に直結していることを、赤裸々に示しているからである。

冒頭で示したように、近年日本でもパブリック・ディプロマシーに力を入れており、外務省では「従来から取り上げている伝統文化・芸術に加え、近年世界的に若者を中心に人気の高いアニメ・マンガ等のポップカルチャーも、日本に対するイメージや親近感を高めるのに大きく寄与すると考えられることから、広報文化外交の一環として積極的に活用」[*18]していくとしている。この方針は、内閣府の知的財産戦略推進事務局による「クールジャパン戦略」[*19]と連動したものだ。「クールジャパン関係省庁」としては、総務省、外務省、国税庁、文化庁、農林水産省、経済産業省、観光庁、環境省が列挙されており、まさに国をあげての大事業となっている。経済産業的側面が強調される「クールジャパン」政策だが、報告書で明かされたUSISの機密活動を考えても、その政治的側面を忘れてはならないだろう。

報告書が書かれたのは、のちに「昭和の妖怪」と称される岸信介内閣の時代だった。一九五八年五月の総選挙では、絶対安定多数となる二八七議席を獲得して自民党が圧勝していたものの、報告書に書かれているとおり、マスコミの言説においては左翼が強い力を持っており、世論の反対もあったため、憲法改正をはじめ数々の法案を強引に通すことはできなかった。自衛隊の存在と直結する憲法第九条をめぐる議論は、結局七〇年近く膠着したままで、親米政党の自民党がアメリカによる「押し付け憲法論」を主張、一方の社会党／野党がその憲法を守ろうとする親米・反米の倒錯状態は、現在でも続いている。

この状態を何としてでも打破しようとしているのが、党則が改正されたことで総裁として三期目に入った、岸の孫にあたる安倍晋三である。日本は戦後七〇年以上「敗戦」を「終戦」と言い換え、恒久的な対米従属を是としてきたが、安倍政権の意図はこうした戦後レジームからの脱却（Departure）というよりは、アメリカとの同盟をさらに強化（Reinforcement）しつつ、アジアの盟主という地位を死守することと言えそうだ。

「われわれは負けてなどいない」という夜郎自大のナショナリズム[*20]が勃興している現代日本において、改憲が現実となった場合でも単純にアメリカの再軍備化政策の成功とはならない可能性もある。報告書には「USISの介入によって、『右翼的』影響がもたらされ、弱点が深刻となるという課題も存在する」（はじめに）とあったが、改憲による影響が日本やアメリカにどのように現れるのかは不透明である。もちろん報告書がはっきりと示しているように、アメリカは常に自国の国益のためになるよう行動しているはずではあるが。

たとえアメリカが日本を思うように操ってきたことが事実だとしても、建国の理念としての民主主義・自由主義が、行動規範としてアメリカの政策を規定してきたこともまた事実である。その精神が、USISの職員を含むアメリカ人一人一人の行動として日本に恩恵をもたらしたことも少なくはない。報告書には、各地のアメリカ文化センターの職員が地元の人びとと交流して信頼を築いてきたという記述があり、それが計算づくのものだけでないことは内容からも伝わってくる。アメリカは、そうした個人の良心も含めての文化交流活動を最初からイメージしているのだろう。

しかしその「素晴らしき」アメリカの民主主義も、近年ではだいぶ揺らいできたと言わざるをえない。

冷戦はイデオロギー戦争でもあったので、軍事的緊張が高まれば高まるほど民主主義・自由主義の正当性が叫ばれ、その意義は高まることになった。よって、冷戦が崩壊して共産主義・社会主義という敵がいなくなることで、民主主義・自由主義という理念も結果的に弱体化することになったのは仕方のないことなのかもしれない。自民党による横暴な政治が目に余る日本ではもちろん、当のアメリカにおいても、トランプ大統領による強権的な政治が目立ち、ビッグデータやSNSといった情報メディアが政治に活用されることも要因となって、民主主義が危機に瀕している。[*21] 自由主義が奇形的に肥大化し、新自由主義となってさまざまな弊害を生み出してもいる。

こうしたなか、日本の防衛費は二〇一五年度以降四年連続で最大を更新している。二〇一九年度予算の防衛省概算要求額は、一八年度当初予算に比べ二・一％増の過去最大となる五兆二九八六億円となった。これには、秋田、山口両県への配備を目指す陸上配備型迎撃ミサイルシステム「イージス・アショア」二基の取得関連経費二三五二億円が含まれている。[*22]「イージス・アショア」に警戒感を示すロシアは、冷戦後最大規模とされる軍事訓練「東方（ボストーク）二〇一八」を二〇一八年九月一一日から開催し、中国軍とモンゴル軍も参加した。上陸作戦を想定した日本海沿岸での訓練を行う一方で、同時期の安倍首相による訪ソの際には、プーチン大統領が唐突に北方領土問題などの解決を前提としない日ソ平和条約締結を口にし、日ソ間の外交に齟齬があることを露呈している。平和友好条約発効四〇年となる中国とは、二〇一八年一〇月二三日に安倍首相が訪中するなど、希望が持てるニュースもあった。

戦争体験世代が次々と鬼籍に入ることで国全体の厭戦感情が薄れ、冷戦終結で中立主義は過去のものとなったが、軍事問題・安全保障問題を論じること自体を右翼的・軍国主義的とみなすような風潮だけは、報告書の時代から継続して生き残ってきた。このことは、前述のように軍事化に対する強力な歯止めとなってきた一方で、建設的な議論の構築を妨げてきたと言える。中国の軍事大国化が進み、北朝鮮の非核化もまだ予断を許さない現在、軍事にナイーブであるだけでは、むしろ親米保守層を利することになるだろう。

改憲がいよいよ現実問題となってきた現在、日本国憲法と戦後日本の社会体制を解体（Deconstruct）するにまかせるのか、あるいはさらに良い憲法として再構築（Reconstruct）していくのかは、国民の自覚と行動にかかっている。機密解除されたマーク・メイ報告書は、日米関係の厳しい現実を突きつけていると同時に、その内容を日本の将来への教訓として受けとめることも可能だ。アメリカとの同盟関係を放棄するというのは、今のところ非現実的とはいえ、「日本のアイデンティティとは何かと防衛官僚の立場で考えた場合、『アメリカの同盟国』というものしかない」[*23]というのは、安全保障の点でも主権国家の原則という意味でもあまりにお粗末である。民主主義（Democracy）の理念が現実（Reality）によって歪められ弱まっていくのをただ黙認するのでは、戦後の総決算にはほど遠いだろう。

【注】

＊1　外務省HP「広報文化外交」。https://www.mofa.go.jp/mofaj/comment/faq/culture/gaiko.html（二〇一八年八月一七日最終閲覧）。

＊2　松田武『対米依存の起源――アメリカのソフト・パワー戦略』岩波現代全書、二〇一五年、一一九頁。

＊3　ケネス・オズグッド「アジア太平洋における政策とプロパガンダ――冷戦期におけるアメリカ心理戦の文脈」

土屋由香・吉見俊哉編『占領する眼・占領する声——CIE／USIS映画とVOAラジオ』東京大学出版会、二〇一二年、二六—三六頁。

＊4　土屋由香「アメリカ情報諮問委員会と心理学者マーク・A・メイ」20世紀メディア研究所『Intelligence』一三号、二〇一三年、一六—二一頁。

＊5　前掲、松田『対米依存の起源』二頁。

＊6　藤田文子『アメリカ文化外交と日本——冷戦期の文化と人の交流』東京大学出版会、二〇一五年、一〇頁、吉本秀子「米国スミス・ムント法と沖縄CIEの情報教育プログラム1948—1952」『マス・コミュニケーション研究』八八巻、二〇一六年、一七七—一八一頁。

＊7　前掲、藤田『アメリカ文化外交と日本』一二頁。

＊8　末浪靖司『対米従属の正体——9条「解釈改憲」から密約まで　米公文書館からの報告』高文研、二〇一二年、一四一—一五八頁。

＊9　同前、二八—三三頁。

＊10　同前、一五八—一七〇頁。

＊11　吉田敏浩『「日米合同委員会」の研究——謎の権力構造の正体に迫る』創元社、二〇一六年、三三頁。

＊12　井川充雄「戦後日本の原子力に関する世論調査」加藤哲郎・井川充雄編『原子力と冷戦——日本とアジアの原発導入』花伝社、二〇一三年、一〇〇—一〇一頁。

＊13　倉持甫明「国際的中立の一考察」広島経済大学『研究論集』四号、一九七一年、二三二—二三三頁。

＊14　渡辺靖『アメリカン・センター——アメリカの国際文化戦略』岩波書店、二〇〇八年、五〇頁。

＊15　増当達也は、戦争映画の評論において「反戦は論理であり、厭戦は感情である」という増渕健の言葉を引用している。『キネマ旬報』一九九五年六月下旬号、五七頁。

＊16　外務省ＨＰ「60年の歩み（ファクト・シート）」https://www.mofa.go.jp/mofaj/area/taisen/ayumi.html（二〇一八年九月一五日最終閲覧）。
＊17　前掲、松田『対米依存の起源』二一、三四頁。
＊18　前掲、外務省ＨＰ「広報文化外交」。
＊19　内閣府ＨＰ「クールジャパン戦略」http://www.cao.go.jp/cool_japan/about/about.html（二〇一八年九月一二日最終閲覧）。
＊20　白井聡『永続敗戦論——戦後日本の核心』太田出版、二〇一三年、一六五—一六六頁。
＊21　渡辺靖『沈まぬアメリカ——拡散するソフト・パワーとその真価』新潮社、二〇一五年、一四一—一四七頁。
＊22「防衛費最大、５兆２９８６億円要求　陸上イージス２３５２億円」『日本経済新聞』二〇一八年八月三一日付。https://www.nikkei.com/article/DGXMZO34819840R30C18A8MM0000/?n_cid=NMAIL007（二〇一八年九月一〇日最終閲覧）。
＊23　柳澤協二「現代に生きる先守防衛」自衛隊を活かす会編著『新・自衛隊論』講談社現代新書、二〇一五年、三一頁。

機密文書

付録A　事例報告

これらの事例は、日本のUSISと仕事上の接点がある組織や個人との関係を描写するために選ばれたものである。第5章の補足として構成され、同章で言及された順番に従って示されている。

事例報告　1

外国サービス特報　第四四番　一九五九年一月二二日

京都大学――主要な日本の組織に対するUSISの影響に関する分析

過去六年の間、USIS神戸では京都大学の総長や影響力のある教授陣との親しい関係を維持してきた。この間、国内外の諸問題に対して全国的な影響力を発揮できるのみならず、本大学において支配的な左翼教員・学生らの活動に反論していくうえで重要な役割をも果たすであろう教育者たちのグループを米国への交換留学のメンバーに選ぶことも可能であった。六年前、京都大学は急速に拡大しつつある左翼の影響によって大きな危機を迎えていた。左翼系の学生組織である全学連は、その時点までに全学生を完全に支配するまでに学生の自治組織[*1]をコントロールしていた。全学連の影響力は一九五五年までには大変に強くなっていたので、メンバーは明らかに共産主義者のリーダーシップのもとで、事実上大学全体の運営までも自分たちの手で行おうと画策した。左翼系教授陣の中心人物たちからの強力な叱咤と後押しを受け、全学連の学生リーダーたちは高いレベルの影響力を達成し、大学当局に対して公然と反抗するようになった。その結果として起こったのが一九五五年夏の「第二次滝川事件」で、この有名大学の基盤を揺るがしたのみならず、日本全国の保守的な教育者に向けて組織における共産主義者の浸透とコントロールの危険性に警鐘を鳴らすこととなった。

左翼が成功を収めたことで、日本を代表する、また最も影響力を持つ大学の一つである京都大学は、日本全国の教授陣と学生に対して思想上の勝利を収めるという点において、日本共産党にとっての主要な武器となるに至った。京都大学はアジア研究においては国内でトップの大学であり、その中国についての研究資料は世界でも最も素晴らしいものの一つである。研究や交換プロジェクトにおいて、伝統的に中国大陸の研究機関と密接な関係を保ってきた。左翼系グループは、中国大陸の知識階級に対して学内に存在する強い親近感を利用することにきわめて長けていた。共産主義化した中国を称えるプロパガンダを遂行していくうえで、左翼の代表者たちは大学の価値を自覚していたので、その努力を倍加させ、一九五四年には可能なかぎりの数の転向者を獲得した。ここ京都大学での勝利は、日本の共産主義者のみならず中国共産党にとっても大きな勝利となった。

一九五二年から五三年にかけて、我々と親しい保守的な教授陣が大学や学生の諸問題に対してほとんど影響力を発揮できずにいたことは遺憾なことであった。こうした状況は、彼ら自身の非協力性と占領軍の特定の政策に対する、「あなた方が作った問題でしょう」といった運命論的な態度とに多くが起因していたが、彼らによれば、占領政策によってマルクス主義志向の教授陣が好きなことを何でもするようになったことになる。この報告書の作成者である京都の担当者に対して、ある教授は次のようにコメントしている。「保守的な視点を持つ我々は、突如として自分たちが少数派になっていたこと、そして、マルクス主義の教義に与しなければもはや主流でいられなくなったことに気がついたのです。我々はまた、戦後の劣等感という感覚に苛まれていて過ちを犯してしまいました。すなわち、我々は自分たちの考えを主張したところで好意的には受け入れられないだろうと考えて、論争の場から身を引いてしまったのです」。

同大学に対する左翼による思想的な脅威に気づいた神戸のUSISは、一九五三年になって、日米双方の利益にとって明らかに有害である左翼への対抗措置として、大学における保守主義層の力を増大させる努力をしだした。この報告書は、第一義的にはその努力の結果として何を勝ち取ったのかについて、我々が思うところの重要な結果について報告したものである。

長期計画の策定

当時神戸の広報・文化交流担当官であったウォルター・ニコルズとの私的な会話によれば、一九五二年の終わりから五三年の初め頃、当時の総長であった服部峻治郎は京都大学における左翼の浸透の問題に対して関心を示したという。ニコルズは上級アドバイザーである熊谷直忠を、この件に関して服部との間で緊密な連携をとる責任者として指名した。京都で最も著名な名家の一員として広く知られ、また尊敬されている人物で、京都大学の卒業生でもある熊谷は、責任者として最適であった。

服部総長は熊谷に対して、同大学の将来について心配している旨を打ち明けた。ある午後の会合に際して、彼は「年長の指導者」として前総長である鳥養《とりがい》利三郎を呼び、二人の間でこの問題について議論した。二人とも、熊谷に対して早急な行動をとる必要があること、とりわけ左翼系の教授陣、学生たちが急速に勢力を拡大している教育学部、文学部、法学部、経済学部においては対応が急がれることを指摘した。熊谷はこれに対してとてもシンプルな質問をした。それらの学部において左翼の問題に最も関心を持っている教授は誰で、彼らに対して地位を与える権限はあるか、と。服部と鳥養は直ちに五名の名をあげた。文学部の吉川幸次郎、法学部の大石良雄、経済学部の堀江保蔵、教育学部の高坂正顕、理学部の木村毅一である。結果的に、これらの者たちは総長によってそれぞれが属する学部における、反左翼陣営を強化する中心人物となったのである。

熊谷はニコルズとともに次の段階へ歩を進めた。USIS神戸は左翼の脅威に対して対抗していくべく服部総長を手助けするうえで、何をすることができるのか？　最終的には、服部と鳥養によって名前があげられた影響力のある教授たちに対して、リーダー・グラントとして訪米する特典を与えることにした。この計画に最も熱心だったのは服部総長で、この教授たちが左翼の議論に対抗していく確固たる実証的データをもたらすことを期待した。全員がそれぞれの属する学部の長になることで、左翼の首謀者たちを掌握できる最高のポジションに就くことが期待されていた。服部総長はまた、戦争中の文化的な空白期間があったため、日本における学術的な考え方、とりわけ経済学、法学、教育学における考え方が時代遅れとなっている、と指摘した。マルクス主義理論の影響は、知的な真空地帯のなかに及ぼされたのだ、と彼は述べている。もし学者たちに指導的地位が約束され、渡米してその目で物事を見聞きすることができれば、新たな概念やそれを補完する事実関係のデータを持って帰国し、左翼学者との議論で対抗していくことができるだろう。

京都での服部総長と鳥養前総長との会合を何度か重ねたのち、将来のリーダーとなるグランティー候補者らの名簿が大学に提案された。吉川教授と大石教授が最初に選ばれ、一九五三年のリーダー・プログラムで渡米した。堀江は一九五四年に、高坂は五五年、木村は五六年にそれぞれ渡米した。一九五七年にUSIS神戸は追加で二人のリーダー候補者、経済学部の中谷実教授と法学部の猪木正道教授を推薦し、二人はグラントを獲得した。一九五八年のプログラムには、法学部の国際法の専門家である齋藤武生教授が推薦された。

教授たちの帰国

結果はどうだったか。

吉川幸次郎は、帰国後に文学部長に就任し、一九五八年一〇月までの二期の任期を務めた。学生や同僚の教授たちを前にした講義のなかで、彼はマルクス主義の教義を批判し、「公正な再評価」を求めた。彼は合衆国の自由主義を賞賛し、キリスト教信仰が地域の問題に対する個々人の行動にとって大きな影響を与えているという事実を強調した。吉川はまた一般向けの出版物のなかで、アメリカでの経験を何度も何度も参照しつつ、米国についての客観的な描写を示し続けた。

高坂正顕は帰国後、教育学部長となった。渡米する以前から米国の教育機関や真に民主的な教育システムの原則に強い印象を受けていた高坂は、アメリカの教育システムについて非常に精力的に講義し、また執筆し続けている。彼は、共産主義者の教育システムがその思想的な強調と事実の一面だけを繰り返し提示する点において、本質的に危険であることを何度も何度も指摘し続けている。右派という自身の立ち位置から、彼は左翼系の同僚や左翼学生たちの一面的で理論だけに頼った教育研究の手法に対して批判を続け、また、日本の学生たちに独断的態度の危険性を明示しながら、より高い「規範感覚」を求めた。彼は、全学連による左翼的なオリエンテーションや日本の民主教育の土台を侵食しようとしている日教組の試みを攻撃している。

堀江保蔵は、経済学部長の地位に就いて一年になるが、彼の場合もアメリカでの経験がその考え方に深い影響を与えていることは明らかである。彼は「理論マルクス主義」への批判に長けていて、MSA（相互安全保障法）が糾弾された際には、左翼を名指しして、経済援助の問題を「政治目的」のために利用していると抗議した。そして「合理的な経済的支援政策」と生産性概念の強力な提案者であり続けてきた。彼は米国から戻ってすぐに、アメリカの資本主義がマルクス主義者の解釈から遠く離れた進歩的な力となっている事実について、記事の執筆や講演での発言を通じて繰り返し注意喚起し続けてきた。

大石良雄は物静かな学究肌の人物であり、米国から帰国後の三年間を法学部長として務めた。表立ってではないが、彼は左翼に染まっていた法学部の同僚教授たちに対して、自身の経験と戦後の国内・国際問題についての知識に基づいた議論を展開することでうまく務めを果たした。彼は、日本の再軍備に反対する議論のために憲法第九条を支持している左翼と真っ向から対立した。大石は、日本が自国防衛のために再軍備しなければならないことを強調し、左翼のことを日本の防衛力を無にするために憲法を利用している偽善者として糾弾した。

木村毅一は米国から帰国すると学生部長の座に就き、一九五八年九月までその地位にあった。学生自治に対する関心により、彼はアメリカ中の一流大学を訪問している。滝川幸辰は、一九五三年に服部を引き継いで京都大学総長の座に就任し、木村の決断を完全に承認した。つまり、帰国後すぐに木村教授は、健全で民主的な京都大学の学生自治組織を再建するために、左翼思想をキャンパスから排除するべくあらんかぎりのことを新たに実行すると断言したのである。彼が渡米によって深い感銘を受けたことは、誰の目にも明らかだった。

前経済学部長であった中谷実は、帰国後は堀江教授と行動を共にし、左翼の主要な攻撃目標の一つであった同学部の将来の発展へ影響力を行使した。法学部教員の猪木正道もまた、一九五七年の終わりには日本に帰ってきた。講演や国際問題を専門とする全国規模の雑誌への多くの寄稿でも知られている猪木は、日本におけるロシアの専門家の一人とみなされている。米国滞在中に、彼はソ連や東欧研究、そして極東研究における優れたプログラムを持つ数多くの大学や研究機関を訪れた。猪木教授は、日本に帰国してから書いた記事のなかで、非常に多くの日本の学生や教員がソ連とその政策を批判的な視点なしに見ている傾向が強いことを指摘し、ロシア関係の研究に対してより客観的で批判的なアプローチを求めた。

大学内外での講演や執筆を通じて影響を及ぼしたうえに、リーダー・グランティーのうちの四人は、以下に詳細を述べるＵＳＩＳの支援によるセミナーで、著しい効果を発揮した。

帰国したグランティーたちへの左翼の攻撃

滝川幸辰が一九五三年に京都大学総長に就任したとき、左翼はまだ顕在で、全学連の学生たちは学内の保守的な教授陣の名声を傷つけようとあらゆる機会を利用しようとしていた。元総長の鳥養と服部は、滝川に対してリーダー・グランティー計画の詳細を説明し、選ばれし彼らが帰国した暁には、教授陣や学生組織への左翼の浸透に対する反撃に役立てるべきだと助言した。滝川総長はこれに従い、完璧にやり遂げた。吉川教授、大石教授、堀江教授をはじめいずれのケースにおいても、彼は帰国したグランティーたちに対して、教授陣や学生たちと可能なかぎり頻繁に会うように強く求めた。高坂もこのグループに加わり、執筆や講義やゼミでの議論において、人文科学研究における共産主義者の教義の好ましくない影響や、それが自由な教育に対して持っている危険性を指摘した。彼ら四人は、今ではそれぞれの属する学部の学部長となり、米国政府に「雇われ」た「アメリカの操り人形」であるとしばしば攻撃された。全学連のリーダーたちによる弾劾は特に熾烈を極めた。振り返ってみれば、これは彼らにとって重大な過ちであり、大きな名声を博する教授陣への攻撃は、大多数の学生や教授を激怒させることになった。京都大学の左翼がアメリカへの交換訪問に反対していることは明白だったが、その理由は、こうした訪問によって間接的にキャンパスにおける自分たちの立場が弱まってしまうからだった。

ある重要な決定

左翼分子との最終的な対決が起きたのは、一九五五年の夏のことだった。全学連の学生代表者は、大学創立記念日の記念行事を六月一八日かその周辺の日に開催しようと会合を重ねていた。彼らの目的は、左翼哲学を宣伝するための「哲学セミナー」と原爆の放射能の危険性を蒸し返す「医学セミナー」とを実施することにあった。

滝川総長は各学部長を呼び寄せた。重要だったのは、この会合に出席した大多数の者はリーダー・グラントかガリオア・プログラム[*2]によって渡米していたことである。吉川と高坂はこの会合で重要な役割を果たし、全学連の会合への許可を拒絶すべきであると総長に進言した。彼らは、他大学の左翼学生がこの京都での会合を、同年後半に東京で予定されていた全学連の全国集会への立ち上げの機会として利用しようとしていたことに気づいていた。学部長たちは許可を保留するという決定に同意した。

この決定を耳にすると、左翼学生一〇〇名以上が事務棟になだれ込み、総長室の前で座り込みの抗議活動を行った。最終的には、執務室から出ようとした滝川総長がこれらの学生に取り囲まれ、ひどい暴行を受けた。

これは左翼学生たちにとっての二度目の過ちだったのだが、最初の過ちはリーダー・グラントでの渡米から帰国した教授たちに対する糾弾である。一九五五年六月五日、学部長らは投票により学生自治会の解散を決定した。当時USIS神戸の広報・文化交流担当官であったジェローム・ノヴィックはこう書き記している。「学部長たちによってとられた行動が満場一致だったという事実は、京都大学の政策決定者たちが合衆国に近い姿勢であることを示す重要な指標である。もしも学生たちの会合が開催されていたならば、彼らは疑いなくより強力な反米勢力となっていただろう。学生たちの行動に対する教授陣の一致団結した対応は、滝川総長のみならず合衆国に対する支持ともなったのである」。

京都の一般市民は、著名な大学総長が無法な学生たちのなすがままにされたという不快な事実に凍りつき、学部長らの決定を支持した。一年後に、左翼学生たちが再びキャンパスで集会を実施しようとしたが、学部長たちは再び強硬にこれを阻止した。その決定について報じた一九五六年四月二〇日付の『毎日新聞』では、この集会の主要な議題は憲法改正への反対と水爆実験の廃絶であるとし、「どちらも来るべき全国の左翼のメーデー闘争の主要な綱領である」と論評している。*3

今日の全学連

左翼系の学生は支配的な立場を築いていた自治会の解散という敗北を喫していたが、メンバーが一丸となって学生関連事項に影響力を行使し続けていた。今年（一九五九年）初めに総長に選出された平澤興博士と各学部長はその事実を察知して、大学における新たな学生自治組織の再興手続きをゆっくりと進めていた。学生リーダーたちとの長きにわたる交渉ののち、大学当局は教職員や学則、その他のルールを尊重することを条件に、一九五八年九月に新たな学生組織を最終的に承認した。高坂教授が準備委員会の議長に就き、学生自治組織の再建案を作成した。加えて、彼は新たな学生組織のガイダンスとカウンセリングの委員会のメンバーでもあった。その双方において、このリーダー・グランティーの帰国者は、重大な計画段階で強い影響力を持つ地位にいたのである。

平澤総長について補足しておくならば、彼は一九五八年のリーダー・プログラムのグランティーの申し出を受けたのだが、代わりにロックフェラー財団の渡米奨学金を受理することにした。

京都大学におけるアメリカ研究

左翼の影響を減少させることは、京都大学の統合存立を維持するうえで非常に重要なことだったが、一方でアメリカ研究プログラムの設立は、長期的に見ればさらに重要だろう。ここＵＳＩＳ神戸もこの件に関して一定の役割を果たしている。長期間にわたって総長や鍵となる教授陣との日常的な接点を保ってきた歳月を通じて、広報・文化交流担当官とアドバイザーである熊谷氏は、両国間の関係を改善していくために、日本の知識階級が合衆国についてもっと理解することが重要だと指摘してきた。アメリカにおける卓越した研究機関にある地域研究プログラムに相当するアメリカ研究プログラムを持っている大学は、日本には一つもなかった。京都大学が日本中の知識階級から高い評価を得ているという位置づけを考えれば、京都にそのようなプログラムができれば、日本中の研究者コミュニティが影響を受けることになるだろう。

京都においてアメリカ研究への興味を喚起するための努力は、ＵＳＩＳ神戸が渡米させる目的で重要な研究者たちを選ぶことに傾注し始めた一九五二年に遡る。上記のごとく大学で反共の牙城を伸長させていったのに加えて、帰国したリーダー・グランティーや、フルブライト、ガリオア、あるいは民間の奨学金によってアメリカで学んだ彼らの同僚たちが、そのようなプログラム設立の刺激になっていた。

アメリカ研究夏季セミナーは、過去七年間にわたってロックフェラー財団の協力を得て同志社大学と京都大学の共同主催の形で実施されており、よりいっそうの関心を掻き立てることになった。アメリカ人のフルブライターやその他の研究者たちが、ＵＳＩＳの協力のもと、これらの夏季セミナーで多大な貢献をしたことも特記しておくべきであろう。

恒久的なアメリカ研究プログラムを確立するうえでの主要なハードルは、学位に結びつく認定を受けたコースの不足であった。その解決方法としては、大学の複数の学部で専任のポストを設け、学生に対してアメリカ史、アメリカ経済、アメリカ政府、アメリカ社会などに関連した諸コースを共同で提供し、アメリカ研究の統合した主専攻として履修できるようにすることにあった。平澤総長とその前任者である滝川教授は、帰国したリーダー・グランティーたちの協力を得て、それらのポストを認定してもらううえで必要な許可を得るために文部省に赴いたのだった。

その結果、京都大学では今後五年間にわたるアメリカ研究の五つの教授職、すなわち経済学、法学、文学、教育学、人文学の領域でのポストを設立するための許可と財政的支援とを文部省から得ることになった。このうちの二つのポストはすでに確定し、残りのポジションについても相応しい人物が就任するべく選考を待っている状態である。

法学部におけるアメリカ研究の担当には、須貝脩一《しゅういち》教授が就くこととなった。彼はミシガン大学で学んで、当時はハーバード大学の大学院法学研究科に在籍していた。合衆国での研究にあたって、彼はロックフェラー財団、文部省、そして助教授レベルの個人研究に対して年に一人だけ提供されるハーバード大学からの支援を受けている。

アメリカ文学のポストには、フルブライト奨学金によって一九五六年から五七年にかけてイェール大学で学んだ菅泰男教授が就いた。

過去五年にわたってアメリカ研究夏季セミナーを支援したロックフェラー財団は、新たに確立されたアメリカ研究プログラムへの支援にシフトし、優秀な若手教授を研究を進展させるために合衆国へ派遣し、アメリカ研究関係の蔵書コレクションを図書館に構築するために今後三年間で六万ドルの基金を創出した。

このプログラムは総長とアメリカ研究委員会の監督下にあり、委員会の中心人物は帰国したリーダー・グランティーの高坂教授である。

概要コメント

ＵＳＩＳとこの日本の偉大な大学との関係は、非常に例外的なものである。京都アメリカ文化センターのディレクターは、京都大学の教授たちと密接な連携を保っており、彼らが特に必要としているものを提供する点において大変役立ってきた。たとえば、帰国したリーダー・グランティーである経済学部の中谷実は、サミュエルソンの『経済学』[*4]の取り寄せを依頼してきた。その本は、今では経済学部生にとっての必読書となっている。ガリオアのグランティーで法学部教授の田岡良一は、ゼミの学生たちとともに最近のハンガリーに関する国連報告を用いている。堀江教授もまた、経済学部生のためにＵＳＩＳが供給した資料による大規模な参考文献コレクションを確立した。影響力のある教授陣に対するこのような接点とサービスは、今も続けられている。

滝川教授がアテネで一九五五年六月に開催される国際法律委員会の会議からの招待を受諾する前に、ＵＳＩＳ神戸に接触してきて同委員会の資料を求めてきたことも特筆すべきことだった。総長はその会議が共産主義者ばかりでないかどうかを確認したかったのである。ＵＳＩＳ神戸によってそうではないことが確認できたため、彼は参加を決めた。翌一九五六年には、USIS神戸の斡旋により、滝川総長はアジア財団の後援で渡米が可能となった。

京都大学の教授陣は、日本国連協会京都支部の協賛によるセミナーに精力的に貢献してくれた。このセミナーは、USISによってアレンジされ資金が投入されたものだが、USIS自体は表に出ていない。一九五七年に行われた第一回セミナーでは軍縮問題がテーマとして扱われ、近畿、四国、中国地方の全県庁所在地において七カ月間にわたって各三日間の会合が行われた。セミナーの講師陣のなかには、次にあげる京都大学の教授陣が含まれていた。すなわち、この報告書においてすでに言及された田岡教授、猪木教授、木村教授と、原子核物理学者であり湯川秀樹博士の助手である清水栄教授である。これらのなかで猪木と木村はリーダー・プログラムのグランティーである。

民主主義をテーマとして掲げた一九五八年のセミナーには、堀江教授、猪木教授、高坂教授というすでに本報告書で言及した三名の教授、そして京都大学の社会学の教授である臼井二尚《じしょう》が参加している。猪木同様、堀江と高坂もまたリーダー・プログラムのグランティーである。

一九五九年のセミナーについては現在計画段階だが、テーマは今日のソヴィエト・ロシアとなる予定で、猪木教授が講師として含まれる予定である。

過去二年間において、USIS神戸では、京都大学の研究者たちに遠方の主要都市での講演旅行へのサポートを続けてきた。たとえば、高坂教授はアメリカの教育について講演し、堀江教授は学生と教授陣に対してアメリカの経済システムについての議論を行った。猪木教授がソヴィエト経済の弱点について広範にわたる地域で講演をしてきた一方、日本における国際関係を専門とする学部長としてしばしば

郵 便 は が き

料金受取人払郵便

本郷局承認

2347

差出有効期間
2020年3月31日
まで

(切手を貼らずに
お出しください)

113-8790

473

(受取人)

東京都文京区本郷2-27-16 2F

大月書店 行

注文書

裏面に住所・氏名・電話番号を記入の上、このハガキを小社刊行物の注文に利用ください。指定の書店にすぐにお送りします。指定がない場合はブックサービスで直送いたします。その場合は書籍代税込1500円未満は530円、税込1500円以上は230円の送料を書籍代とともに宅配時にお支払いください。

書 名	ご注文冊数
	冊
	冊
	冊
	冊
	冊

指定書店名 (地名・支店名などもご記入下さい)	

ご購読ありがとうございました。今後の出版企画の参考にさせていただきますので、下記アンケートへのご協力をお願いします。

※下の欄の太線で囲まれた部分は必ずご記入くださるようお願いします。

●購入された本のタイトル		
フリガナ お名前		年齢　　歳
電話番号（　　　）　　—	ご職業	
ご住所　〒		

●どちらで購入されましたか。

市町村区　　　　書店

●ご購入になられたきっかけ、この本をお読みになった感想、また大月書店の出版物に対するご意見・ご要望などをお聞かせください。

●どのようなジャンルやテーマに興味をお持ちですか。

●よくお読みになる雑誌・新聞などをお教えください。

●今後、ご希望の方には、小社の図書目録および随時に新刊案内をお送りします。ご希望の方は、下の□に✓をご記入ください。

□ 大月書店からの出版案内を受け取ることを希望します。

●メールマガジン配信希望の方は、大月書店ホームページよりご登録ください。
（登録・配信は無料です）

いただいたご感想は、お名前・ご住所をのぞいて一部紹介させていただく場合があります。他の目的で使用することはございません。このハガキは当社が責任を持って廃棄いたします。ご協力ありがとうございました。

言及されてきた田岡教授は、東西の緊張関係がなくなるまでの間の抑止力政策の必要を強調した（彼らが、自らの意思で、自分たちを招待したグループに会うために喜んで出かけて行ったことについては強調しておくべきだろう。ＵＳＩＳ神戸では、どんなことであれリーダー・プログラムの帰国者たちからの「搾取」の匂いがすることは注意深く避けるようにしてきた）。

この主要な研究機関とは、今後も精力的に仕事をしていくだろう。ＵＳＩＳ東京では、本報告書がＵＳＩＡや国務省に対して、過去数年間でこの主要な研究機関で達成したことに関する知見を提供できればと考えている。個人的に親しい関係、コンスタントにサービスを提供すること、そして危機的だった時期に注意深く計画された長期的なリーダー選出プログラムこそが、この大学のリーダーたちに重要な影響を及ぼしてきたのである。今日、学問の自由に対する左翼の脅威はかなり深刻さを脱した。アメリカから帰国した吉川、堀江、高坂そして大石のような教育者たちは、大学総長の必要に応じて強力な倫理的サポートをした。今日、彼らは現実にリーダーシップを発揮する地位にあり、学問的防壁と、日本における知識階級の統合として自分たちの大学を強化するために働こうと考えている同僚とともに、職務を遂行している。

アメリカ研究プログラムの確立とともに、京都大学との関係が日本と合衆国の双方にとっての最大の利益となる幸福な結果をもたらしていくことを、ＵＳＩＳ神戸は期待している。

ジョージ・Ｍ・ヘルヤー
大使館広報・文化交流カウンセラー

事例報告　2

ラジオ・コメンテイター木内信胤

木内信胤は、一九五五年七月に放送開始された「世界経済の動き」のレギュラー・コメンテイターを務めている。この番組は東京のニッポン放送、大阪の朝日放送を含む民間放送局で好評を博している。「世界経済の動き」は、一九五五年にラジオ課のニュース班によって開始された四つの評論シリーズの一つである。これはアメリカと世界全体の政治、経済、労働問題を扱う一〇分間の評論番組である。番組の聴取ターゲットは知識層と実業界のリーダー層であり、一九五六年四月からは山一證券が東京のニッポン放送と大阪の朝日放送でスポンサーとなっている。山一證券は今年の三月にニッポン放送のスポンサーからは撤退したものの、ニッポン放送では番組を維持している。山一は、大阪の朝日放送への資金提供を続けている。

これらの番組シリーズの目的は、折に触れてアメリカの外交政策を説明することと、専門家（木内）の言葉を通じて、日本人聴取者に対して国際経済と政治の動向についての明確で適切な視点を提供することにある。

木内は、経済は政治と不可分であり、世界の政治状況への洞察力なくしては国際経済の理解は不可能という考えを持っている。国際問題に対するアメリカの政策を理解するためには、左翼思想の影響によってしばしばひどく歪められている聴取者の態度を正すことが必要である。知識階級を含む多くの日本人は、共産主義のことを社会福祉や国家の尊厳を獲得するための手段であると無邪気にみなしており、彼は熱心にその事実を指摘している。

彼の言葉のなかで、シリーズを実施するうえでの喫急なポイントとして次のようなものがあげられている。

1、米国は、一九三〇年代から革命的な変化を経験してきており、今日では左翼が考えているような古い「アメリカ」の概念とは著しく異なっている。

2、米国の途切れぬ成長は、広い国土と豊富な天然資源のみならず、さまざまなシステムや現代技術の応用に起因している。

3、米国の経済的活力は、必然的に世界を改良していく方向に流れており、資本主義は海外に市場を見つけないかぎり自滅せざるをえないという左翼の主張では説明することができない現象となっている。

4、後進諸国によるナショナリズムにはもっともな理由があるにせよ、経済的孤立へと進む彼らの傾向は世界の全体的な傾向に逆行するものである。だが時がたてば、彼らも過ちに気がつくだろう。それらの国々とくっきりとした対照をなすように、ヨーロッパは経済統合へと歩を進めており、その目覚ましい成功は注目に値する。

5、概して、世界は国家間の相互理解に基づき「国際的な分業」へと向かっている。

6、米国は農作物を例外として、経済を自動調整することに成功した。経済分野の調整は世界的なスケールで追求されるべきであり、世界がどの程度その方向へと進んでいくかが将来注目すべき最重要問題である。

7、言及すべきもう一つの問いは、「国際的な分業」体制が世界で追求されていくなかで、後進諸国のナショナリズムがいかに順応していくかである。

8、ソヴィエト陣営との究極の和解は世界の最も重要な課題だが、しばらくの間、ソヴィエト連邦はありとあらゆる方法で自由世界の円滑な成長を妨害しようとするだろう。したがって、後進諸国の平和的発展においては世界的な競争がしばし続くであろう。

9、世界のこうした動きを経済問題としてだけ捉えていたのでは、本当の意味を把握することはできない。世界のどのような国にも、世界中のどこにも「単なる経済的な問題」などというものは実際存在しないのであり、我々はそれらをイデオロギー上の探求として見なければならない。

USISは、全体的な政策ガイダンスと強調すべきアメリカの諸問題の様相を折に触れて〔木内に〕提供し、彼はそれを自身の言葉として表明してきた。

彼は、USISの資料（特に、ワシントンから自動的に送られてきて、学術的・専門的な見地からはさして重要とみなされていないような資料）を頻繁に用いたりはしない。が、顕著な例外としては、「モスクワのヨーロッパ衛星国」と名づけられた、一九五五年一一月刊行の国務省出版物五九一四（ヨーロッパおよびイギリス連邦シリーズ四八）があげられる。彼はこの小冊子を高く評価し、大学教授や研究機関で広く回覧することを提案し、我々は実行した。その他の資料には、『未開発諸国におけるソヴィエトの攻勢』、〔マイケル・〕サピアの『競争的平和共存の経済学』、『ベルリンについてのソヴィエトの覚書――国務省による分析』などが含まれている。

時には、彼が番組のために文章全体の提供や背景的な資料の提供をUSISに求めることもあった。彼は、アメリカ大使館の経済部門とも近しい関係のようである。経済部門のスタッフとの間で、経済や政治問題についての意見交換の機会を持ったと報告されている。

彼は現在、世界経済調査会、日本経済復興協会、太平洋問題調査会といった民間組織においていくつかの役職に就いている。それらとは別に、国鉄の理事を務めている。彼は外務省の顧問を務め、外務省では公式な役職に就いていなかったにもかかわらず、外務省の調査に従事するために、「参与」という肩書で一九五九年の五月と六月に南米、米国、ヨーロッパへ派遣されている。

木内信胤の経歴

名前：木内信胤

職業：世界経済調査会理事長、国鉄理事、太平洋問題調査会専務理事、日本経済復興協会専務理事

生年月日：一八九九年七月三〇日

住所：東京都港区麻布飯倉町六丁目一三

教育：東京大学法学部卒（一九二三年）

一九四五年以後の職歴

一九四五年一〇月、横浜正金銀行の総務課長兼調査課長、行員長のポストを辞任（一九二四年より勤務）。

一九四五年一〇月、大蔵省・参事官兼終戦連絡部長に任命される。一九四六年六月辞任。

一九四七年六月、日本経済復興協会の専務理事に任命される。

一九四九年三月、外国為替管理委員会の委員長に任命される。一九五二年七月辞任。

一九五四年一月、太平洋問題調査会の専務理事に任命される。

一九五五年六月、世界経済調査会の理事長に任命される。

海外渡航歴[*5]

一九四九年一一〜一二月、外国為替管理委員会委員長として、一九五〇年七月に施行される日本の外国為替管理令の進捗状況を説明するために渡米。

一九五一年一〇〜一二月、世界各国の輸出入および財政政策等の概要を学ぶため、英国、フランス、イタリア、スイス、西ドイツ、オランダ、ベルギーおよび米国を歴訪。

一九五三年一月、太平洋問題調査会主催の日米会議の日本代表団としてハワイを訪問。

一九五六年三〜五月、米国、ドイツ、オーストリア、オランダを歴訪。米国では国際教育交流プログラムのグランティーとして、ブルッキングス研究所の経済発展委員会（CED）、全米経済研究所等のような調査機関の運営のあり方を学び、ドイツおよびその周辺国ではそれらの国々の戦後復興を日本と比較する研究を行った。

一九五七年六月、七月、ニューヨークの会議に出席するため米国を訪問。

一九五八年二月、会議に出席するためパキスタン、ビルマ、タイを訪問。

一九五八年七月、八月、九月、カナダやニューヨークでの会議に出席するため米国を訪問。

一九五九年五月、六月、外務省の調査のため南米、米国、ヨーロッパを歴訪。

世界経済調査会

世界経済調査会は、今日では経団連として知られている日本経済連盟会付属の海外経済調査委員会として一九三九年に初めて組織された。二年後には独立した経済調査組織として改組された。初期の目的は、日本と近しい関係にある諸国の経済を学び、外国資本の紹介を促進することにあった。当時は、難しい局面にあった日米関係を改善することに重きが置かれていた。しかしながら、続いて起こった国際情勢の変化によって、世界の経済状況の調査や、地域の調査プロジェクト・会合や会議の主催・本の出版といった数多のプロジェクトを通じての一般市民への宣伝へ重点が移っている。

一九五五年六月以降、木内氏はこの研究所で理事長を務めている。現在の特徴と目的は、次のように記述することができるだろう。すなわち、この調査会は私的な財政基盤によって、今日の重要課題に対する客観的でバランスのとれた視点を形成するべく、日本の財界および大学人を含む知識階級グループを援助するための調査・意見形成の組織である。

事例報告 3

原　勝——新国民外交調査会主宰者

一九五四年に彼が初めてＵＳＩＳに接触してきたとき、今では廃刊となった日本の代表的な左翼系雑誌である『改造』の編集長を三年ほど務めていた。極左の編集者たちや、彼が望ましいと考えていたよりもずっと左翼的な方針で雑誌を維持しようとしていたらしい発行人と対立し、彼は一九五五年初めに辞任することになった。

原氏はその時点で、ジャーナリスト、外交問題アナリスト、オーガナイザー、広報の専門家として約二五年もの充実した経歴を持っていた。彼は一六歳のときにクリスチャンとなり、アメリカ人宣教師の援助で中国を訪れて勉強し、駐中国日本大使の私設秘書を務め、戦前に外務省の支援を受けて行われていた日本の若者向けの情報教育プログラムを指揮した。これに加えて大日本言論報国会のメンバーだったことで、一九四六年に公職追放処分を受けている。[*6] そのキャリアを通じて彼はフリーランスのライターとして定期的に活発に仕事をしてきたので、『改造』の編集者の立場で知り合った日本を代表する知識人や社会評論家との交流もあり、USISジャパンとしては非常に効果的に利用することができた。

原氏が代表を務める調査会は、当時日本商工会議所の会頭であり、現在は日本の外務大臣を務める藤山愛一郎の支援によって一九五四年に組織された。この組織は、「日本の一般大衆に対して世界情勢への理解を促進させ、そのうえで民主主義と自由主義に基づいた諸外国との友好協力関係を目指していく目的」で創設された。その目的のために、調査会は後援会や小中規模の討論集会を開催し、国際関係についての定期刊行物やパンフレットを発行してきた。

原氏が最初にUSISに接触してきたとき、『改造』に載せる左翼の寄稿文とのバランスを図る目的でアメリカの記事を転載することに、主たる関心を示していた。しかし、原氏とUSIS東京のスタッフとの間に友情と尊敬の念が育まれた結果、USISと新国民外交調査会との効果的な協力関係へと発展したのである。

原氏はＵＳＩＳに対し、以下の点で調査会に協力してほしい旨の提案をした。すなわち、調査会は適切な視点によって尊敬されるライターや評論家が大都市や地方の新聞に政治的なエッセイを掲載するようにする予定である。特にＵＳＩＳから提供される資料に基づき、書き手は国際問題に関する記事をわかりやすい言葉で執筆する。調査会はその記事を全国の新聞社に無料で配信し、記事として誌面に掲載してもらうよう要請する。調査会の書き手たちには評論家、新聞記者、著述家、政治的指導者、実業家が含まれ、彼らの多くは非常に多くの支持者を持っている。調査会ではまた、著名な人物を招いて主要メンバーとの間で議論する機会を設け、それを座談会参加者の名前とともに記事として出版していく予定である。それらの出版物は日本国中の新聞社に送付されるのみならず、労働組合などを含む情報・教育的なさまざまな組織に送られる。

こうした計画への要望とＵＳＩＳによる活動支援が合致して、調査会は週二回発行のニュースレターを発行することができるようになり、現在では一〇〇以上もの新聞社と、調査会とその活動を支える一〇〇〇人もの広報担当者や支持者たちに送られている。尊敬される専門家や知識人を招いての節度ある路線での意見交換という形式が成功し、調査会は今では次のような新たな活動にも着手するようになった。すなわち、月報の出版、外交関係の季刊誌発行、月刊の国際問題調査報告の発行、不定期のパンフレット類の発行、調査会の支部と日本国中の会員新聞社が主催する講演会の開催などである。

年額五〇〇〇ドルをＵＳＩＳが出資しているが、この調査会のプログラム全体による効果や、日本の世論形成者である影響力のある知識人たちに対し、アメリカからの資料を直接提供できる経路をＵＳＩＳが持つという機会の意義と比較すれば、わずかな出費だろう。

調査会による活動の報告は以下のようなものである。[*7]

新国民外交調査会、一九五九年九月

1、以下に記す目的のために民間組織として一九五三年九月に設立されて以来、調査会では大学教授、評論家、著述家、さまざまな新聞社の論説委員らの協力のもと、全国規模での講演、出版、討議集会の活動を行ってきた。

2、調査会の目的は、国際問題についての理解促進、一部の一般大衆に対する国内問題に関する洞察力の涵養、そのうえで民主主義と自由の原則に基づいて諸外国との友好協力関係を強化していくことである。

調査会によって支援されたさまざまな会合には、次のようなものがある。

(1)外務大臣が出席した国民サロン。藤山氏の政治活動開始を記念して、著述家、評論家、財界人の参加を得て一九五三年八月に開始された。月例の会合として始まったが、現在は隔月で行われている。

(2)外務政務次官との会合。不定期で実施。

(3)外務大臣と評論家の会合。不定期で実施。

(4)外交官たちとの会合。不定期で実施。

(5)講演会。一九五五年から現在までの間に、日本国中の主要な都市において計六〇回以上もの講演会が催された。多岐にわたる主題の講師陣は以下のとおり。

(a)横田喜三郎博士。東京大学名誉教授。国際法。国連国際法委員会メンバー。

(b)大宅壮一氏。評論家(政治経済問題について毎月四〇もの記事を書き、数多くのテレビ、ラジオ番組に出演している第一人者)。

(c)阿部眞之助氏。評論家(政治分野の第一人者)。

(d)細川隆元氏。評論家(政治・外交分野)。

(e)小汀利得《おばりとく》氏。評論家(経済・政治分野)。

(f)原勝氏。

(g)井上靖氏。作家(元ジャーナリスト。日本で十指に入る一人)。

(h)尾崎士郎氏。作家(日本で十指に入る一人)。

(i)森田たま氏。作家(年配の人に人気がある)。

(j)河盛好蔵氏。大学教授(フランス文学。東京教育大学)。

(k)円地文子氏。作家(アジア基金の招待で渡米歴あり)。

(l)岩淵辰雄氏。評論家(政治分野)。

(m)谷川徹三氏。哲学者。法政大学教授。

(n)今東光氏。作家、僧侶(評論家としても大変人気がある)。

(o)火野葦平氏。作家(日本で十指に入る一人)。

(p)三宅艶子氏。作家(社会問題についての評論家としても活動)。

(q) 美濃部亮吉氏。東京教育大学教授（経済学）。
(r) 檀一雄氏。作家（アジア財団の招待で渡米歴あり）。
(s) 猪木正道氏。京都大学教授（政治史、社会学。評論家としても活動）。
(t) 御手洗辰雄氏。評論家（政治分野）。
(u) 坂西志保氏。評論家（多くの合衆国の書籍の翻訳者でもある）。
(v) 大平善梧博士。一橋大学教授（国際法）。評論家としても活動。
(w) 林健太郎博士。歴史学者。東京大学（西洋史。評論家としても活動）。
(x) 和歌森太郎博士。歴史学者。東京教育大学（日本史）。
(y) 中村誠太郎博士。物理学者。東京大学。
(z) 臼井吉見氏。評論家（日本で十指に入る一人）。
(A) 原田三夫氏。科学評論家（日本航空学会会長）。
(B) 山本健吉氏。評論家（文学）。
(C) 西村熊雄氏。外務省・元条約局長。
(D) 山本登博士。経済学者。慶応義塾大学。
(E) 福田恆存《つねあり》氏。評論家、作家、劇作家（「平和論の進め方についての疑問」[*8]を展開）。
(F) 山崎豊子氏。作家（新進気鋭の作家）。
(G) 高橋義孝博士。九州大学教授。ドイツ文学（人気評論家でもある）。
(H) 板垣與一博士。一橋大学教授（経済学）。

（I）式場隆三郎博士。精神科医・評論家（絵画）。

（J）石垣綾子氏。批評家（二〇年におよぶ合衆国滞在から帰国。かつては非常に反米的だったが転向した）。

以上全員が大変よく知られている。このうちの何人か、たとえば和歌森教授や石垣氏は親米的ではないが、巧妙に利用されている。彼らは政治や国際情勢について語るために招かれたのではなく、聴衆を惹きつけるためにその知名度が利用されたのだ。

テレビ、ラジオ、新聞、雑誌といったマス・コミュニケーションの渦のなかで、そのことについて知り理解すべき重要な問題を心で吟味することが、日々の生活や活動においてますます重要になってきている。同時にまた、自身を文化的に洗練させていくことで社会、国家、世界を改善し、より良き生活が可能となる。この点において、講演会は非常に大きな貢献をしている。それこそが、本調査会が毎年政治状況や文化についての講演会を全国規模で展開し、一般大衆に対して無料で開放している理由なのである。

全国に展開している我々の講演会は、学生や若者、女性、一部の中産階級の人びとにとっての圧倒的な関心対象となっており、各都市の講演開場は扉までびっしりの観客で埋め尽くされている。

講演会における共同主催者（一九五四〜五九年四月）

北海道：北海道新聞、札幌商工会議所、北海道青年商工会議所

東北地方：河北新報、山形新聞、福島民報、仙台・山形・福島の各商工会議所

関東地方：読売新聞、産経新聞、茨城新聞、下野新聞、上毛新聞、日本商工会議所、東京・千葉・水戸・宇都宮・前橋・小田原の各商工会議所、東京青年商工会議所
中部地方：中部日本新聞、静岡新聞、信濃毎日新聞、山梨日日新聞、名古屋・一宮・四日市・浜松・岡崎・大垣・岐阜・静岡の各商工会議所
北陸地方：北国新聞、金沢・福井・富山の各商工会議所、富山青年商工会議所
近畿地方：毎日新聞、京都新聞、神戸新聞、大阪・京都・和歌山・堺・奈良・神戸の各商工会議所、大阪・京都・堺・布施の各青年商工会議所
中国地方：山陽新聞、中国新聞、広島・岡山の各商工会議所
四国地方：愛媛新聞、高知新聞、四国新聞、徳島新聞、八幡浜・徳島・高松の各商工会議所、松山・八幡浜の各青年商工会議所
九州地方：西日本新聞、福岡・八幡・長崎の各商工会議所

出版活動：
1、『世界新潮』――毎週水曜と土曜に発行されるニュースレター。世界政治の現状と文化関連の批評。
2、『外交関係報告』――国際問題に関する月刊報告。たとえば、日本の防衛問題とアメリカ関係、ダライ・ラマをめぐるチベット問題、フルシチョフ体制の現状と分析、など。
3、『外交季刊』――世界政治、外交問題、経済、文化についての季刊学術誌。
編集委員会：

横田喜三郎博士（国際法）
谷川徹三博士[*9]（哲学）
中山伊知郎博士。元一橋大学学長。中央労働委員会委員長（経済学）
入江啓四郎博士[*10]。愛知大学教授（国際法）
板垣與一博士[*11]。一橋大学教授（経済学）
山本登博士。慶応義塾大学教授（経済学）
堀江薫雄《しげお》氏。評論家。東京銀行頭取（経済学）
高野雄一博士[*12]。東京大学教授（国際法）
原勝氏。新国民外交調査会主宰者

4、パンフレット——世界の特に重要な出来事に関する不定期での出版

事例報告　4

大井　篤——軍事評論家

大井氏は五六歳になる元大日本帝国海軍大佐で、日本の再軍備をサポートする活動の結果として一九五三年に初めてＵＳＩＳジャパンとの接点を持った。大井氏の経歴には、一九三〇年代初めに将来有望な若手将校たちを海外で研修・視察させた日本政府のプログラムの一環として合衆国の大学で二年間学んだ経験が含まれる。終戦直後の時期、軍隊での同僚のほとんど全員がそうだったように、大井氏の関

心は日本の軍国主義の行き過ぎと失敗の結果として傷つけられた軍事科学に向かった。

大井氏や彼と同じく先見の明を持っていた少数の元将校たちのグループは、軍事研究と評論とで戦後の日本で生計を立てようとしたが、情報資料がないことと世間一般の軍国主義に対する反感とによって、その努力が報われることはほとんどなかった。日本の防衛力の必要性が認識される前は、彼らにできることは、辛うじて生き延びた非公式の軍事問題研究グループでの意見や視点の交換に限られていた。アメリカの政策変更と日本の再軍備プログラムの開始にともなって、大井氏は日本の防衛力の再建に対する知識豊富で責任のある提案者の一人という評判を勝ち取ることになった。

一九五三年初めに、再軍備を支持する小さな出版物の編集者に指名されたのに続き、大井氏は国際政治や軍事開発に関する情報を入手しようとUSISジャパンに接触してきた。数カ月後に雑誌が失敗に終わると、しばらくの間は国会議員になっていた旧大日本帝国海軍の二人の上級将校の援助を得て、軍事調査とパンフレットの執筆のみに傾注していた。

上記の二人を含めた国会議員との面識と、それにより自分の考察を表明する機会を得たことで、一九五五年までに権威ある軍事評論家という存在の必要性を明確に認識し始めた編集者や出版社から、徐々に大井氏は注目されるようになった。USISジャパンにとって大井氏は、日本の名のある新聞・雑誌に頻繁に寄稿している極左の書き手に対し、軍事問題に関する対抗勢力となる人物として位置づけられる。

当初USISジャパンでは、大井氏への援助を軍事関係や政治・軍事問題に関する専門的な本や文書の提供だけにとどめていた。こうした情報源に含まれる事実や考え方は大井氏が執筆した記事のなかでしばしば言及されていたが、USISが支援したことでの一番の効果は、彼自身やこの分野の仕事仲間にとって比較的新しい軍事概念や出来事に関して大井氏を啓蒙したことだろう。

一九五八年の半ばまでには、大井氏は軍事評論の分野で傑出した存在になっており、彼に続く日本の軍事評論家や科学者を育成していた。そのときのUSISによる微々たる財政的支援によって、大井氏は九人の軍事評論家で構成される学習・議論のグループを組織しており、その全員が軍事や関連問題について日常的に執筆したり寄稿したりしていた。その会合のメンバーには、日本の主要な新聞の編集スタッフ、防衛庁の役人、軍事問題に関連する日本政府の他の部局の者たちが含まれていた。

このUSISのプロジェクトの効果の度合は、おそらくは大井氏と繋がりのある最も有能な評論家二、三名の名前が、大井氏同様に、四年前にはほぼ独占状態にあった左翼系コメンテイターたちよりもずっと頻繁に聞かれるという事実で測れるだろう。

事例報告　5

第一回国連セミナー　トピック——軍縮（一九五八年一月七日付USIS東京特報第六六号からの抜粋）

I　イントロダクション

USIS神戸の「軍縮セミナー」シリーズは、特定の限られた目的を達成するためだけに企画されたものとはかけ離れたプロジェクトである。これは、日本の知識人グループが過去何年もの間、東西交渉においてソヴィエト連邦こそが軍縮交渉における平和希求の王者であるとの、故意に事実を歪めた、あるいは知らず知らずのうちに不正確な情報を一般大衆に提示し続けてきた傾向の正反対をいく大きな試みだったのである。戦後の日本では、中立的な第三極、完全軍縮、核兵器使用禁止といった議論に人びとが夢中になっており、保守的な学者たちは、概して軍縮についての米国の見方に基づいた意見を喋ったり書いたりすることを手控えてきたのだが、そのせいで、公共の場での議論については事実上左翼学者の独占状態となっており、彼らはイデオロギー上の理由からか表面上の平和プロパガンダの奥にある物事の本質を見ようとしてこなかった。そのため、効果的な軍縮の議論を達成することが非常に困難になっていた。

「軍縮セミナー」シリーズは、ほかのオピニオン・リーダーとの対面による公開討論において、責任ある立場の日本の知識人たちがＵＳＩＳの提供した資料に基づく分析で客観的に軍縮問題を検討し、学術上の名声に裏打ちされた独自の結論を表明するよう促すための努力であった。その究極の目的は次のとおりである。すなわち、（１）左翼「エキスパート」たちに対して、それぞれの専門分野における著名なメンバーが毅然とした挑戦を行う。（２）セミナーのアプローチを通じて、米国の政策を後押しする事実についての幅広いメディアの取材の機会を提供する、（３）これまで沈黙を守ってきた保守知識人が、この問題をもっと公に議論することを促す。本報告は、「軍縮セミナー」プロジェクトがこうした長期的な目的に対してかなりの成功を収めたという証拠を提示するものである。

神戸地域のＵＳＩＳにできるかぎりの人的・物的資源が集められ、影響力のある適切な日本人に対して、我々の物語を我々のために、だがそれを彼ら自身の言葉で話すようしむけることに焦点が絞られた。

また彼らが自分たちの一貫性を損わないために、ＵＳＩＳの役割は、単に彼らの講義や原稿にとって必要となる資料を提供すること、適切なスポンサーを用意すること、プロジェクトに資金を提供すること、セミナーへの参加者の選択をすることに限られていた。この冒険的事業の成功は、有能な地元スタッフたちの効果的な活用にすべて起因する。彼らは、常に表に出ないように努めていたアメリカ人担当者、セミナー講師、そして当然ながらこのプロジェクトにおけるＵＳＩＳの存在を、最小限なものにとどめたかったスポンサーとしての国連の担当者らの間の連絡役を務めた。

II　計画

一九五六年の夏の間に行われた、三人の卓越した国際関係の専門家による個別セッションにより、本報告担当者とそのアドバイザーである熊谷直忠にとって、軍縮問題に関する地方の左翼の議論に対して異を唱えていく必要性が大きいことが明らかとなった。京都大学の田岡良一教授と猪木正道教授、神戸大学の尾上正男教授は、日本の中立主義者の立場を助長させ、ソ連を平和の守護者とし、アメリカをすべての中立主義者にとっての敵とする共産主義者たちの心理戦上の攻撃について懸念を表明した。

これらの専門家との議論の最中、日本の大衆に向けたオピニオン・リーダーたちによる講演のために、彼らが軍縮問題と関連のある事実関係のデータをほしがっていることが判明した。田岡は、国際関係において特に問題となっている分野を引き合いに出し、ＵＳＩＳ神戸が戦後以来の東西関係全般における我々の立場を明確にするような情報源になるのかどうかを知りたがった。尾上の意見は、日本の知識人はあらゆる側面で効果的な軍縮問題を客観的に考えるべきだ、というものである。田岡は、記録とはそれ自体が物語るものであり、いったん事実関係が明らかにされれば、表面的な平和論議によって効果的な軍縮計画の達成が大変困難になっているという根本的な問題を、より多くの日本人が直視できるようになるだろうと結論づけた。

石川芳次郎は国連協会京都支部事務局長を務めており、田岡教授ほかいくつかのセッションの参加者であった。主として国連プログラムへのＵＳＩＳの支援により、石川は日本におけるＵＳＩＳプログラムを大いに評価している。石川は田岡と相談し、予定されている講義のシリーズでは、政治、経済、軍事などあらゆる分野で軍縮問題を集中して扱うものとし、それを「京都国連協会支援」として実施してはどうかと提案し、ＵＳＩＳ神戸が資料を確保し財政的な支援を行えるかと尋ねてきた。〔ＵＳＩＳ〕神戸は、喜んで支援すると返答している。

Ⅲ 参加者

田岡は関西地域で「国際関係専門家の長老」と言われており、セミナーの登壇者を選ぶために国連協会京都支部事務局長の石川とＵＳＩＳアドバイザーの熊谷と面会した。田岡以外のパネリストの顔ぶれは、以下のとおりである。

尾上正男――神戸大学におけるソヴィエト問題の専門家で、戦後の五年間を捕虜としてシベリアで過ごしたのちに帰国して以来、この分野での執筆、講義を精力的に行ってきた。一九五六年にリーダー・グランティーとして合衆国を訪問。京都大学法学部卒業。

猪木正道[*13]――主要な出版物で時事問題についての論考を多数書いており、日本の知識階級において共産主義に対する最強の批判者と目されている。彼は、昨年六月にソヴィエト社会の諸変革についてのオックスフォード・セミナーに参加し、最近、リーダー・グラントによるアメリカ滞在を終えて帰国した。

武内辰治——外交史の分野での仕事で日米両国でよく知られており、アメリカと日本の出版物にしばしば執筆している。彼の著書『日本帝国における戦争と外交』(War and Diplomacy in the Japanese Empire, Doubleday Doran & Company, 1935) は、この分野における最も権威ある仕事の一つである。シカゴ大学を卒業、現在は関西学院大学の教授である。

清水栄——京都大学の核物理学者で、この分野における日本の若手のなかで最も卓越した専門家である。さまざまな国の原子炉調査を終えて、昨年、合衆国とヨーロッパから帰国した彼は、現在、ノーベル賞受賞者である京都大学の湯川秀樹博士の助手を務めている。

嘉納孔《かのうとおる》——田岡教授の弟子。京都大学と神戸大学における軍縮問題調査のパイオニア。国際組織についての専門家。京都大学卒業。

Ⅳ　トピック

パネルのメンバーは、セミナーの準備のために今年初めに集まった。その結果、軍縮についてはさまざまな角度から問題提起されるべきとの決定がなされた（すなわち、東西の緊張、経済的要因、衛星国の取り扱い、など)。軍縮問題の多様な側面を紹介するために、六種類の出版物が準備された。

セミナーのセッションで選択した特別研究の準備のために、パネルのメンバーはＵＳＩＳ神戸の持つ参考資料に大きく依存した。それは単に軍縮に関する米国の立場についてのものだけでなく、国連での軍縮の手続きに関するものにまで及んだ。六種類の出版物を用意するまでの彼らの事前調査は八カ月間に及び、その間資料が提供され続けた。USISに入ってくる資料（すなわち、無線速報、ソヴィエト植民地主義の資料セット、モスクワと衛星国、新経済計画の資料セット、など）が六セット、パネルのメンバー全員に配られた。セミナー期間全体を通じ、USIS図書資料とプレゼンテーションのための材料がパネルメンバーの参照用に注意深く選定された。

今年〔一九五九年〕の五月半ばまでに、六種類の出版物は完成して印刷された。合計で一万八〇〇〇部（それぞれのトピックについて三〇〇〇部ずつ）がセミナーの会合で使用するために準備された。

V　結果

個々のセミナーへの招待は、地域の国連支部が選択を行った。セッションを効果的なものにするため、以下にあげる主要な府県庁所在地においては、参加者数はおおむね五〇名のオピニオン・リーダーを上限とすることとされた。それらの都市は以下のとおり：大阪、京都、神戸、広島、岡山、松江、鳥取、松山、高松、高知、徳島。

参加した聴衆の属性：政府関係者、マスコミ、教育関係者、実業界、労働関係。それぞれのセミナーにおいて、マスコミに記事を執筆できる者に出席してもらうための努力がなされた。教育関係者については、国際関係論や経済学の教授、高等学校の歴史や公民の教諭を最優先とした。労働関係は、日教組の指導者たちに重きを置いた。

昨年六月初旬を皮切りに、計三回のセミナーが約一週間ずつの間隔を空けて各都市で開催された。第一回目：猪木教授と尾上教授。第二回目：田岡教授と嘉納教授。第三回目：清水教授と嘉納教授。オピニオン・リーダーたちは、セミナーの講義と議論で合計一五〜一八時間を各都市で過ごした。

セミナー出席者の動向を調査することで、地域ごとの興味関心がどこにあるのかがよくわかる。あるときなどは最大招待数を超える聴衆を迎え入れる必要があった。聴衆の数が少ないということは一度もなく、招待者の九〇〜九五％が会場に現れた。参加者や講義者の意見によれば、これは驚くべき高率であり、この種の活動では最高の数字だとのことだ。京都の日本国連協会には、セミナーをもう一度やってほしいという要求が寄せられているが、それらは開催都市からだけでなく他の都市からも来ている。たとえば、来週には尾上教授がソヴィエトの衛星国に関するラウンド・テーブル・ディスカッションに参加するために広島を再訪するが、そのセミナーは地元最大の新聞である『中国新聞』の後援で行われるものである。いくつもの地方有力紙が、パンフレットの原稿に基づいた記事の寄稿をパネルメンバーたちに求めている。そうした数限りない要求に応えるため、京都の日本国連協会では追加の活動を行うことを決定した。

すべての地域においてオピニオン・リーダーたちは、自分たちの地元でこれほどのラインナップのセミナーに接したことはなかったとコメントしている。参加者は、情報通の者さえ、ソ連と共産主義に関して自分たちが持っていた知識が、いかに表面的なものにすぎなかったかという事実に強い印象を受けた。ある参加者は、セミナーに言及して次のように語っている。「これまでまったく展望が開けなかった。今までは、本当の事実はジグソーパズルのような形でしか提示されていなかった」。

多くの参加者が、講義全体を通じて一つの非常に重要な結果が達成されるだろうと言っている。すなわち、軍縮が効力を発揮するには、ソヴィエトは平和のことを語るだけではなく、もっとずっと多くのことをなさねばならないという事実を、より多くの日本人が気づくだろう、というのだ。

国連協会京都支部は、パンフレットの増刷希望が増えていることを報告している。当初の一万八〇〇〇部はとっくに配布済みである。六冊の小さな出版物にこれほど多くの重要なことが載っているのは初めてだ、と多くの参加者が報告している。セミナーの重要な副産物は、地方新聞の特集記事のためにそれら六冊の出版物が利用されたことである。

他の都市と同様に、広島で招待されたのは、セミナーでの配布物を他の影響力のある市民に伝達する能力のある者たちである。重視されていたのは何名かの新聞編集者と労働組合のリーダーたちであり、広島地区においては彼らのほとんどが一回も欠かすことなくセミナーに出席したと報告されている。地域で最も大きな労働組合の機関紙の一つは、講義の全概要とパンフレットの全リストを掲載した。軍縮の歴史、とりわけ第二次世界大戦後の歴史が強調された。広島の最大の新聞である『中国新聞』(発行部数約四五万部)の三人の編集委員は、すべての会議に出席してこのセミナーのことを称えた。このセミナー以来、彼らは広島地区で自主講演会を計画し、それにセミナーのデータやパンフレット類を活用している。

中国地方第二の都市である岡山、そして日本海側の県庁所在地である松江と鳥取においても、セミナーの参加者は同じタイプの者たちであった。広島と同様に、地域の反応は非常によかった。この三つの都市のすべてにおいて、地域のリーダーたちが国際関係分野の一流の学者たちと意見交換を行う機会は初めてのことだった。それまで、この分野においては左翼系組織の支援のもとで二、三人の左翼学者が支配的な立場にあった。そうした理由により、この地域の保守的な教育者、新聞記者、役人たちは、このセミナー・シリーズを大変に重要なプロジェクトとして大歓迎したのである。

Ⅵ　センターの公式活動

この地方において、文化センターは単にセミナーの支援活動で効果を発揮してきただけでなく、計画的に軍縮セミナー・プログラムを活用するよう労力を結集した。セミナーの出版物はセンターでしか参照できない資料に言及しており、それらの資料の貸し出しがセンターに要請された。たとえば、嘉納教授のパンフレットでは、軍縮に関する合衆国の立場についての基本文書が、国連の軍縮委員会の公式記録とともにリストアップされていた。

ほとんどの地域において、国連セミナーに参加して刺激を受けた地元の大学教授や新聞記者たちは、国連のパンフレット類のみならずセンターで提供される本や出版物も利用して議論を展開していくようになった。間接的にではあるが、セミナーは国際関係論についての地元の専門家とセンターとの関係をより近いものとしたのである。彼らは、今では地域の日本国連協会の協力を得て、地方レベルで同様のセミナーを企画しようとしている。

Ⅶ　結論

軍縮セミナーは、申し分なくあらゆる期待に応えることができた。これまでに実施されたほかのどんな単独のプロジェクトよりも、このプロジェクトはコミュニケーションの過程で基本的な要素を満足させるものであった。すなわち、我々の資料から自分たちで行った分析をもとに、優秀な保守派の日本人研究者が直に日本のオピニオン・リーダーたちと会い、東西の緊張を背景とした軍縮関係の込み入った質問を客観的に議論する機会を持ったのである。

セミナーは、我々が軍縮について提案している事実や東西緊張の原因に関する我々の解釈を提示する努力とともに続けられた。本報告によって、なぜ軍縮セミナーとコーディネートの努力が、長期計画の結果として達成したことと国家としての目的達成のために利用可能なメディアを使用する計画の好例だと我々が感じているかが示されるだろう。

第二回国連セミナー　トピック――民主主義（一九五九年一月一二日付USIS神戸からUSIS東京宛て報告書からの抜粋）

民主主義がセミナーのテーマであり、以下に概要を述べるとおり、七人の講師が全体のテーマの一側面をそれぞれ扱った。

兵庫県国連協会と神戸市教育委員会の後援のもと、一二月に神戸で開催されたそれぞれのセッションを皮切りに、第二回国連セミナーは日本の南部地域である中国地方、関西地方、四国地方の一三県で日程を終えた。以下に示すのは、講師、参加者、センター長、アドバイザーらの報告から、軍縮を題材とした昨年のセミナーよりも大きな成功を収めたこのセミナーの総括である。

講師

猪木正道――京都大学の公法の教授。民主主義を構造的・政治科学的視点で定義し、合衆国における国内・対外政策を形成するうえで世論の果たす重要性を強調した。

尾上正男――神戸大学の国際法教授。猪木の講義を補足し、ソヴィエトの政治構造に言及、彼らによる民主主義に関する説明の不正確さや、全体主義国家では世論が重要な意味をなさないことを述べた。

堀江保蔵――京都大学の経済史教授。米国の「人民資本主義」について詳細に議論した。

松井七郎――同志社大学の経済学教授。民主的国家における労働力の自由な移動の価値について強調し、米国の労働状況と全体主義国家での非民主主義的な実態とを対照させた。

藤井茂――神戸大学の経済学教授。最近のソヴィエトの対外通商の動きに関して、ソヴィエトの政治戦略と対外通商政策との緊密な関係性を強調し、その真の目的を明らかにしようと試みた。

高坂正顕――京都大学教育学部長。アメリカの民主主義に固有のヒューマニズムを強調し、それとソ連のように全体主義が支配する国家の非人道性とを比較した。

臼井二尚――社会学教授。京都大学。一九四五年以前の日本の封建主義的要素について、真に民主主義的な国家を成立させていくうえでゆっくりとした革命的なプロセスの重要性を強調しつつ論じた。

講師は全員、臼井教授と同様に、過去の日本の出来事や教師の勤務評定や提案された警職法案のような時事問題にしばしば言及することで、観衆が理解しやすいように工夫して講義を行った。特にこれら二つの課題についての議論では、政治的な理由により、文化センターとUSISの存在は、セミナーのスポンサーとしては表には出さないことが重要であると強調された。第一回目のセミナー同様、日本国連協会の支部と県レベルまたは市の教育委員会がスポンサーとなった。当センターは裏方として、その地域の交通手段の確保、パンフレットの配布、宣伝および活動のフォローアップでの支援を行った。

公的な記録ではＵＳＩＳ神戸、より具体的には上級アドバイザーである熊谷直忠氏は、民主主義についての今年のセミナーを計画する際に、国連セミナーの発案者・主催者である日本国連協会京都支部と緊密に連携して働いた。ＵＳＩＳ東京から資金と資料の協力を受けたＵＳＩＳ神戸では、主題を選び、講師陣を選定し、パンフレットを編集・発行し、スケジュールを固めた。ほとんどの点において日本国連協会京都支部は相談を受けたにもかかわらず、職員らはＵＳＩＳ神戸と熊谷氏に責任を押し付けたままだった。

地域の参加者

岡山、広島、鳥取、松江、松山、高松、徳島、高知の県庁所在地の都市では、一週間に一回、七週連続でセミナーが行われた。関西地区においては、京都と神戸では三週間の間に各講義が行われ、大阪では国連協会の支部の要請で三日間の短い期間で実施された。関西での参加者が一セッションあたり約五〇〇名だったのを例外として、すべてのセッションにおける参加者は、平均すると一〇〇名であった。関西での数が少ないのは、大都市のエリアでは参加者がより洗練されていて、他の都市と比べると国内外を視野に入れた質問を講師陣やそのほかの権威ある講師に対して聞く機会が多くあったことを示している。

松山における参加者の内訳は下記のとおりである。

大学教授	14名
自治体職員	60名
マスコミ	4名
教師	18名
ビジネス	10名
その他	3名
合計	109名

その他の都市におけるパーセンテージもおおむね同じであったが、京都府綾部市と〔兵庫県〕神戸市では例外的に社会科系の中学・高校教師の数が多数を占め、大阪では実業界と産業界の調査研究部門の責任者が多数を占めていた。

参加者に関連して、いくつかの事柄を特に言及しておくべきだろう。第一回目と比べると第二回目のセミナーでは、中学・高校教師の参加が増えた。そのほとんどが日教組のメンバーであり、うち何名かは地域における指導者だった。高知、鳥取、京都などいくつかの県においては、教職員組合が全面的な支援と協力を実施していた。こうした参加は、全国レベルにおける組合の左翼的な方針と、教師の能力についての勤務評定をめぐる組合と政府とのせめぎ合いを考慮に入れると非常に重要である。

徳島では、市長の長尾新九郎が役所の全部局長に参加を指示し、彼自身がすべてのセッションで司会を務めた。鳥取と島根では、県の指導主事全員が参加した。香川と岡山では県庁の部課長全員が参加するように業務命令が出された。

アメリカ的な文意では「命令された」聴衆などは、進んで参加した者にとっては受け入れ難いものだが、日本では、県庁や市役所の予算による講演や他のプログラムに、役人が出席したり、させられたりする。こうした場合、自治体の長が職員に対して出席命令を下すというのは、彼にとって国連セミナーが重要であることを示している。

高松では、聴衆に対して特別な配慮がなされた。座席数九〇〇の県の新公会堂で行われた公式の講演は、セミナーに特別に招待された参加者たちが講師陣とディスカッションの時間を持った後に開催されたのである。

他の都市では地元の大学教授らが司会を務め、セミナーを地元との共催という形にした。その地域の指導的な市民による特別講演も、可能であれば計画された。広島では、広島大学学長の森戸達男博士が「日本の民主主義——過去三〇年間の進歩を振り返る」と題した講演を行った。

それぞれの地域でのセミナー初日に先立って、きれいに印刷され箱詰めされた講義のテキストが招待者たちに配付された。三〇〇〇セットが印刷され、それぞれの主催組織に対してはじめに二〇〇セットが配布された。加えて五〇〜六〇セットが連絡用やセミナーに関連するフォローアップの用途で文化センターに送られた。最初の配布がなされると、だいたいすぐに追加セットの要望がきた。さらに三〇〇〇セットが効果的な形で使われうるところだったが、予算の関係で供給されなかった。

重要な議論

セミナーのセッションでは、質疑応答の時間が通常最も充実していた。第一に、質問からわかる特徴は、参加者が講義を注意深く聞き、またテキストを事前に読んでいるということである。第二に、講師のほうは、直近の事例だったために事前に講義の内容としては盛り込めなかったような世界情勢に関連する内容を、質問への答えに盛り込むことができたことである。議論の時間は、パンフレットや公式な講義では扱われないような、しかし民主主義というセミナーのトピックにとって考慮すべき主題——たとえば教師の能力についての勤務評定の議論や、提出された警職法案についてなど——講師と聴衆が話し合う機会にもなった。

議論は、時としてセッションが終了した後も長い時間続けられた。鳥取では、教員組合のリーダーたちが堀江教授と米国の人民資本主義について議論するために、午前二時まで残っていた。松江では、労働組合のリーダーたちが日本の労働運動における共産党の役割についての長時間の議論を猪木教授と繰り広げた。

このセミナーでは、招待者たちが熱心に議論に参加したことが重要である。一九五七年のセミナーでは、質問したり、長時間の議論を講師と交わしたりする者が、わずかしかいなかった。だが、最近終了したセミナーでは、講師の一人が「期待以上だった」と言うほど、議論への参加には改善が見られた。

こうした進展は、特にＵＳＩＳ神戸や日本国連協会にとって満足のいくものであった。なぜなら、公的な議論におけるテクニックを教えたり、より多くの聴衆に対し、彼らのまさに関心事について議論への参加を奨励したりすることが、セミナーの目的の一つであったからだ。こうした理由により、セミナーは地元では「地域のリーダーが議論を学ぶためのセミナー」と謳われて宣伝が行われたのである。

次に引用する事例は、このセミナーがあげた成果の一つである。尼崎市の社会科教師であるシモムラノブタカは、神戸アメリカ文化センターの上級アドバイザー宛ての手紙のなかで、次のように書いている。「もっと多くの人びとにセミナーに参加する機会があればよかったのに、と思います。しかし、参加者が少なかったからこそ、自分にとって興味のある事柄についてたくさんの質問をする勇気を持つことができました。私は社会教育分野で勉強をし、さまざまな問題の原因を探るために日本国中を旅して回りました。このセミナーは私の調査を一つにまとめ、私の考えを遮っていた靄をくっきりと取り去ってくれました。私は将来、ささやかながら国連の仕事を紹介していくお手伝いができれば、と思っています」。

計画と準備

第二回目のセミナーの計画は、京都の日本国連協会のスタッフとの間で昨年〔一九五八年〕初めに議論が開始された。全体のトピックとして「民主主義」が選ばれ、一九五九年のトピックには「今日のソ連」が、そしてその翌年には「人民資本主義」が選ばれた。これらは、三年間の継続的企画となる予定である。次に講師陣が選ばれ、各講義のテーマが割り当てられ、パンフレットの原稿執筆が始まった。

USIS神戸と日本国連協会は、セミナーの主たる対象を地域のリーダーや知識人にすることで合意した。そのことを念頭に置いたうえで、講義が準備され、出版物が作成され、プロジェクト全体が実行された。これは単に始まりであり、彼らがそのテーマについてさらに読み、学び、批判的に接していくよう促しながら、セミナーが彼らの関心を惹きつけることが期待されている。

四月の終わりに、関西地区の三つのセンターのアドバイザーたちが、広報・文化交流担当官と熊谷氏に会い、パンフレットの原稿について議論した。彼らはそれまでに原稿に目を通しており、評価とコメントを行った。熊谷氏はその後講師陣にそれらを戻し、この会合で出された批判に基づいた改訂を求めた。五月と六月の間、熊谷氏は講師陣と個別あるいは合同で頻繁に会い、USIS東京から受けとった資料を彼らに渡してテーマに関する協議を行った。

最終的に、六月には一日限りのセミナーの「予行演習」が、五〇名の公立高校の教師たちの前で行われた。講師陣の全員が参加し、司会は高坂学部長が務めた。教師たちは原稿を読み、その後議論において彼らの批判やコメントが伝えられた。講師陣が一緒に夕食をとるとすぐに四時間の会議が行われ、教師たちから発せられた個々の質問に対して誰がどのように答えるのかが議論された。

二つの会合――四月に行われたセンターのアドバイザーたちとの会合、六月の講師陣による会合――の結果として、講師陣に対する質問のうち八〇％については答えが準備された。参加者は、自分たちの質問に対して正確に、完全に、しかもその分野の権威に答えてもらったことに強い印象を受けたのである。

評価

USIS神戸はセミナーのプロジェクトを長期的な情報活動として考えているので、「効果の証拠」は数えるぐらいしかない。新聞報道では、いくつかの都市では大変評判がよく、その他ではよくなかった。社説での意見に対する影響を評価することは難しい。少なくとも広島においては、社説の執筆者たちがセミナーでのセッションを聞いて影響を受けたことがうかがわれる。センターのディレクターやアドバイザーによれば、社説では講師陣の名前や講義のテーマについてこそ触れてはいないものの、講義によって強調された視点を反映している。

講義を聞いた実業界や産業界のリーダーたちは、費用は自分たちで負担するから自社工場で（セミナーを）もう一度やってほしい、と要望した。たとえば、久保田鉄工[*14]では、六カ所の工場でソヴィエトの共産主義について話してほしいと猪木教授に依頼し、倉敷レイヨン[*15]では彼に岡山工場に来てほしいと依頼している。尾上教授は追加の講義を七回行い、高坂教授も一回行った。それ以外の要望については、講師陣の時間がとれないために断らざるをえなかった。

セミナーが終了したすべての場所では、まだ翌年のセミナーのトピックが発表されていないにもかかわらず、翌年もセミナーを行ってほしいという要望をスポンサー組織が受け取っている。多くの都市では地元の新聞社に共催を依頼した。第一回、第二回のセミナー記録によれば、テーマの選択や講師陣の選定に関し、地元スポンサーと参加者は京都の日本国連協会に対してかなりの信頼を寄せている。国連セミナーは、別の言い方をするならば、客観的で学術的な内容と発表、そして素晴らしい計画と運営であるとの評判を得ることができたのである。

前述のごとく、第二回目のセミナーでは中学・高校の教師たち、とりわけ社会科教師の参加増加が目立った。彼らは、セミナーが主要な対象としていた知識人のなかに含まれる層である。

また、第二回目のセミナーでは議論への参加者が激増し、講師陣、日本国連協会、そしてＵＳＩＳ神戸を喜ばせた。

最後に、その効果に対する間接的な証拠として、日本の近代化の特徴に関する研究に対して、ロックフェラー財団が京都大学に過去一年間で一万ドル以上の寄付をしたことを記しておく。このプロジェクトには、セミナーの講師陣である臼井教授、堀江教授、高坂教授の三名が加わっている。彼らがこのテーマに関心を持っていたのは過去のことだったが、民主主義についてのセミナーに参加することで今後の研究への刺激を受け、ロックフェラー財団からの寄付を受けることに繋がったのである。

今日までの記録が示唆するところによれば、USIS神戸は国連セミナーに投資した時間とお金に対し、良い結果が出つつあるとの十分な確証を得ている。

M・A・バスキン

第三回国連セミナー（一九五九年一月二九日付USIS神戸からUSIS東京宛て報告書からの抜粋）

セミナーの仮タイトルは「ソ連問題研究会」である。講師陣自身は仮タイトルとして「ソヴィエト帝国主義」と呼んでおり、彼らのこのテーマへのアプローチを示唆している。出版物の原稿も書くことになる講師陣の顔ぶれは以下のとおりである。

猪木正道——京都大学の公法の教授。過去二回の国連セミナーでも講師を務めたベテラン。

尾上正男——神戸大学の国際法教授。猪木教授同様に過去二回の国連セミナーに参加。

気賀《けが》健三——慶応義塾大学の経済学教授。ソヴィエトと東欧の経済の専門家。

武藤光朗[*16]——中央大学の哲学教授。東京商科大学出身。彼が特別な関心を寄せる領域は、歴史的・現代的共産主義思想である。

この四名は、いずれもその分野における指導的立場にある研究者であり、講義や執筆が日本でよく知られている。過去にもっと多い講師を招いてパネルを実施したので、今年は講師の人数を四名に限定することとした。よって各都市での講義は、前二年間が六〜七週間だったのに対して、一都市あたり一週間に一回の講義とディスカッションとし四週間で完結するようにした。[*17] セミナーの時間が短くなったことで、参加者の関心が下がらずに議題をカバーすることができ、また自分たちでさらにその議題について勉強するよう促すことが期待できる。

講師数が減った一方で、カバーすべき地域自体はかなり広がった。昨年、一昨年に対象となった地域、すなわち四国地方、中国地方、近畿地方に加えて、今年のセミナーは九州地方、名古屋、金沢[*18]にも行くことになる。つまり、これまでの一三県から一九県に増えている。予算に占める交通費の割合が大きいため、昨年実績よりも多い一〇〇〇〇ドルの予算が計上された。

四名の教授たちは、当オフィスの熊谷直忠氏との間で、個別および合同でテーマに関して議論を行い、誰がどの部分を扱うのかについて合意した。彼らはみなプロジェクト全体に対してとても熱心であり、現在のところ講義の準備と原稿の執筆とに専念している。彼らの調査に必要となる資料については、個別に連絡をとっている。

講義と原稿は第二次世界大戦後の時期に特定しているが、それらと一体化した形で歴史的な背景についても扱われる予定である。個々の講師によって扱われる主要なポイントに関する内容は、以下のとおりである。

経済学の分野では、気賀教授は次の点について扱う。(1)スターリンによる経済力の集中化、(2)スターリンの死後に現れた産業的・経済的変化と新たな権力パターン、(3)アジア諸国における帝国主義の武器としての海外貿易、(4)ソ連、日本、アメリカ合衆国における生活水準の差異、(5)労働者における個人的自由の欠乏。

猪木教授は、ソ連の国内政治を扱うことに特化する。(1)うわべだけ整えたソヴィエトの憲法、(2)スターリン後の共産党、(3)党による独裁者正当化の試みと人びとを誘導/誤導した方針、(4)恐怖によって政府に従わせるような説得。

国際関係論に関しては、尾上教授が以下の点について議論する。(1)スターリンはいかにして衛星国統治を打ち立てたか、(2)ソヴィエト対外政策の変化/無変化、(3)エジプトやフィンランドに見られるような、共産主義による権力・影響力拡張のための中立主義の利用、(4)モスクワと北京の関係。

武藤教授は次のようなトピックを扱う。(1)マルクスとエンゲルスにおけるヒューマニズムの欠乏と、レーニンがいかにして都合よく共産党を操るべくマルクスの教条主義とテクノクラシーを採用したか、(2)レーニンの継承者としてのスターリンはフルシチョフによって手厳しく批判されたが、フルシチョフもまたその教義上の軌跡を追いかけていること、(3)文学と芸術の自由が叫ばれているにもかかわらず共産主義下にあっては学問の自由が欠如していること、(4)衛星国家における共産主義哲学の衝撃、(5)共産主義者にとって「平和」が何を意味するか。

三月末には原稿が用意できる予定であり、前年までのように個別のパンフレットという形ではなく一つにまとめられた本の形で出版される予定である。本の巻頭部分を誰か秀れた日本人に執筆してもらうかどうかについてはまだ決定していない。セミナーの参加者全員と、関心を持つそれ以外の個人に対しては、センターを通じ計五〇〇〇部が印刷され配布されることになっている。

セミナーのセッションは、七月中旬に福岡を皮切りに始められる予定である。スポンサーや講師陣の配置などについての詳細は、まだ決定していない。昨年までのセミナーでスポンサーを務めたところは、今年度もスポンサーになる意向を示している。ほとんどの場合、彼らの希望はその熱心さや経験ゆえにかなえられるであろう。しかし、今年初めて訪問予定の地域では、事前の綿密な準備が必要となるだろう。熊谷氏と、セミナーの親スポンサーである日本国連協会京都支部の事務局長である石川芳次郎[19]氏とで、事前に調整を図るために各都市を訪問する予定である。

国連セミナー——「ソヴィエト帝国主義」

講師陣：

気賀健三博士——慶応義塾大学教授。経済学部。
猪木正道博士[20]——京都大学教授。法学部。
尾上正男博士[21]——神戸大学教授。法学部。
武藤光朗博士[22]——中央大学教授。文学部。

割当：

気賀教授——ソヴィエト経済。

猪木教授――ソヴィエト国内政治。
尾上教授――ソヴィエト対外政策。
武藤教授――ソヴィエトの哲学と文化。
テキスト：
セミナーに先立って、テキストは六月五日前後に各センターへ届けられ、参加者に配布される予定である。
期間：
セミナーは二週間で週に二回、計四回で構成される（スケジュール参照）。
スポンサー：
地元の日本国連協会、新聞社、大学など、適当なあらゆる組織・機関。
参加者：
小中学校の教師、大学の教員、自治体職員、労働組合の幹部、新聞社の経営陣、市民のリーダーたち。
このセミナーへの参加は招待者のみとなる。参加者の人数はおおむね五〇～一〇〇名に限定したいと考えている。
講義スケジュール：

福岡	7月20日（月）	7月22日（水）	7月27日（月）	7月29日（水）
	気賀教授	猪木教授	尾上教授	武藤教授

長崎	7月21日（火）	7月23日（木）	7月28日（火）	7月30日（木）
八幡	7月23日（木）	7月25日（土）	7月30日（木）	8月1日（土）
広島	7月24日（金）	7月27日（月）	7月31日（金）	8月3日（月）
松山	7月25日（土）	7月28日（火）	8月1日（土）	8月4日（火）
高松	7月27日（月）	7月30日（木）	8月3日（月）	8月6日（木）
徳島	7月28日（火）	7月31日（金）	8月4日（火）	8月7日（金）
高知	7月29日（水）	8月1日（土）	8月5日（水）	8月8日（土）
松江	8月10日（月）	8月13日（木）	8月17日（月）	8月20日（木）
鳥取	8月11日（火）	8月14日（金）	8月18日（火）	8月21日（金）
岡山	8月12日（水）	8月15日（土）	8月19日（水）	8月22日（土）
大阪	8月14日（金）	8月17日（月）	8月21日（金）	8月24日（月）
神戸	8月15日（土）	8月18日（火）	8月22日（土）	8月25日（火）
京都	8月17日（月）	8月19日（水）	8月24日（月）	8月26日（水）
名古屋	8月18日（火）	8月20日（木）	8月25日（火）	8月27日（木）

国連セミナーの配付物の概要（一九五九年六月四日）

配布物である『ソ連問題』のコピー四部が、最近ＵＳＩＳ東京の審査用に提出された。以下に示すのは、この本を査読した関西地区の三つのセンターの上級アドバイザーたちとともに行った議論に基づいて、報告者の便宜のために作られた内容である。

巻頭言（イントロダクション）：尾上正男（神戸大学法学部教授。国際関係論）

尾上教授は、この本を編纂した理由をあげている。第一に今日のソヴィエトについて全体像を示してくれるような本が日本には一冊もないこと、第二に日本で出されたロシアに関する本は左翼系の学者によって書かれていること。次に彼は、四名の筆者についての短い経歴を紹介している。

第一部「ソヴィエトの考え方と文化」：武藤光朗（中央大学文学部教授。哲学）

著者は、革命以前のロシアとその当時のリベラルな考え方との対立の概要を新生ロシアへの道筋として紹介している。ある学派は、社会主義への平和的な革命を支持していた。マルクス主義者もまた社会主義について語っていたが、暴力による革命が必要だとの考えであった。こちらの学派のほうが勝利を収めた。

文化に関して言えば、共産主義に寄与するもの以外は、芸術も文学もほかのどんな文化も認められなかった。スターリン後に統制がややゆるくなった時期もあったものの、パステルナークの事例[*23]に見られるように常に厳格な管理に逆戻りすることがあった。それでは知識人はいかにして生き残ったのか、また彼らはどんな貢献をなしたのか、と武藤教授は問うた。彼は、現代のロシアにおける本当の研究者は、政治経済問題など少しでも今日と関係のあるテーマを避けて、パステルナークのように過去についての研究に従事することで個人的な誠実さを保とうとしていると示唆した。

ソヴィエトの人間は不幸な人間であり、何のためかわからないことのために変容させられている。技術的な見地から言うと、彼らは一世代のうちに大きく一歩を踏み出したものの、現状では精神的な満足はほとんどない。

著者は、ソヴィエトの教育システムと学校で教えられている事柄についての記述に多くを割いている。これは、セミナーのセッションにおける参加者のうち大きな比重を占める教師・大学教員にとって特に関心のあるところであろう。

第二部「ソヴィエトの経済」：気賀健三（慶応義塾大学教授。経済学）

特に強調せず、単に事実を提示することで、ソヴィエトの経済システムが独創性を抑圧し、消費材に比して資本を強調しすぎ、経済を政治に付随するものとしてしまうことを著者は示している。まず、彼はロシアの経済システムを資本主義と比較し、ソヴィエトが国の経済的生活のあらゆる側面を統制しようとするシステムを概説する。農業、金融および通貨制度についても論じている。ソヴィエト経済の成長を扱う場合、モスクワの統計データを無条件に受け入れてしまうことに対して、気賀教授は警鐘を鳴らす。図表を用いることによって、ソヴィエトがいかに統計データを都合よく解釈しているかを示し、合衆国や日本を含むその他の自由諸国における経済成長と比較し、いかに彼らが拡大解釈してきたかを示して見せた。

労働および労働組合についてのセクションでは、共産主義がいかに労働者を管理責任者と位置づけようとも、賃金労働者であることに変わりはないことを示している。労働組合は労働者たちを守りはしない。組合は、実際には生産性のゴールを維持するための管理の道具にすぎないのだ。

ソ連のめざましい経済成長に関する報告に対する妥当な視座として、ロシア・アメリカ・日本における生活水準の事実比較に重点を置いている。最終的に、武藤教授は、ヨーロッパの衛星国や共産主義中国が新たな七カ年計画[*24]の実現を妨げる深刻な脅威となることを示唆しつつ、ソヴィエト経済の問題点について議論している。

第三部「マルクスとレーニンの政府の諸原則」猪木正道（京都大学教授。法学）

著者は三つの主要なトピックを扱っている。すなわち、マルクスの原則と共産主義、共産党の組織、政府の組織、である。彼の記述のほとんどはすでによく知られてはいるものの、共産党の実態についての彼の議論は、この第三部を特に価値のあるものにしている。政府は党によって独占されており、党員資格については選ばれた少数の者に限られていることを示している。

彼の担当箇所における言葉の定義は、ソヴィエトの専門用語によって混乱させられていた人びとにとって得るところが大きいだろう。彼は、自由世界と比較しながら、民主主義・独裁主義・多数決といった言葉でソヴィエトとの区別をしている。

第四部「ソヴィエトの外交政策の基本原則」：尾上正男

ソヴィエトにとって受容できる理論はたった一つしかなく、それは共産主義が資本主義に打ち勝つのは必然だということである。ロシアの外交政策はこの考え方に由来しており、それゆえに外交政策におけるより伝統的な西洋流の考え方は追求されない。現実の出来事がこの理論と矛盾する場合は、ソヴィエトは「創造的な応用」とか「理論上の発展」と記述して政策を調整することでさりげなく適合させている。

戦争は、反資本主義とか反帝国主義であるかぎり正当化される。戦争は資本主義が打ちのめされるまでは続けられるのである。それゆえに、我々は平和を得るために資本主義を打ち破らなければならない、と共産主義者たちは主張するのだ。

尾上教授は、共産主義者たちの動向のなかで古くからある対立について検討している。すなわち、すべての資本主義国家において同時に革命が行われなければならないとするマルクスによる見方、革命は一国ごとに行われるべきだとするレーニンによる見方である。[*25] 著者によれば、社会主義が自ら資本主義国家にやってくるわけではない、とフルシチョフは確信しているとのことだ。内外からの圧力に後押しされ、初めて達成されるというのである。同時に、このロシア首相は革命を「輸出」することは難しいと認識しており、それゆえに現在のソヴィエトの戦略は、旧植民地エリアにおける個別の動向を支援し、新たに樹立される政権のコントロールを手中に収めるべく試みることなのである。ロシア人たちはそれらの国々の困難な状況を利用して、アメリカの目的が人びとの利益などではなく、帝国主義的な目論見なのではないかという疑念を植え付けようとしている。

ロシアは、それらの地域における左翼的な動向に対し、彼らの国益のために協力しているような振りをしているが、尾上教授が強調するように、実際にはそうした協力は究極の目的である共産主義の母であるロシアを守るためなのだ。どの程度共産主義に傾倒しているかは、ロシアとその政治に対するサポートで測られることになる。

著者は、第二次世界大戦後のスターリン時代とフルシチョフ体制について概観し、新たなロシアの経済攻勢について議論している。彼は、現在の方策や戦略がいかなるものであろうとも、その究極のゴールは世界の共産化だと指摘している。

セミナーの講義はこの原稿に基づいたものとなるが、日本に特に応用できるテーマを掘り下げていくためにはそこから離れるだろう。たとえば、尾上教授はロシアが日米安全保障条約に反対している理由について、一定の時間を割いて論じる予定である。気賀博士は、ロシアの対外経済政策が南西アジアにおける日本の貿易にとって脅威となることを指摘している。彼はまた、日本・ロシア・その他の国々における生活水準の違いについて、さらなる比較を示して見せるだろう。

この本とセミナーとは、単独でも両方でもロシアの全体像を示し、共産主義思想がいかにロシアの生活全般を支配しているのかについての視点を与えるようデザインされている。講義と議論は、本で書かれた内容よりも、日本に関わる問題をより直接的に扱うことになるだろう。

本の原稿の役に立つ付録としては、以下のものがある。（1）ロシアの拡張を示す地図、（2）ロシアの憲法の条文、（3）一九四五年以降のソヴィエトの国内／対外問題に関する年表、である。

M・A・バスキン

事例報告　6

関嘉彦（東京都立大学教授、社会党右派のアドバイザー）

以下に示す事例は、日本の知識人との個人的な協力関係を深めることができた事例である。

一九五五年の夏、新たに赴任したＵＳＩＳの担当者が東京郊外の民間賃貸アパートに居住することになった。七月中旬のお盆祭りにおいて、彼は一人の日本人の見物人からためらいがちな英語で話しかけられた。曰く「私は近所に住む者ですが、英会話の練習をしたいので一度お宅へお邪魔してもよろしいでしょうか」。

二日もしないうちにその日本人は彼の家の玄関を訪れた。練習のための会話のなかで、彼が東京の主要な大学の政治経済の教授であることがわかった。彼は日本社会党右派の理論的アドバイザーでもあることが、のちに判明した。

一九五五年の秋を通じて、二人は一週間に三日の頻度で会っていた。会話は必然的に政治や経済の理論、国内政治、国際関係などの議論へと歩を進めた。その教授がフェビアン主義の流れを汲む確信的な民主社会主義者であることが次第に明らかとなったが、社会主義者としてはどこか民主主義的であった。彼は一党独裁主義には心底反対しており、日本人を民主主義の原則のもとで教育していくことに真剣に取り組んでいた。「日本人は民主主義的な伝統がない」のでその仕事は難しい、と彼はしょっちゅうこぼしていた。

互いの自信と信頼とが醸成されたちょうどこの時期に、右派と左派とに分断されていた日本社会党が再統一を決定した。統一のための綱領の草案を書いたのはこの教授であり、のちには彼の論考を含む統一についての本も編集された。続く数週間の間、二人は英語の練習のためにその綱領と彼の論考の英訳を進めた。そのＵＳＩＳの担当者は、教授が社会主義を通じて日本のために熱望しているものは、進化した資本主義によって合衆国が達成したものだ、と反論した。教授はなおも、長い封建的な階級制度が続いたせいで、日本ではそういった結果を得るのは社会主義を通じてでしかありえない、と主張した。どちらにせよ、彼はこの問題について民主主義的なアプローチで啓蒙していくのが自分の役割であると考えていた。二人がお互いを転向させることは経済の観点からは不可能だが、民主主義的な原則については考えを同じくしているということを双方とも確認した。

次第に、大使館のほかのスタッフや英国大使館の何人かのスタッフが彼に紹介されるようになった。教授の英会話力は飛躍的に進歩した。紆余曲折を経て、その担当者は教授を合衆国へ派遣するリーダー・グランティーの候補者として推薦し、彼はこれに選ばれた。英国政府もまた、教授と会った担当者の進言をもとに、彼に英国への旅行を申し出たらしく、こちらについても決定を見た。実際には英国への旅のほうが合衆国への旅よりも先に行われた。

この二つの奨学金は如実に効果を発揮した。ちょうどその頃、ソヴィエト同盟科学アカデミー経済研究所による『経済学教科書』の日本語訳が大変な人気を呼んでいた。左翼の読書グループがこの教科書を大量に購入して日本のベストセラーの一つとなっており、どこの家庭でもこの現象の話題で持ちきりだった。教授は、この教科書の背後にあるマルクス主義理論は論破されなければならないと確信していた。二人はその手法について議論した。そして、マルクス主義者の経済理論の誤りを正すような日本の著名な経済学者らによるシンポジウムを、教授が先頭に立って企画することになった。議論の末、これが最善の方策であると合意し、教授は指導的な立場の経済学者たちに手紙を書き、全員が原稿を提出すると、のちに『経済学教科書の問題点』と題された本になった。彼はこれを中央公論社から出版することに成功したのである。スターリン批判のような他の要因が沸き起こったため、この本の効果を測ることは難しい。いずれにしても、『経済学教科書』はベストセラー・リストからも書店の店頭からも急速に消えることになった。

海外からの帰国後、教授は自身が見聞きしてきたことについて多くの記事を執筆した。彼は、USIS担当者の勧めによって、シドニー・フックの『マルクスとマルクス主義者たち——あいまいな遺産』[*26]の翻訳を行って、フックの名前を世間に知らしめた。一九五九年に、日教組を批判し社会党左派に対する共産主義者の侵入を白日のもとに晒したフックの論文が米国内で出版され、日本語にも翻訳されたのだった。

議論は続いた。そのうちに二人は日本の再軍備問題に関心を持った。統一の間、社会党の二派はいずれも強硬に反米・反防衛・反安保の立場だった。資料が集められて、教授に手渡された。それらには次のような点が指摘されていた。

（a）日本が自衛する必要性
（b）侵略の脅威にさらされた防衛力のない国家の歴史
（c）スイスの社会主義者たちの後押しを受けて、スイス政府が最終的に核武装を採用したこと[*27]

一九五九年の春までには、教授はスイスの例を特に指摘しつつ、政府の防衛政策への社会主義者による支援を支持するようになっていた。

現在のところ、日本では中立主義に関する議論が白熱したものとなっている。保守主義者のなかには、中立主義が安保条約の見直しに反対していることに活路を見出す者もいる。だが大衆はそうではない。教授は、今では中立主義の誤った考え方を曝け出すことに傾注し始めている。これは近く明らかになることで、結果はしばらく待たなければならない。

上記の事例は、友好関係の単なる結果にすぎない。それぞれの事例を記述すれば、本報告書がとてつもなく長いものとなってしまう。他の事例はリストにすべきであろう。二人の交流がある間、教授は文化自由会議の日本支部長だった一人の外国人――彼は帰国する直前だったが――と議論し、今では日本文化フォーラム[*28]と名前を変えた会議の事務局長にのちに指名されることになった。二人は、共に会議を進展させるような、オックスフォード（『ソヴィエト社会の変化』）やローズ（『新興国家における民主化』）の翻訳を行っている。統一がなされた日本社会党左派の理論的アドバイザーとの間の激しい論争において、教授は指導的な役割を果たした。主導的なジャーナリストたちに紹介されたことで、この議論は広く宣伝された。米国本土の旅行から戻ったのち、教授は人民資本主義によって形成された[*29]社会的変容について書いたり講義したりした。彼の有効性は明らかであったため在日米国大使館の関心を引き、人民資本主義の調査を深めさせるために奨学金を申し出ようとしたのだが、彼がすでに合衆国へのリーダー・グラントを得ていたためにこれを撤回せざるをえなかった。

事例報告　7

以下に示すのは、USISの日本人職員のうち第5章において特に言及されていなかった者たちの略歴集である。[*30]

豊川良之助、上級広報・文化交流[*31]アドバイザー、アメリカ文化センター（東京）（一九五九年八月～）

一八九五年日本生まれ。一九二一年、ボードイン大学（メイン州）にて学士（政府関係史）、一九二三年、ハーバード・ビジネス・スクールにて経営学修士（海外貿易）を取得。

過去の経歴：一九二三～三八年、毎日新聞社英語版（大阪、東京）、記者。一九三九年、『大陸新報』（上海）、編集者。一九三九～四五年、栄豊貿易会社（上海）、取締役。一九四六～四七年、日本政府内務省警察局渉外係。一九四八年、日本バイク工業（東京）、常務取締役。一九四九～五四年、電通（広告代理店。東京）、顧問。一九五四～五九年、ゲッツ・ブラザース＆カンパニー（サンフランシスコ）東京事務所、支配人アシスタント。

既婚、子ども一人。

所属組織：デルタ・イプシロン（ニューヨーク）、日本工業倶楽部、ライオンズクラブ、上海レクリエーション・クラブ。

豊川氏は、長年にわたって毎日新聞社で記者および編集者として働き、出版業界、政府関係、実業界に精通している。アメリカで教育を受けた彼は合衆国のことをよく理解しているが、仕事上の経験と人脈は完全に日本のものである。円熟した人物で、活力に溢れ、尊敬されている。彼は、それまで仕事で得ていた報酬よりも大幅に報酬が減るにもかかわらず、一九五九年八月に志願して東京のアメリカ文化センターに加わった。

不破　治、上級広報・文化交流アドバイザー、アメリカ文化センター（京都）（一九五九年八月～）

一九二八年、京都帝国大学卒業。政治経済学（経済学士）。

職歴：一九二九～四五年、京都市立中学校教師。一九四五～四七年、京都市指導主事。一九四七～五五年、京都市教育委員会委員長。一九五五～五八年、京都市観光産業課長。一九五八～五九年、京都市海外課長。

既婚、子ども四人。

所属している組織：京都ロータリークラブ

一九三四年および五〇年に渡米し、教育システムを視察。また、五九年には京都市の友好親善使節としてヨーロッパとアメリカを訪問した。

不破氏は、この九月にＵＳＩＳへ加わったばかりだが、最も役立つ日本人職員の一人になることが予想される。京都のアメリカ文化センターでは、学校および大学関係者との人脈を維持拡大していくうえで、トップレベルにして尊敬されるスタッフが必要とされており、彼はこの点を大いに伸長させるだろう。

原野賢二、上級広報・文化交流アドバイザー、アメリカ文化センター（福岡）（一九五四年～）

一九一四年生まれ。一九四一年、早稲田大学卒業（学士）。

職歴：一九四一～四二年、太平洋貿易株式会社（東京）事務員。一九四二～四六年、帝国陸軍の軍属としてマラヤ勤務。一九四七～四九年、中島鉱業株式会社（福岡）嘱託、一九四九～五一年、九州地方民政局専門官、一九五一～五三年、アメリカ領事館（福岡）経済情報提供事務員。

既婚、子ども三人。

所属組織：仏教青年会（Young Men's Buddhist Association カリフォルニア州バークレイ）、西南学院大学OB会（福岡）。

一九一八～三三年に米国に在住。アメリカ市民となった姉妹たちを一九五三～五四年訪問。


ＵＳＩＳジャパン・プログラムにおける原野氏の価値は、彼が四歳から一九歳までカリフォルニアに住んでいたことに由来するところが大きい。彼は、アメリカ市民である親しい親戚を訪ねるために、五年前にアメリカに戻っている。過去一〇年間、アメリカ政府のために働いている。九州地方の日本人にアメリカを紹介する手助けをするうえで、過去二五年間におけるアメリカ人との緊密な協力関係が非常に貴重であったことが証明されている。原野氏は、何名かの上級スタッフよりも年が若いにもかかわらず一四名の地元の従業員スタッフを統括しており、何の支障もなく指揮することに成功している。彼の専門は労働関係であり、その最も重要な仕事として九州の巨大な八幡製鉄所の複雑で非常に数の多い石炭炭鉱に注意を払っている。彼はアメリカ文化センターで労働に関するセミナーを何度も実施しており、友好的な、あるいは友好的とは言えないものも含めて、この地域の労働運動のリーダーたちから信頼と尊敬の念を集めている。明らかに原野氏の仕事は、彼自身にとって特別なものである。なぜなら、彼は現在の給料よりもずっと高額な報酬を約束されたいくつもの仕事を断っているからだ。具体的なＵＳＩＳプログラムのアイデアに対し、福岡のアメリカ文化センターの責任者たちに地域の日本人の反応に関する賢明な助言を与えているという点において、原野氏は特別に役立つ存在となっている。実際のところ、彼はアメリカ指向の人物でありながら、外部からの刺激に対しては徹底的に日本人として振る舞えるのである。こうした人物は、合衆国政府から彼が現在もらっている不十分な給料よりもずっと多くの報酬を得るに値する。

斎藤篤司、上級アドバイザー、映画課（東京）
一九一九年一月三日、東京生まれ。
教育歴：
（ａ）一九三三年までに東京と千葉において小学校と旧制中等学校での教育を終える。
（ｂ）東京外国語学校英語部を卒業。在学中に朝鮮、満洲国、中国、オーストラリアを旅行。
（ｃ）東京のフランス語学校であるアテネ・フランセに三年間通ってフランス語を学び、ラテン語とギリシャ語も少しばかり学ぶ。
（ｄ）ガリオア奨学生試験に合格、クレアモント大学を経て南カリフォルニア大学大学院映画学科を修了する。

（e）ニューヨークおよびワシントンDCにおいて、USIA国際映画サービス局のオリエンテーションに参加する。

個人的背景：

（a）インドおよびその近郊エリアでのドキュメンタリー映画製作では、インド人とイギリス人のプロデューサーや撮影クルーをさまざまな側面からアシストした。その報酬として短期ヨーロッパ旅行をした。

（b）当時の軍事政権の命令により、一年ほど旧逓信省で外国特派員による無線の検閲に従事した。

（c）帝国陸軍の文民諜報官に任命され、東京およびその近郊の戦争捕虜収容所に勤務。諜報官として当時ビルマとインパール地域で戦っていた第五三師団への参加を命じられる。戦時中は軍の任務によって実際上、南アジアのすべての国を訪問。

（d）ビルマ作戦司令部に転属となり、降伏後は一九四六年の本国帰還までの間、ビルマにおいて英国と日本軍との間の主任調整官として働く。

（e）劇映画の製作に関して、シナリオ段階から完成作品の試写に応じるところまで、GHQ民間情報教育局情報課[*32]のアメリカ人担当官とのすべての折衝に対する相談役として、日本の大手映画会社およびその他の独立プロダクションとの間で作品単位での契約を交わす。その期間を通じて、何本かの劇映画の脚本やドキュメンタリー映画の台本を執筆し、何本かは製作や監督も務める。

（f）多種多様な能力で映画製作に従事する傍ら、帝国女子理学専門学校[*33]で英文学、音声学、初級フランス語を講義。

（g）一九四九年、GHQ民間情報教育局の映画演劇課、教育文化映画班に雇われ、五一年に辞職するまでの間、台本および製作全般を統括するアドバイザーとして勤務。その期間を通じて、日本女子大学で現代英国演劇を講義。

（h）アメリカ合衆国での学業を終えて帰国後、一九五二年八月にUSIS東京映画課の映画台本編集者として、最高ランクの日本人従業員の一人の立場で雇われ、現在に至る。

USISにおける職務と責任：

（a）アメリカ人映画担当官の指導のもと、すべての映画台本をあらゆる段階で執筆および監修している。それらには、長編劇映画と独自に製作されるドキュメンタリー（文化）映画の両方の脚本が含まれる。全台本の技術的な質および内容に関して責任を負っている。

（b）IMS[*34]から輸入して日本語版を制作すべき作品の選定、およびUSISのすべての現地製作オリジナル作品の計画に関し、アメリカ人担当官を補助する。

（c）USISの日本での映画産業界における活動に必要となる製作者、製作会社、スタッフ、設備、機材の選定に関し、アメリカ人相談役に対してアドバイスや勧告を行う。

（d）撮影、録音を監督し、映画製作におけるその他の技術面を管理する。

（e）USIS製作か商業的な製作かによらず、台本執筆およびその他の諸段階に必要なあらゆる調査を実施または監督する。

（f）上記の職務と責任を実行するために、台本執筆前調査、ロケーション、インタビュー、映画業界以外の人びととの会合開催などの目的で出張を行う。

（g）映画課長によって与えられたその他のすべての仕事や課題に取り組む。

村山　謙、映画課（東京）製作チーフ

一九一一年一二月二六日、ニューヨーク生まれ。日本国籍。既婚（子どもなし）。

学歴：

初等教育：ニューヨーク市とワシントンDCの公立学校。

高等学校：ウェスタン高等学校（ワシントンDC）

大学：ジョージ・ワシントン大学（ワシントンDC）、芸術学士（一九三三年）。

語学能力：

英語：読む（非常に良い）／書く（非常に良い）／話す（非常に良い）

日本語：読む（普通）／書く（普通）／話す（非常に良い）

職歴：

一九三四〜四六年：同盟通信社（特派員）

一九四六〜四七年：帝産オート株式会社（広報）

一九四七〜四八年：富士産業株式会社（広報）

一九四八〜五二年：GHQ／SCAP民間情報教育局のもとで翻訳者として勤務

一九五二〜現在：USIS（東京）映画課勤務

戦時中の職務：

上海、マニラにて戦地特派員として勤務。合衆国滞在は一九三三年が最後。

現在の仕事：

テレビ、ニュース映画、その他のマスコミを用いて、USIS映画の効果的な活用を促進する。

USIS映画の幅広い使用について中央政府、ならびに地方レベルの担当者との折衝。

映画やニュース映画の映像素材を提供するためにテレビやニュース映画の放送局とほぼ毎日コンタクトをとる日常業務。

テレビ・シリーズ『生きた英語（Living English）』のための英語台本の準備。

地域の視聴覚会議への時折の出席。

商業映画会社や、日本映画製作者連盟、ユニ・ジャパン（日本映画海外普及協会）、教育映画製作者連盟などの映画業界の管理組織との連絡の維持。

USIAに発送する公式報告書や覚書を起草する。

USIS映画の使用に関する評価を管理する。

映画とテレビの両方での使用に適した新たな作品の計画立案を手伝う。

鈴木茂男、広報・文化交流専門家（報道）
　鈴木氏は一九一九年七月一四日、栃木県宇都宮市に生まれた。小学校での六年間の義務教育を終えてのち、一九三四年四月に東京の正則中学校に入学、三八年三月に全課程を修了する。一九三八年四月、東京外国語学校に入学し、スペイン語を専攻、三九年三月まで在籍する。健康を害したため卒業はせずに中退している。

東京外国語学校での学業を断念して自宅にて数カ月療養、快方に向かったのち、東京のポーランド公使館にて事務員として勤務する。だが、ドイツのポーランド侵攻によって東京のポーランド公使館は閉鎖となる。同時期に、戦時中に日本において多くの外国の事業を司っていたスイス公使館がスタッフ拡充を進めており、彼は公認の通訳として雇われて公使館の外国金利部に配属され、一九四五年九月まではその職にあった。

一九四五年一〇月、ＧＨＱの民間検閲部のプレス・出版物課での上級検査官としての職に就くためスイス公使館を退職した。彼の主たる仕事は、東京の主要新聞および共同通信社の日々の記事を事前検閲することであった。

まもなく、四国の松山に新たにオープンした支局へと移動となり、ＮＨＫの地方ラジオ局の放送台本や地元の劇団によって四国で上演されるさまざまな台本を検閲した。ＧＨＱでのこの職は一九四七年五月まで務めた。

その後東京に戻り、英国大使館で職を得て、管理部門の担当官へのアドバイザーとして、またオフィスと国内とで一二〇名ほどいる現地採用従業員を監督する役割で一九五〇年五月まで働いた。一九五〇年七月、彼は『リーダーズ・ダイジェスト』の日本支局における、同誌日本語版の普及副責任者としてスカウトされた。二年後に彼は英語版の普及責任者に昇進し、一九五五年七月までその職にあったが、『リーダーズ・ダイジェスト』の極東責任者だったフィッシャー氏の勧めにより、ＵＳＩＳの報道課での職に就いた。

一九五八年に合衆国に三カ月間滞在し、地元採用従業員向けのオリエンテーション・プログラムを受講した。

鈴木氏は現在、報道担当課長に加えニュースおよび政治アナリストとして勤務している。彼は東京の新聞における影響力のある部署や記者との日々の連絡業務の責任者であり、また全国の新聞との連絡業務のためにしばしば国内出張に従事している。彼の役割は、日本の出版物におけるＵＳＩＳ資料の使用や、厳選した資料の的確な使用で評価されている。緊急かつ重要な事柄を原則として出所不明の形で新聞報道させるうえで、おそらく鈴木氏の右に出る者はいないだろう。彼はまた、翻訳者として職場での連絡業務に従事し、日米間の問題について意見提出の役割も果たしている。

高橋　昇、広報・文化交流専門家（報道）

高橋氏は東京の明治学院で学んだのち、一九二七年にインディアナ州のウォバッシュ大学で学士号を得て、二九年にコロンビア大学で修士号を得た。彼の専門は社会学である。

一九三〇年から四〇年にかけて明治学院で社会学と英語を教えていたが、四〇年に政府が社会学を教えることを禁じたため、その後は英語のみとなった。一九四五年にはしばらくの間生まれ故郷である金沢に戻ったが、その後はＳＣＡＰの仕事に就き、五一年まで民間情報教育局で働いた。

ＳＣＡＰでの仕事は、ＳＣＡＰの指令に基づく学校教科書制作にかかわる翻訳と管理であった。扱っていた教科書は小学校から高等学校までの全学年、またその仕事の延長として、文部省に雇われて現在の教科書検定の仕組みづくりを手伝った。さらに、日本の歴史学の第一人者たちによって書かれた歴史教科書や、社会科を含むその他の標準学校教科書を文部省が編纂する手助けもした。

一九五二年三月から五三年三月にかけて教科書や雑誌の編集・出版を行う広島出版社（the Hiroshima Publishing Company）に勤めていたが、五四年に名古屋でUSISに加わり、五六年に東京に転勤となった。

高橋氏は毎週まとめられている週刊報道用資料（weekly press packet）の作成と配布の責任者であり、その資料は各都道府県のメディアにおいて記事にしてもらうべく日本中のアメリカンセンターに送られている。それ以外の仕事としては、鈴木氏と同様に、出所を明らかにしない形で報道させること、連絡業務、翻訳、意見提出などである。

伊藤拓一

USIS在勤期間は、六年半に及ぶ。一九五三年から五六年にかけての最初の三年間は北海道の文化センターに勤務し、五六年にアメリカ人上司の推薦により現在のポジションに移った。USISスタッフになる前は、北海道庁所在地の公立中学校で英語の教師として一年間働いた。この学校には北海道小樽市にある（国立）小樽商科大学を卒業してすぐに雇われた。大学では二年間の教職課程を履修した。専門は英語であるが、経済学の実習も受けている。

上述したように、大学卒業以来彼の主たる雇い主はUSISである。この時期の職務の多くは、大学で学んだ英語と経済という二つの学問の組み合わせだけでなく、USISの任務の全側面に対して確固たる継続的な関心を要求されるものであった。彼の場合、この関心は日本と米国との共通の利益を追求すべきという信念に基づいている。二つの国に共通した土壌とは、「政治と経済における民主化」という一般的な言葉に要約される（伊藤氏は、自身の主要な関心が民主的な力としての日本国の安定にこそあり、また、戦後の歴史において二国間で同意できない点がいくつかは存在している、と認めている。それでも彼は、日本が民主化への道を選択するかぎりそういった不一致は克服され、日本は民主的であり続けるべきであると信じている）。

だが、現在の二極化した世界において、彼は全体主義と独裁政治の対極としての「西洋民主主義」という大義名分のもとで偉大な利益を享受せざるをえない。そして、その意味では、自由主義諸国間で共通の土壌を構成しているものこそ民主主義である。自由世界の目標への共通した基準の確立、すなわち共産主義に対抗する民主主義の拡大に向けて働くことができるので、彼は現在の職務に心からの関心を寄せている。

伊藤氏はこの単なる「関心」に加え何よりも、自分の職務が満足いく形で達成されるためには、USISの要求に対する確固たる信念、そして自発性が必要だと感じている。彼は、その二つのどちらも有していると明言するが、それが僭越であるとは感じていない。もし彼が自分の特別な能力は何かと問われれば、世界の政治的経済的発展への徹底的な理解、そのような理解を日々の仕事に活用していく適応力、そして我々の職務により達成されるものを正確に評価できる能力だと述べるだろう。こうした能力があるかぎり、彼はどのような追加任務にも喜んで応えていくつもりだ。

伊藤氏に対するスーパーバイザーの報告

「伊藤氏の強味は、適応力と政治的経済的問題への幅広い理解による。彼は良好な日米関係を確実なものとしていくことに自身を捧げており、アメリカ側の視点をよく理解し、どの程度が東洋的心情と相容れるかを認識している。出版課で働くうえで、政治・経済分野の雑誌の編集者たちや友好的な書き手個々人との幅広い関係を構築している」。

後藤優美、広報・文化交流専門家

家族的背景

一九一七年一二月二八日、故・大島正徳の娘として生まれる。大島は当時、東京帝国大学の英米思想の教授で（彼はドイツ哲学が主流だったなかで英米哲学を紹介した最初の学者の一人であった）、のちには米国に本拠地のある世界教育会議のアジア選出の副会長、そして戦後は教育刷新委員会のメンバーとなる。三人いる彼の兄弟のうちの二人はガリオア奨学金を得てアメリカで学び、そのうちの一人は現在ニューヨーク州トロイにあるレンセラー工科大学で共同研究員として働いている。彼女の夫である後藤基巳は中国哲学の研究者である。

教育

東京女子高等師範学校附属高等女学校（お茶の水女学校）卒業後、津田英学塾に入学、三年間の学業期間（一年飛び級）に第三回日米学生会議、第一回日比学生会議に参加し、一九三七年夏にはスタンフォード大学で開催された第四回日米学生会議に五〇名の代表団の一人として派遣された。

職歴

一九三九年四月～四一年八月：外務省管轄の非営利機関である国際学生協会にて日本語を教える。

一九四六年二月〜四八年：極東軍事裁判の検察局文書課で働く。調査員として加わったが、数カ月後には相談役に昇進（最も若く、また唯一の女性であった）。彼女の仕事は、証拠としての価値という観点での日本語文書の精査であり、当時の課長であり現在はスタンフォード大学の教授であるカート・スタイナー氏によれば「緊急性の高い、あるいは特に重要な仕事はすべて彼女に回すことが課内の方針として確立された」。同時に、フランク・タヴナー氏やジョン・フィエリー氏を含む法曹関係者のために、証人予備尋問の通訳も務めた。

一九四八年〜五二年四月：CIEの教育第二課において通訳兼アドバイザーとして働き、アメリカ人スタッフが日本の文部省の役人や大学教授、教師たちとの間で開いた数多くの会議に参加した。CIEと文部省とで共同出資した教育リーダーシップ協会では三つのセッションに参加し、最後は東京教育大学の教授陣の特別な要請で参加した。

一九五二年五月〜現在：USIS東京出版部のFSL8[*35]として仕事を始め、その自発性と成果とによってウィリアム・ハッチンソン部長とクリントン・グリーン報道出版課長それぞれから推薦状をもらい、五三年にはグレード6に昇進、（USISによる）公式のパンフレット類と、出所を明らかにしないパンフレット類の両方の制作の責任者となる。一九五四年にはグレード5に、五八年三月にはグレード4にそれぞれ昇進する。

出版された翻訳書[*36]

ハーバート・フィルブリック著『F・B・I逆スパイ——私は三重生活を送った』世界社、一九五三年

スチュアート・チェイス著『闘争と協調の技術——対人関係の科学的な在り方』緑園選書（緑園書房）、

一九五四年
「働くアメリカの主婦」『朝日新聞』一九五四年四月一三日、一四日。
※これは、USISの資料に基づいたオリジナルの記事である。この記事が出た数カ月後、日本では主婦のパートタイム・ブームが始まった。
「チェコスロバキアからの手紙」『婦人公論』一九五三年九月号。
※これら以外にも、アメリカ人女性や反共産主義に関する署名、無記名の記事を小規模な雑誌に数多く掲載している。

スーパーバイザーのコメント
「後藤夫人は記憶力に秀でており、何か重要な出来事が起こった際の持って生まれた洞察力に恵まれている。彼女は今現在何が起こっているのかを見極めることに優れ、それゆえに、彼女が知己を得ている書き手や編集者たちにアメリカの政策を伝えることができるのである。彼女のことを尊敬し、彼女に対して強い信頼を寄せる幅広い日本人知識人の人脈を持っている」。

金子　登、ラジオ課（東京）情報アシスタント
ジェームズ・C・ヘボン博士によって設立されたミッション・スクールである明治学院英文科を一九二八年に卒業。卒業論文のテーマは、ダンテ・ガブリエル・ロセッティについてであった。卒業後、松竹株式会社の脚本スタジオにて映画の脚本執筆を学ぶ。一九二九年、日本における著名な研究者・民主主義のオピニオン・リーダーにして、アメリカに日本のことを紹介した『武士道』その他の書籍の著者

でもある新渡戸稲造博士の夫人である、メアリー・P・エルキントン・新渡戸の秘書となる。一九三八年に新渡戸夫人が逝去してのち、新興キネマ株式会社でシナリオ執筆に従事するものの、日中戦争勃発によって同社は解散となる。[*37] 同年、日本・日本人・日本語に関連する情報を当時日本占領下にあったアジア地域に頒布するための外務省の付属機関で、高松宮殿下が総裁を務める国際文化振興会（KBS）の理事会筆頭秘書に就任した。第二次世界大戦中は、KBSにおける文化情報業務に専念するために軍事的な事柄からは一切免除されていた。

戦後、GHQの民間情報教育局の放送課に雇われる。その役割は、当時は日本唯一の放送組織だったNHKに指針を与えるアメリカ人の台本および社会番組担当将校を補佐することであり、ドラマ番組の台本チェックや社会・文化・情報番組の企画指導などにも責任を負っていた。また、NHKの脚本家たちに九〇時間にも及ぶ「プロフェッショナル・ラジオ・ライティング」の講義を行った。一九五二年[*38]に占領政策が終了すると、USISのラジオ課に、課長およびラジオ担当官の情報アシスタントとして転属となり、のちに肩書はプログラム・マネージャーへと変更になった。過去数年を通じて、挿話からなる連続物等の形でオリジナルのラジオ・ドラマ一二〇編を執筆し、一三〇編以上の文学作品の翻案を行った。さらに、CIEの映画課のために映画のシナリオも執筆している。

著書：『日本の古いユーモア（Old Japanese Humor）』（英語）、一九四九年、世界情報サービス社。『日本の現代のユーモア（Modern Japanese Humor）』（英語）、一九五五年、世界情報サービス社。『靴をぬいだ小娘――中国小咄』（翻訳）、一九五五年、美和書院。『冗句辞典――鉄のカーテン』（翻訳）、一九五八年、鏡浦書房。『性における笑いの研究――西と東の風流ばなし』一九五九年、光文社。『風流中国夜話』（改訂新版）、一九五九年、高文社。『日本の古いユーモア（Old Japanese Humor）』（再版）、一九五九年、東京ニュースサービス社。『ねェ先生　性についてのゼミナール』一九五九年、光書房。
また、週刊誌の『女性自身』における特約コラム「ティーンエイジャー」での助言回答を担当。彼は一九五九年におけるベストセラー著者の一人である。
現在の職務：
ドキュメンタリー製作の監修。ラジオ課の政策および活動全般に関するラジオ課長への助言。

中居陽子ルーシー、放送番組監修者（東京）
ニュース班が組織された一九五六年三月以来、ニュース番組監修者として仕事をしてきた。実際のところ、ゲスト・コメンテイター、作家、ニュース番組プロデューサー、番組リサーチャー、その他のスタッフによって構成されるニュース班を組織する仕事にも携わっている。新たな解説番組である「外国ニュース論評」、「海外文化ニュースレター」、「アメリカ週間」、「外国経済論評」、「今日の世界」、「今日の話題」、「世界への論評」といったシリーズは、一九五六年七月から今日までに開始された（「外国ニュース論評」、「海外文化ニュースレター」、「アメリカ週間」は継続されず、新たな番組に吸収されたり、新たな構成に置き換えられた）。主要な仕事は、課長の指示のもとで番組の指針を明確にし、個々のシリーズや単独番組の内容を計画していくことである。他の仕事としては、台本の執筆、スタジオでの監督、番組の編集、番組のための調査、番組制作に必要となる種々雑多な連絡業務などがある。
一九四七年に東京女子高等師範学校（お茶の水女子大学）を卒業（専攻は日本文学、副専攻は東洋史）し、東洋英和女学院高等部で六か月間教鞭をとったのち、GHQ／SCAP民間情報教育局の新聞雑誌調査分析課[*39]にて翻訳者の試験官として雇用される。GHQ翻訳通訳部翻訳課に配置転換となり、特別翻訳者として新聞の社説の翻訳分析を行った（一九四八年一〇月～五一年六月）。一九五一年にガリオア奨学生に選ばれ、カリフォルニア州のスタンフォード大学で放送とジャーナリズムを学んだ。その後、自由アジア委員会が運営する自由アジア放送にプランナー／プロデューサーとして雇われ、東京の自由アジア放送が閉鎖される一九五三年六月まで続けた。その後、自由アジア委員会の助力で設立された日本民間放送連盟[*40]の制作課に雇われる（一九五三年七月～五六年三月）。同時に、パートタイムの仕事として「朝日イブニング・ニュース」の翻訳者／ライターとしていくつかのオリジナル記事を執筆した。一九五六年に、日本民間放送連盟の制作課と「朝日イブニング・ニュース」の仕事を両方辞し、ラジオ・テレビ課の職に就いた。大学卒業後すぐに民間情報教育局に勤務して以来、政治、社会、文化の面で日米関係に興味を抱き続け、上智大学国際学部でもこうした問題意識を追求するために米外交史や米国と極東等の関連科目を履修してきた。一九五七年の夏にはワシントンDCへ派遣され、国際放送サービスの日本語デスクとともに、そのエリア向けのVOA日本語番組、VOA英語番組へのアドバイスや提案を三カ月間行った。

影響力のあるオピニオン・リーダーたちとの人脈を築くことは、この仕事を実行していくうえで最も重要な部分の一つであり、各ケースで注意深く長期にわたる調査の末に遂行された。そういった人びとのなかには、USISラジオ番組で役割を担ってもらい、執筆やラジオ出演に際しての背景情報としてUSISの資料を送付する相手が含まれていた。ニュース班が開拓した最初のグループには、木内信胤、高田市太郎、長谷川才次、島田巽、中屋健弌、稲葉秀三、細川隆元、坂西志保、その他多数の者が含まれており、ラジオ課のみならずUSISのほかの課のためにも役割を果たしてくれている。

USISの諸目的を実行していくうえで、その目的と地域での可能性との溝を狭めるべく、そして日本の聴取者からUSISの資料が抵抗なく受け入れられるためにも、現在の地域開発とジャーナリズムの傾向に関する検証を行うことを特に考慮すべきである。この線に沿って、ラジオ・テレビ番組概要報告という分析報告書を企画し、スタートさせた。

齋藤襄治、文化アドバイザー、USIS教育交流課

一九一七年八月二六日生まれ。一九四三年、京都帝国大学卒業(言語学)、同年、高等商船学校で英語教員に任命され二年間務める。一九四六年から五一年にかけてはGHQ／SCAPの民間情報教育局に勤務し、アドバイザーとして日本のさまざまな社会問題についての社会調査の実施、世論データの収集・分析、日本語で書かれた関連文書や書籍の英語への翻訳に従事し、また言語学の専門家として全国識字率調査を企画・実行した。

一九四九年から五一年にかけては横浜のフェリス女学院短期大学で英文学と言語学の非常勤講師を務める。一九五一年に民間情報教育局世論・社会調査課での仕事が廃止されたのにともない、GHQ／SCAPの外交部にアドバイザーとして雇われる。一九五三年、国務省の現地採用職員として採用される。USISのプログラム開発局、広報担当官事務所、USIS調査事務所にて勤務したのち、一九五六年一二月より人物交流課に勤務している。

過去および現在の活動

アメリカ大使館における職務は別として、日本や海外の新聞・雑誌で文学批評の記事の執筆や翻訳に従事している。寄稿した媒体には『朝日新聞』、『読売新聞』、『ジャパン・タイムズ』があり、日本語の短編小説の翻訳は、スタンフォード大学出版発行の *Pacific Spectator,* フィリピン大学出版発行の *Diliman Review,* インドで出版されている *United Asia* といった外国の雑誌に掲載されている。四人の共訳書のうちの一人として出版予定の『現代日本短編小説集』(Anthology of *Modern Japanese Short Stories*) はユネスコ翻訳プログラムのもとで出版される。

書籍

Cat Town(『猫町』):萩原朔太郎による日本語の散文詩の翻訳。[*41] 十字屋書店(東京)、一九四八年。[*42]

Kai no Hi(『貝の火』):宮沢賢治の死後、その短編を編集して編まれた童話集に紹介文と解説を付したもの。ローマ字教育研究所(東京)、一九五一年。

Recollections of Travel(『旅の思い出』):英語の注釈をつけた木版画と詩のコレクション。版画家平塚運一との共作。明治書房(東京)、一九五一年。

Preludes(『前奏曲』):野上彰[*43]の二四編の詩を英訳したもの。東京創元社(東京)、一九五六年。

Works of Kiyoshi Yamashita(『山下清画集』):英語の注釈をつけた絵のコレクション。式場隆三郎との共作。栗原書店(東京)、一九五六年。

Under the Flag of Liberty(『自由の旗の下に』):革命時のハンガリー作家組合機関紙最終号のハンガリー語から日本語への全訳。注釈と紹介文付き(準備中)。

所属している組織
日本言語学会
日本民俗学会
日本ペンクラブ（評議員）

【注】

＊1　京都大学に所属するすべての学生たちによって構成される学生自治会である「同学会」を指す。大学公認の組織であるが、二〇一〇年代に入ってからは二つの組織に分裂し混乱が生じている。

＊2　一九五二年から新たに制度化されたフルブライト・プログラムの前身。一九四九年から五一年にかけて実施された。米国政府のガリオア資金（占領地統治救済資金）の奨学金で、約一一〇〇名の日本人が米国に留学した。

＊3　原文では『毎日新聞』（Mainichi Shinbun）となっているが該当する記事は見当たらなかった。英語版の『The Mainichi』の間違いの可能性もある。

＊4　報告書の原文では Principles of Economics となっているが、時期から見てこれは明らかに一九四八年刊の *Economics: An Introductory Analysis* のことであると考えられる。

＊5　原文では一九五九年となっているが、一九四九年のタイプ・ミスであると思われる。

＊6　原文では the Japanese Patriotic Writers Association となっており、大日本言論報国会のことと推察できるが、原勝がそのメンバーであったかどうかは確認できない。少なくとも原勝はその理事にはなっていないが、理事のなかには事例1に登場した高坂正顕の名も含まれている。

＊7　以下の内容は「パネルDジャパン」と呼ばれる対日洗脳工作に関する機密解除文書10の内容とほぼ同一である。松井道男『〈パネルDジャパン〉秘史』第三書館、二〇一六年、一一一―一一九頁。

＊8　雑誌『中央公論』の一九五四年一二月号に掲載された評論。翌一九五五年一月号に掲載された「ふたたび平和論者に送る」とあわせて、五五年に文藝春秋新社から『平和論に対する疑問』と題して単行本として刊行されている。
＊9　原文で「Dr.」となっているが、当時はまだ博士号を取得していない。
＊10　原文では「Dr.」となっているが間違い。
＊11　原文で「Dr.」となっているが、当時はまだ博士号を取得していない。
＊12　原文で「Dr.」となっているが、当時はまだ博士号を取得していない。
＊13　原文はＩＮＯＫＡとなっているが間違い。
＊14　現・株式会社クボタ。
＊15　現・株式会社クラレ。
＊16　原文では哲朗（Tetsuro）となっているが、光朗の間違いである。また、原文では長崎大学、東京大学出身となっているが、これも東京商科大学（現・一橋大学）の間違い。
＊17　実際には、本書二五五―二五六頁の表に示されているスケジュールだったようである。
＊18　本書二五五―二五六の表には含まれていない。
＊19　原文ではKeisukeとなっているが間違い。第5章、注14参照。
＊20　原文で「Dr.」となっているが、当時はまだ博士号を取得していない。
＊21　原文で「Dr.」となっているが、当時はまだ博士号を取得していない。
＊22　原文で「Dr.」となっているが、当時はまだ博士号を取得していない。
＊23　ボリス・パステルナークは一八九〇年生まれのロシア・ソ連の詩人、小説家。古典文学作品のロシア語への翻訳でも知られる。体制批判を含むとして発禁処分を受けた『ドクトル・ジバゴ』などの作品でノーベル文学賞に

決定されたものの、ソ連側の圧力で辞退させられた。

＊24　一九五六年に始まったソ連の第六次五カ年計画が見直されることとなり、五九年から始まる新たな七カ年計画と切り替えられることが五八年一一月に発表され、翌年二月に正式決定された。

＊25　世界革命論と一国社会主義論を指す。ただし、後者はスターリンによるもので、レーニンは誤り。

＊26　シドニー・フック著、関嘉彦・河上民雄訳『マルクスとマルクス主義者たち――あいまいな遺産』一九五六年、社会思想研究会出版部刊（現代教養文庫）。

＊27　ただし、一九五八年に国民投票で否決されている。

＊28　文化自由会議（The Congress for Cultural Freedom）は一九六七年にＣＩＡによる資金提供が明るみに出たのちに国際文化自由協会（The International Association for Cultural Freedom）と改名している。ここで述べられている日本文化フォーラムの前身の「会議」とは、関嘉彦『私と民主社会主義――天命のままに八十余年』（日本図書刊行会、一九九八年）によれば、「文化自由会議」の日本支部のことと思われ、石原萠記が事務局長を務め、関氏は理事だったとされる。また関嘉彦は民主社会主義研究会議の議長を務めているがそれは一九七〇年以降のことである。

＊29　原文では略称のＵＳＯＭとなっているが、US Overseas Mission のことと推察される。ただしこの場合は日本における在外公館の意味なので在日米国大使館のことと判断した。

＊30　一二名の略歴はフォーマットが必ずしも統一されておらず、それはおそらくマーク・メイがその一二名に対して各自の略歴を提出させたものを用いているからであると考えられる。書き方によって自分のことをどう表現したいのか、何を強調したいのかが表れており、それも情報としてそのまま生かすべきと考えたため、翻訳にあってフォーマットの統一はあえて行わなかった。

＊31　一九五〇年代半ばの日本の主要新聞においては、「Public Affairs Office」のことを「文化交換局」と訳してい

る例もあるが、ここでは現在のアメリカンセンターJAPANでの「Public Affairs」の訳語である「広報・文化交流」に統一した。

＊32 原文ではCivil Information Branchとなっているが、該当するのはInformation Divisionと考えられる。

＊33 現在の東邦大学。

＊34 国務省国際情報文化関係局（Office of International Information and Cultural Affairs：OIC）の下部組織である国際映画部（International Motion Picture Division：IMP）が改組された組織、国際映画サービス局（International Motion Picture Service）のこと。

＊35 当時のUSIS東京その他の組織で日本人が雇用される際の、技量・経験に応じて定められるランク（給与水準のグレード）のことと推察される。

＊36 この二冊の翻訳者名は、いずれも「後藤優」名義となっている。

＊37 実際には、新興キネマは一九四二年まで存続し、日活の製作部門、大都映画と合併する形で大日本映画製作株式会社（大映）となった。

＊38 原文では一九四二年とミスタイプされている。

＊39 原文ではNewspaper and Magazine Survey and Analysis Departmentと記されているが、一九四八年一〇月までの実際の組織名はAnalysis and Research Division（調査分析課）であり、その後四九年七月にPublic Opinion and Sociological Research Division（世論調査課）と変わっている。

＊40 原文ではNational Association of Broadcasters of Japanとなっているが、正確にその英称を持つ組織はなく、一九五一年に設立された日本民間放送連盟の初期の英称である、National Association of Commercial Broadcasters in Japanのことと思われる。

＊41 原文では散文詩とされているが、実際には『猫町』は萩原朔太郎による小説。

＊42　原文は一九四七年となっているが間違い。
＊43　原文では Koyoshi Yamashita と記されているが、明らかに山下清のことである。

付録B　日本の知識人へのインタビューについての報告

一九五九年の七月、八月、九月の間、バートン・E・マーティン教授は、日本の将来、特に日本の国際関係への見方について、日本の一八の大学の三九名の助教授にインタビューした。

この仕事にとりかかる前、マーティン教授は私とともに、インタビューで議論すべきトピックに関して検討した。彼はパイロット版として二人にインタビューを実施し、報告した。それによって得られた材料は、本プロジェクトの遂行を正当化するうえで非常に重要であると判断された。

インタビューは、非公式で自由度の高い形式で行われ、インタビュイーは数多くのトピックについて自身の考えを正直に話すよう奨励された。場合によって日本語のみ、英語のみ、両方のミックス、で実施された。

インタビュイーは全員五〇歳以下で、学術雑誌か一般の主要雑誌・新聞に記事を執筆したことがある。大部分が日本文学または／および英文学の教員である。彼らは四つのタイプの日本の大学を代表している。すなわち、東京大学や京都大学などの旧帝国大学、広島大学などの新制の国公立大学、早稲田大学や慶応義塾大学のような主要な私立大学、立教大学のような宗教系の私立大学である。

インタビューを求めるために以下に示す手紙が送付された。

日本の大学における明日を担う世代の著作者・知識人の皆様

ご承知かとは存じますが、私は大学教授として長年日本におります。私は日本人学生にとっての教師であると同時に、日本について学ぶ者として、この国を学ぶためにできうるかぎりの努力をしてきました。

しばしば、私は自分の知りえた日本のことを西洋に対して記事、講義、放送で可能なかぎり正確に伝えようとしてきました。西洋では、いまだに正しく日本を理解するのが困難です。

それゆえに、私は新たな本のための材料を集めており、それが西洋における日本の理解に寄与することを心から望んでいます。

私は、日本の明日を担う世代の大学知識人であり著作者である方、作家になることを熱望している方たちからの意見を集めています。私は、貴殿が大学で教えており、また貴殿が何か意見や信念を持っていて、貴殿が執筆されたものを通じて読者に意見を届けようとするかぎり、貴殿の専門分野が何であるかは気にかけていません。

本プロジェクトはすでに進行中であり、私は日本国中の大学で可能なかぎり多くの方の声を聴きたいと思っています。

私は、貴殿がありのままの卒直な意見を述べてくださるだろうことを疑いません。

ご意見の背景を知るために、なるべく詳しい経歴を提出していただければ幸いです。

この本のなかで貴殿の名前を記す予定ですが、望まない場合には明記いたしません。

ご協力に心より感謝を申し上げます。

署名／バートン・E・マーティン
早稲田大学教授

インタビューした三九名のうち、二名だけが名前を公表しないよう要求した。そのうちの一人ははじめから「政治的な質問は一切しないでくれ」という態度で、インタビュー中もはぎれが悪く、敵意ある態度が一目瞭然であった。それ以外は全員が大変友好的で協力的であった。彼らは広範囲に及ぶトピックにおいて、自由に、そしてしばしば非常に長く語ってくれた。なかには四時間に及ぶインタビューもあった。

本報告はＵＳＩＳにとって特に関心のあるトピックのみを扱っている。それらはインタビュー後にマーティン教授によってタイプされた概要に基づいている。本報告は世論調査として実施されたものではない。

それぞれのトピックについて、意見の同一性よりもむしろ多様性が報告されている。インタビューの記録から選び取られた逐語的な言及が幅広く用いられている。

Ｉ　マス・メディアへの執筆についての意見

日本の大学教授たちはマス・メディアに二種類の記事を執筆している。一つは科学や文学、その他の学術分野についての一般的な記事。もう一つは現在の政治的事項についての記事である。前者については年長の教授陣からは眉をひそめられるものの、若い世代の多くが行っている。後者はおおむね是認されている。

第二次世界大戦以前は、研究者は概して雑誌や新聞などに何かを書くことに無関心であった。例外もあったが。戦後になるとこうした態度はなくなった。今や、昔の方向性へと逆戻りしていると言われている。

マス・メディアに寄稿しない者は、寄稿する者に対して非常に批判的であると報告されている。これはある意味で負け惜しみである。しかしながら、この態度は、いくらかは、学者とは象牙の塔という小さな王国の王なのであり、その他大勢の集団からは超然として離れ、理解不能ではないにしても理解し難い存在であるべきだという、ドイツの影響による。「学生ですら、不明瞭な講義を認めている」のである。

そうした者のほとんどは年長の世代だが、すべてではなく、とても若い世代も含まれる。若い世代の一人は（事実ではないかもしれないが）「私は学術誌だけに書くことにしている」と語り、別の者は「研究者は自身の研究を続けながら同時に雑誌に書くことはできない」と語った。

雑誌や新聞に一般向けの記事を書く者の何人かは、人びとを教育する手助けをしたいと真摯に思っている。お金のために書く者もいる（ほとんどの大学のあらゆる職階の教員が、借金しないで暮らすために何がしかの内職をしている）。

知識人はマス・メディアで執筆すべきだと信じている者たちは、「もし研究者が研究対象についてよく知っているなら明確に説明することができるでしょうし、そうでないならできないでしょう」と語る。

人びとを教育する手助けをするのは研究者としての義務であり、それゆえにマス・メディアで執筆することは彼の義務の一つだろう。これは、大学と一般人との間のあまり良くない関係——えてして悪い関係という場合も多いが——にとって良いことである。大学の壁は高い。研究者はその壁を壊さなければならない。マス・メディアに寄稿することはこの点で大いに役立つ。

新生日本にとってこれは最も重要なことである。マス・メディアで執筆するべきだと信じる者全員が、このことを強調すべきである。研究者と公衆、大学と地域社会の関係をより良きものとすべきなのだ。

「これは知識人の責任というものです。それを感じる者もいれば感じない者もいます」。

研究者たちは一般人から孤立しすぎている。「彼らはまるで骨董で遊んでいる楽隠居のようなものです」。

「ほとんどの日本人研究者は、マス・コミュニケーションの正しい意味を理解していません」。彼らは「教室で講義を行うことは、ある種のマス・コミュニケーションである」ということにすら気がついていない。

ほとんどの研究者には、マス・メディアに執筆する資質がない。積極的に行いたい者もいるが、彼らはどうすればよいのかわからない。彼らは長い間わかりにくい姿勢をとり続けてきたため、どうすれば明瞭になるのかがわからないのである。彼らに書けるものは、一般的な読者にとってはまったく興味が持てないものである。ジャーナリストはそのような記事は欲していない。

研究者にとって、孤立した学問の壁の世界から脱出してジャーナリズムへと入っていくうえで、最も尊敬に値する方法とは、政治について書くことである。これは自分の同僚が学術的な主題をマス・メディアで書くことに同意しない多くの頑固者にとっても受け入れられる（これは「特に文学やその他の人文科学系の研究者にあてはまる」）。今後は、多くの世事に関心のある大学教員がサイドビジネスとしてジャーナリズムで仕事をするだろう。

一般人は政治に対してほとんど関心がないので、知識人が知識階級としての優位性を見せつけることができる分野である。さらに、大学知識人は、政治的な主題について名誉を失うことなく、実際には名誉を得る形でマス・メディアに寄稿することができる。これに対して、もし彼が自分の研究主題（シェイクスピアなり、ダーウィンなり、モーツァルトなり、カントなり）に関して幅広い読者層が理解できるように一般向けの記事を面白おかしく書いたとすれば、大学での義務を軽視する、研究者の名に値しない者として、眉をひそめられ、無視され、糾弾されるだろう。政治的な主題は、雑誌や新聞に寄稿したい研究者にとって最も尊敬されうるテーマである。そしてそうしたテーマこそが最も需要があるのだ。

しかし、どんな種類のジャーナリズムでも研究者の評判を損ねる可能性は持っている。それは真摯な研究者としての名声を弱め破壊しさえする。ジャーナリスティックな仕事を行った多くの研究者が、もはや研究者仲間の間では尊敬されないという事態に直面している。例外はごくわずかしかいない。R・F教授は例外であり、おそらくは突出した例外であろう。研究と学界における名声を維持しつつ、その素晴らしいスタイルゆえにジャーナリズムの世界においても大きな影響力を持ち続けているのである。

しかしながら、概して知識人はジャーナリストになることに慎重である。彼らは学問の世界での地位を完全に諦めなければならないかもしれず、そのことは、結局はジャーナリズムの世界における名声をも傷つけることになってしまう。たとえば、X教授はある大きな大学（日本有数の大学）の教授であった。彼は発行部数の多いいくつかの雑誌に寄稿し、ジャーナリストとしての相当な名声と相当な数の支持者を得たのだが、大学の同僚たちは彼に非常に居心地の悪い思いをさせ、結局彼は辞任した。そのことで彼のジャーナリストとしての評判もまた下がってしまったのである。

その理由の一つは、編集者の力が強大なことである。編集者は自らの王国の王様だ。研究者の王国とジャーナリストの王国との間には大きな溝がある。

マス・メディアの巨人は「我々〔研究者〕の考えや行動を支配しようとしていますが、我々は独立し、自分のために思考すべきなのです」。

「彼ら〔編集者〕のなかでは楽観主義は多数派ではない」ので、「より悲観的な」研究者たちに雑誌や新聞に寄稿するように頼むことになる。楽観的で「バランスのとれた」書き手たちには寄稿は要請されない。「具合が悪い」のである。

「マス・メディアに政治的なことを書く者は仮面をつけなければいけません」。彼ら〔研究者〕は何がしかの政治的立場をとらなければならない。支持者を得たいのであればそうせざるをえず、またそのことによって「経済的にも成功を収めることができる」のである。

「私には政治的な意見——信念はない、と述べるには知識人として大きな勇気を必要とする」ので、それは「まったく支持されません」。それでは成功しないことは確実だし、したがって余分な収入も得られない。そして、政治的意見など持ち合わせていない、と言えて、なおかつそれ以外の方面で名声を博した者はごくわずかしかいない。

要約すると、インタビューした大学知識人に最も共通していた考え方は、以下のようなものである。

日本の研究者はコミュニケートの仕方を学ばなければならない。教室における講義の仕方だけでなく、教室の外においても。「私は古風で風通しの悪い日本の研究者たちを認めません。彼らは単なる歩く図書館でしかありません」。彼らは「かび臭いだけでなく威張り散らしています」。日本の将来の利益のために変容するか、死に絶えてもらうしかない。彼らは新生日本にとっての障害物なのである。

無関心であったり、孤立していたり、象牙の塔だったりしてはならないのだ。確かに「我々知識人」は「知的な挑戦」が必要で、どんなことが理解され難いのかに関して「説明の難しさも感じています」。それは事実なのだが、「だからと言って、マス・メディアに寄稿するという我々の重要な義務が覆い隠されてしまってはならないでしょう」。

Ⅱ　日本における外国の影響

「アメリカは、今日の日本にとって最も影響力のある国です」。

知識人は、アメリカによる影響は良し悪し、と感じている。完全に良い影響だけだったとか完全に悪い影響だけだったとか言う者はいない。その影響力がどちらかと言うと悪いものだったと言う者（インタビューした者たちのなかではそれはごく少数派だった）であっても、アメリカ的なものや幾人かのアメリカ人に対しては賞賛の言葉があった。一方で、アメリカ信奉者の多くは、批判においても率直だった。

そして、ほとんどの者が日本に対するアメリカの影響の良い点と悪い点を見出していた一方で、さらにそのうちの大多数が、良い点は悪い点よりもずっと多いと言っている。

「政治家のなかには戦後に制定された日本国憲法について今では批判している者がいますが、それは正しくないものなのでしょうか？」

「彼らは、憲法は占領軍に押し付けられた、と主張しています。憲法は押し付けられたものではなく、日本人の経験から生まれたものでもありません。政治家のなかには憲法の条項を変えたいときにこの議論を持ち出してくる者がいます。それはアメリカ人の経験と生活、アメリカの生活の現実的な面から生まれたものです。しかし、アメリカは人間のコミュニティの一部で、日本も同様なのですから、日本がアメリカの経験から大いに学ぶことができないはずはありません。それが本当に日本人の経験の一部になるまでの間は、我々はこれを借りているだけだと考えなければならないでしょう」。

「憲法を本当に自分たちのものにするために、血のなかに取り込まなければなりません」。

「若い世代の法律家は憲法を信じていますが、古い世代がそうであるかは定かではありません」（これは法律の教授の言葉である）。

「あなたの国に対するアメリカの影響は何だと思いますか？」

「我々は米国の影響を消化する過渡期にあります」。「占領の素晴らしさ」のおかげで、日本は多くの「新しい概念――まだ消化しきっておらず、いまだに部分的には新しいもの」を受け取った。日本は今それらのものを消化し、自らのものとする過渡期にある。日本は新しいと思えるもの、日本にとって確実に新しいものを非常にたくさん受け取ったため、それらを消化するのには相応の時間がかかるだろう。「けれども、我々は誓ってそれらを自分のものとします」。

最初は「我々はそういう概念を何の考えもなしに受け取りましたが、今では自分たちで考えています」。

「すべての概念が日本にとってふさわしいものだったのでしょうか？」

「ほとんどのものはそうです。間違いなく！　あるいは、それらが消化されるまでにはそうなるでしょう」。「私にはその過渡期がそう遠くない未来に終わることが見えさえしますが、もちろん、それがいつだ、と言うことは不可能です」。

「私は、日本に適さなかった占領改革を一つあげることができます」。――それは農地解放だ。「資金を持たない小作農にとってあれは良くありませんでした。彼らの土地は地主に戻ってしまうことでしょう」。

その他のあらゆる改革は、全体的にせよ部分的にせよ成功した。なかには、教育改革のようにいまだに調節中のものもある。

「日本における民主主義――それは何ですか？」

「我々の民主主義は表層的なので、まだ十分に根づいたとは言えません。民主主義には、我々の生活がそうであるように独自の歴史と背景があります。多数決は時に専制的なものです。たとえば、五つの時計があってそのうちの一つだけが正確な時を示しているとします。しかし、その時計が少数派だと多数決でほかの時計が正しいということになってしまいます」。

「戦後になって興味深いことがいろいろ起こりました。ＰＴＡ、労働者集会、大学、グラマーな女性、ジャズやその派生物は言うに及ばず、テレビ視聴者、未成年の非行、人事交流、平和攻勢、家族の絆の崩壊、破壊的土地改革、戦争孤児、ＧＩベイビー、学校改革、実験的な何々改革法案、冷凍庫、自動洗濯機、マニキュア、ペディキュア、ドライヤーで髪を乾かすこと、マス・メディア、経済改革等々。それらすべてを消化するには時間がかかるのです」。

「ソヴィエトの日本への影響をどう思いますか？」

日本はソヴィエト連邦の国々、特にロシア自体についてほとんど知らない。「むしろ昔のソヴィエトはよく知っていますが、現在のソヴィエトについてはほとんど何も知りません」。日本に対するその影響がどの程度であるかを見極めることはほとんど不可能だ。

「昔のソヴィエトとは何を意味するのでしょうか？」

「昔のロシアのことを意味しています。たとえば、古きロシア芸術、たとえばロシアの音楽や古典文学が今の日本にどれほど影響を与えたのかについてはみなが知っていることです。その文化的影響力は大きなものです」。

「日本にとって、共産主義のイデオロギー自体はそれほど重要ではありません。我々は自分たちの生活をまず発展させる必要があります」。

「日本に対して最も影響力を持っていたのは昔のロシアです。プーシキンやゴーリキーなどの古典文学のロシアや、音楽、演劇、舞踊などです。それらはとてつもなく大きな影響力を持っています」。

「共産主義化以前のロシアは、共産化したロシアよりも強い影響力を持っています」。

「危険はありません。日本は極端に走ることはありません。この地域は安定しています」。

日本におけるロシア人のターゲット層は二つある。「大衆の支持を得る古いテクニックで、賃金や待遇の改善を謳う労働組合などです。昔ながらの代わり映えしない日本での彼らのターゲットは、ひどく貧しい層ではなく、経済水準で平均より少しだけ上の層です」。

彼らの二つ目の標的は、「必ずしも知識人ではなく、中途半端に教育を受けているインテリの狙い撃ち」である。[*1]

「革新的であることは、日本では特に雑誌を読むインテリの間で受けがよく、そういうものを書く人は人気のある雑誌、とりわけ週刊誌に多く執筆しています」（そういう記事が今では日本で猛威を振るっています）。

「原稿料もいいですし」。


日本におけるロシアの手法は、アメリカと比べて効果的でしょうか？

残念なことに、事実として「ロシア人はアメリカ人よりも日本のことを良く知っています」。つまり、彼らのプロパガンダは（その目的において）アメリカのプロパガンダよりもうまいのである。「彼らは日本人の心理を知っています」。

「我々はともに東洋人なので」は、ロシア人がよく使うスローガンで、ひんぱんに用いられている。

これは大変効果的で、「そしてもちろん、ロシア人は人種的には東洋と西洋の架け橋なのです——逆ですが」——そう、誤りである。

その「文化的な攻勢」において、彼らはとても効果的に「プログラムを選んでいます。日本人の好きそうなものを持ち込んでいるのです。古典ですよ！。日本人が古典を好きなのを知っているので持ち込んでくるのです」。彼らが持ち込むのは、演劇や舞踊や音楽の古典である。

「アメリカ人は、自分たちが自国で素晴らしいと思っているものを持ち込んできます。しかし、ロシア人は日本人が素晴らしいと考えているものを持ち込んできます。大衆にアピールするために。そして、実際に素晴らしくアピールしています」。

ロシアのものとアメリカのものと、二つのバレエを例としてあげたい（どちらも戦後の日本で公演している）。「ロシア人が持ち込んできたものはすべて古典的なバレエでしたが、アメリカ人は新鮮でピカピカに新しいダンスを持ち込んできました。大衆はみな古典的なロシアのバレエに魅惑されましたが、アメリカの新しいバレエには困惑していました」。批評家ではなく大衆は、である。「大衆はアメリカのバレエには惹かれませんでした」。

「米国はこういう点で日本のことをわかっていません」。

（ロシア人の貴族的な芸術が大衆に喜ばれているのだ！）

ロシア人は日本においてそれ以外にもうまくいっているテクニックを持っていますか？

「ロシア人はもう一つのテクニックを持っていて、それは英国人も用いているものです」。

「英国人は日本のことをよく知っています。米国よりもはるかによく知っています。それは英国が自身の経験から学んだことです」。

そのテクニックとは、ロシア人が（そして英国人も）日本人を外国人としてではなく、「自分たちの演目を上演するために」雇い入れ、アドバイスを与え、実際に――演劇や音楽やバレエにおいて――演じさせることである。さらにロシア人は、日本人にどのようなプログラムが観たいのかを尋ねるのだ。

「アメリカ人は自分たちでプログラムを決め、自分たちだけで興行します。彼らは自分たちが好み、日本人も好きだろうと推察したものを持ち込んできます。彼らは自分たちだけでやってしまうのです」。

「ロシア人は興行するうえで日本人の専門家を雇い、どのように上演すべきかを説明します。その結果、日本の大衆にアピールするのです」。

日本はロシアを高く評価はしないのですか？

「ロシアはずいぶん後になってから登場しました」――フランスや英国、ドイツ、そして米国よりもずっと後に。日本人はロシア人がいかに狡猾かということを――漁場の逸話や、ハンガリーの扱いとハンガリー革命への対応、チベット問題などから学んでいた。日本人は、狡猾な取引を注視している。もちろんそうしたくない者を除いて、だが。知識階級の者は、いまだにそうした事実を無視しがちである。

「しばらくの間、日本人は一対の概念、つまり米国とソヴィエトとを受け入れてきました。常にそれら二つの強大な力によって脅かされてきたと感じていて、今では、以前ほどはその一対の概念を受け入れることに熱心ではなくなってきています。しかしここ一二～一四年間に、日本の視野は広がってきたように思います。過去一二年ほどの間、それら二つの国の現実が少しばかりわかってきました。――本当にその二大国のことを理解し、それ以外の国々も世界の運命を（それゆえに日本の運命をも）方向づけることに対して責任があるということも理解してきたのです」。

「不安が恐怖を発生させるのです」。

「日本の政治的、経済的復興により、日本人はより独立的に物事を感じ、考えるようになってきました。――そしてよりいっそう防衛を意識し始めたのです」。

ソヴィエトの影響と全学連についてはどうですか？

学生たちの大多数は「アカ」ではない。学生のリーダーはおそらくそうだが、彼らの活発で騒々しい支持者の大多数は違う。真剣な「アカ」でない者は、せいぜい表面的という以上には「共産主義のイデオロギー」を理解していないだろう。「彼らは単に興奮を求めて活動しているだけなのです」。

そうした学生たちが求めているのは「よりいっそうのスポーツ」である。優秀なスポーツ選手たちは「悪しき学生運動」にはほとんど加わっていない。「全学連の活動に加わっている学生たちは、スポーツマンではありません。彼らは劣等感を持っています。彼らはヒーローになりたいだけで、ヒーローになるために政治的な示威行動に参加しているのです。ですが、誰も彼らのことをヒーローだなどとは思っていません」。

日本の問題の一つであり、これらすべての原因の一つは、本当の知識人の能力に対する尊敬の念の欠如である。もし日本人が本当の知識人と「知的な頭脳」に対してもっと尊敬の念を持っていれば、最も頭脳明晰な学生らがもっと尊敬されるだろうし、卒業後に良い地位を保証されるだろう。だが実際には、最優秀学生であっても良い仕事を見つけられる保証などはまったくない。そのことで彼らは不安になり、不満を募らせ、時に過激になる。学生たちがスポーツに参加することと、どんな分野であれ日本の大衆によってその能力が尊敬されることが、この問題を解決に導くだろう。

これはしかし、大学生ではない若者の過激な活動であるチンピラとグレンタイの問題は解決しないのではないですか？　彼らは何かしら外国の影響で活動しているのでしょうか？

「原因は日本人自身のなかにあります。外国の影響ではありません。我々自身の主たる原因は両親にあるのです」――親たちは、「自由に関する新しい概念について」自分の子どもを教育することも、ほかのこともできていない。

共産主義についてては大変率直に議論した者もいるし、無視した者もいる。そしてそれ以外の者は、これについて議論することを注意深く避けていた。インタビューを行ったうちの半数以上が、政治と政治的問題について無関心であることをほのめかした。何人かの者は「あまり興味がない」と言い、他の者は「政治については語りたくない」と言った。自分から政治的な主題を持ち出してきた者を除いて、全般的にはこの主題に対しては無関心、回避、嫌悪があった。

「多くの知識人はマルクス主義者ですが、共産主義者ではありません」というのが、共通した態度として強調できる。

共産主義の危険に対する恐れはほとんどない。恐れを抱いている者は、「大多数の者は」恐れを抱かなさすぎると言う。事実を直視していると自認している人たちの言葉が信じるに足るものだとしても、知識人の大多数は時事問題に対して意識的に目をつぶっているように見受けられる。これら意識的に目をつぶっている者たちは、共産主義の同調者というわけではなく、むしろみながそういう態度であっては共産主義者を利するだけであることを恐れている。

自分が共産主義者である、あるいはその同調者であると認めた者はいなかった。無礼さ、傲慢さ、揶揄、反米主義および反西洋主義という知識人としてのポーズをとっていることがほのめかしというものであるのなら、きわめて強く同調しているきざしが数多く見られた者が一人いた。確証はない（自分が不躾である一方で、彼はアメリカ人の不躾さについて糾弾していた。彼は自分から始めた政治的テーマについて話し終えると、インタビュアーに対してそのような政治的テーマを話題にしないでくれと言った。インタビュアーが、彼が共産主義的な匂いのするものを受け入れていると結論づけようとする前に、アメリカ人は常に性急に誤った結論に達しがちであると言った。彼は、インタビューした平均的な人物とはかけ離れた変人でもあった）。

全体として、すべてのインタビュイーの間で反米主義のようなものがあったとしても、親共産主義はほとんど認められなかった。「日本の共産主義者は狂信者なのだ」という強い思いが存在するのである。狂信者たちは近づけてはならない代物であり、知識階級的には見下すべき者たちなのである。

共産主義中国

「もしアメリカが現代の中国を単純に共産主義国として判断するならば、それは大変危険なことです。

それは中国四千年の歴史を無視していることになるからです。それほどの長い歴史を持つ国は、ほんの数年で完全に変われるものではありません。国家は、その歴史や資質の結果なのです」。たとえ、それが一時的に他国によって影響を受けているとしても。たとえ現在その一部が、あるいはほとんどが共産主義的であったとしても、中国は今でも本質的には中国なのである。日本についても同じことが言える。たとえ現在の日本が部分的に、非常に強くアメリカの影響を受けているとしても。

「今や、アメリカの責任は大変大きなものです」。日本においても、東南アジア全体においても。「しかし、アメリカ人の間には東南アジアの国々のことを市場として捉え、その目的を念頭に置いてこうした国々のことを研究する傾向があります」。

だが、アメリカは「日本や東南アジアのことをもっと純粋に客観的、学術的に、学ぼうとしている点で十分立派なので、それらの国々の非常に優れた部分、文明、文化を世界に紹介していくよう努めるべきです。アメリカの歴史家たちは、アメリカの外交と同様に、世界的な視野を持っています」。

西洋人は、日本が「アジアにおいて守っていくべき立場」があることを認識しなければならない。日本は東洋で「最も高度に資本主義化した」国である。もちろん、日本は素晴らしく西洋化を遂げた国であり、「東京が西洋文化の入り口であるのは当然で、これまでのところ、日本の西洋化は必要不可欠なものだったのです」。

「ですが、今こそ日本人にとって考え直すべき時でしょう」。日本人は「これまでのままでいいのか否か。西洋流でいくのか、それとも東洋流でいくのか」について考えなければならない。「確かに、日本は他のどのアジア諸国よりも進んだ国ですが、我々はアジア諸国と手を携えていかなければなりません」。

もし日本がその方向で行くとしたら、日本は西洋からのどんな援助を引き続き必要としていますか？

「日本は明治維新から今日に至るまで西洋化、近代化し続けてきました。そして今では日本は西洋に追いつきました」。日本は可能なかぎりにおいて西洋化の線に沿って進歩してきた。

「我々は西洋諸国に対して目を向けすぎてきました」。だが、「日本がアジアの一員であることを忘れてしまう」のはもっと大きな問題である。

（しかし、日本における西洋化の影響をすべてやめてしまうことはあなたも望んではいないと思うのですが）

「ですが、日本にいる西洋人は観察者です」。常にそうであり、そうでしかない。「それは決定的なこと」であり、避け難いことでもある。「この点を理解しない限り（そして理解するまでは）、西洋人による建設的な支援などはありえません」。

「政治的な事柄、そして文化的な事柄に関して、我々は西洋人から多くの批判を受けてきました。するどい批判と分析が行われてきましたが、それらはご承知のとおり単なる客観的な」部外者の視点からのものでしかなかった。「彼らの批判は実施されず、実効性に乏しいものでしかありませんでした」。

（そのことについてもう少し説明してくれませんか？）

「はい。私の意味するところは、もし日本人が西洋の国へ行ってしばらくそこに住むことになるとしましょう、彼は観察者であり部外者でしかありません。それは決定的なこと（避け難いこと）なのです。日本人は決して西洋人とまったく同じように考え、行動し、論評することはできないのです。なぜなら、彼はその国の人びとと同じだけの責任を持つことはないからです。日本にいる西洋人についても同じことが言えます。彼らは常に論評者であり部外者なのです。彼らの考えは決して日本人の行動や振る舞いには繋がっていないのです。彼らが日本にいて考えたり言ったりすることで、日本人の振る舞いや行動を変えることは決してできないのです。

英国の影響

日本の知識人の多くは、英国とアメリカが、日本人研究者、教育者、知識人の尊敬を獲得すべく、文化的な戦いで互いに競っているという印象を持っている。英国人は、自分たちが勝ち、アメリカ人は負けた、と言っている。

アメリカ人と比べてはるかに資金に乏しく、関係者の数も少ない英国人は、日本の知識人の圧倒的な尊敬の念を勝ち取っている。

彼らの示すその理由とは、

アメリカの文化プログラムは規模が大きすぎる。

それらは幅広いものの深味がない。

関係者のなかに欠陥がある（大変尊敬されている者もいる一方で、強固に批判されている者もいる）。

そして、非常に重要なことは、アメリカ人が以前から日本にいるアメリカ人教育者を支援しようとはしていないように見受けられることである。彼らはアメリカのプログラムによって日本へやってきたわけではない。多くの者が日本人から大変尊敬されているのに、USISや大使館は自分たちが連れてきた者たちばかりを好み、彼らを無視している（付記：マーティン教授は自分のことをその一人だとみなしているのかもしれない）。

一方で、英国人は日本で教えている英国人を（少なくとも道徳的には）助け、支援している。英国人は、詩人であり教育者であるエドマンド・ブランデン氏に対する非常に厚い支援を行っている。最終的には彼のことを「代表者」にしてしまったほどだ。彼の後はジョージ・フレイザー氏が継いだ。「彼ら二人だけでも、日本へやってきたアメリカ人全員に対する文化的戦争に勝っている」。

アメリカ人は、自分たちの「ブランデンとフレイザー」を支援しなかった。日本人は「どうしてアメリカ人が日本における彼らの一番優秀な代表者にして、日本人が一番認めている人びとのことを無視しているのか理解できません」。「彼らが日本に持ち込むものは、自分たちがほしいものでしかなく、我々がほしいものではありません」。

この点に関して言えば、日本の知識人は全面的に賛意を示している。非常に親米的な知識人は、良きアメリカ人の研究者たち（あるいはその他の代表者たち）がフルブライト等のプログラムをもたらしてくれたことを大変親切なことだと認めている。しかし、その彼らでさえも、「日本の知識階級の間では英国のほうがほぼ勝利した」ことを認めている。

一方で、アメリカ人は一般大衆の間で成功を勝ち取っている。英国人はトップだけを相手にしていて中間層は相手にしていない。「英国人は一般大衆には何も行っていません」。英国人は実業界、社会、政治の分野のトップの人びとに関心を寄せるように、知識階級のトップに関心を寄せている。英国人はターゲットと定めた層で「きわめて大きな成功を勝ち取っています」。かなり親米的なある研究者はこう認めている。

「アメリカ人が日本で何か良いことをしても、新聞記事は小さく、ひかえめなものにしかなりません。しかし、英国人が何かをすれば、たとえそれが小さなことであっても大きな記事となり、宣伝効果もあります。残念なことです！」。

要約すると、将来の日本の利益のためにも、アメリカは次のようにすべきである。(1) もっともっと多くの知識人を送り込むべきである。(2) 長野の文学セミナーを再開すべきである。(3) すでに日本にいて、日本人から認められているアメリカ人を把握し、支援をすべきである。この最後のポイントが無視されれば、誰が良きアメリカ人であり、何が最も将来の日本のためになるのかについて、アメリカ人とは同意できないという印象を日本人が持つことになる。

アメリカの文化プログラムは「もっと静かで」「控えめで」、「外国流で押し付けがましい」のを抑えて、「トップレベルの日本人にアピールすべき」である。

さもなければ、英国が「勝ち続ける」ことになるだろう。

日本に対するアメリカの大きな影響は戦後に始まった。それ以前は、「ドイツが最も影響力を持ち、次いでフランスと英国でした」。「英国は共産化後のロシアよりも影響力があります」と言う者は少数だった。伝統的なロシア芸術（音楽、バレエ、演劇、文学）は、日本の知識階級や一般人に対して大きなアピール力を持っていたし、現在もそうであろう。フランスに関してはそれと似たようなところがあるが、もっと幅広くアピールしていた。ドイツの影響は、主として大学人や学外の知識階級の間に見られた。英国のアピールもまた、主として知識人だけでなく、社会的にも、エリート社会という意味でだが、ある。

一般的な感覚として、アメリカは日本に対する態度が未熟で、日本人の興味を引く方法論はぎこちないと言えよう。英国人とロシア人はもっと巧妙だとよく指摘されている。英国人は「日本での文化戦争でアメリカに勝った」と言われている。「アメリカ人はアメリカ人が好きなものを持ち込んでくる」のに対して、英国人とロシア人は見たり聞いたりしたいと「日本人が思っているものをもたらしています」(そして日本人にそれらの詳細についての助言や助力を頼む)。「英国人は日本人が何を求めているのかをずっとよく知っています」。

Ⅲ　アメリカに対する日本人知識人たちの態度

ある男性はこう言った。「日本人知識人の八〇%は反米的です」と。

彼らのほとんどはそのことを隠し、公には認めようとしない。もっと率直に話す者もいる。「その理由は、彼らがアメリカを知らないからです」。無知や偏見、そして「純粋に感情的な思い」が原因なのだ。

「もちろん、反米感情は、いくらかはアメリカおよびアメリカ人にもその責任があります」。たとえば、デリケートな沖縄問題だ。アメリカの沖縄支配は「多くの日本人に誤った印象を与えています。おそらくは、アメリカはそのうちに――そのうちに沖縄を日本に返還したほうが良いでしょう。それは自由に関する問題であることを日本は自覚しなければなりません。自由を守ることがいかに重要なのか、日本人は自覚すべきです。日本は、アメリカ人や西洋人の自由についての考え方を認識していないし、認識すべきなのです！」。

「西洋人やアメリカ人は自由を守るためなら何でもします。日本人はそのことを深く心にとめるべきです」。

「結局、日本人は沖縄に対するアメリカの基本政策をまったくと言っていいほど理解していません」。

「共産主義に関して言えば、日本はアメリカ人と同じくらい共産主義やその危険性について学び、理解しなければなりません。日本人はその危険性を理解していません。しかし、アメリカ人は自由を守るために、この共産主義の問題を深刻に受け取っています」。

「日本もこれを深刻に受けとめるべきでしょう」。

「日本の知識人は、なぜか社会主義が資本主義よりも勝っているという偏見を持っています」。

なぜ、日本人はアメリカを含む西洋諸国と反対の道を行くのだろうか？　なぜ日本の知識人はそうするのか？　なぜ？　日本人が外国人を理解していないからである。

この反米の態度は、無知や誤解だけでなく、その他の要素にも起因している。その一つに、日本の知識人がスノッブなことがあげられる。アメリカや親米派に対する彼らの態度は、しばしばスノッブなものである。これは、アメリカには物質文明はあるが文化はない、という常套句によって表現される。

「アメリカを批判するのは（必ずしも）反米的ということではありません」。これは何度も何度も説明されたことである。親米者の多くは、アメリカの何かについては反対派である。そのような知識人のなかには自分たちのことを「バランスのとれた」視点を持っていると言い、アメリカについて何も言わない者のことを「ご機嫌取り」と呼んだりする者もいる。彼らは自分たちの批判を、家族か友人による批判として受けとめてほしいと思っている。彼らは多数派である。彼らは頭でっかちに理論から入るのではなく、事実に依拠して考える傾向にある。

反米派は必ずしも親共産主義を意味しない。*2 アメリカに対する辛口の批判は、ソヴィエトを受け入れることを示唆しているのでもない。アメリカに対する批判的な目を持ちつつ、ロシアに対しては素直な眼を持つという形で中道を行くのは、まったくもって今風の立場なのである。

日本人にとってアメリカはロシアと比べてずっと現実的な存在である。ロシアはもっとロマンチックな存在だ。日本にアメリカ人は数多くいるが、ロシア人はほとんどいない。アメリカへ行ったことのある日本人は、ロシアへ行った者たちよりもずっと多い。

距離は魅力を与える。親しさは批判を育む。距離は無知を育み、親しさは友情を育む。

アメリカに対する知識人の態度の多くは、彼らの全般的な「外国」に対する態度、とりわけ「西洋」に対する態度と混ざり合っている。そしてその多くは、日本人自身の性格に根づいたものだ。たとえば、すべてのインタビューにおいて、「外国」とは常に「西洋」を指しており（「外国人」とは「西洋人」を指している）、中国やインドが言及される場合には、国名で表す。

またほとんどの場合、「西洋」は「アメリカ」を意味する。もちろん常にというわけではない。文脈から、「西洋」が「アメリカ」を意味しているのか「ヨーロッパ」を意味しているのかがわかる。アメリカに対する批判は、しばしば「外国」とか「西洋」といった言葉のベールに隠されて行われる。

反米主義には、反外国主義や反西洋主義も含まれる。「日本人は外国人を恐れています。そして、外国人は日本人の心の込み入った事情を理解することはできないと感じているのです。日本人は決して本当に意味していることを言いません。絶対に」。

恐怖がこれらすべてのベースにある。「日本人は本当のことを言うのが怖いのです」。唯一可能な解決方法とは、根本的な恐怖を取り除くことなのである。「恐れるものは何もないことを示せればいいのですが」。だが、それは大変に難しい。なぜなら、「日本における社会的な組織は、被雇用者と雇用者、学生と教師、といった恐れや不安に満ちていて、それは日本社会の構造全体を通じてそうだからです」。

この恐れは「何世紀にもわたって醸成されてきました」。その根は日本の歴史の深いところにある。封建主義の間、そしてそれ以来、日本人は「恐れのなかの暮らし」に甘んじてきた。一般の人は侍を恐れ、侍は互いを恐れてきた。

外国人は日本人の絶対的な信用を得ることはできないのでしょうか？

「友人間を除いてほとんど不可能です。外国人は一人か二人、あるいは三人の友人の信頼を勝ち取ることはできるでしょう。でも、日本と米国との間に信頼は存在しません」。

ある教授は、いかなる形の権威に対しても抵抗する根深い精神に反米主義の原因があるとする。今日では占領に対する憤懣の精神が存在しているというのだ。

「日本では、権力を手中にすると専制的になりすぎます。過剰に強大な権力を持ち、強力な独裁者となります。それが彼らの劣等感に繋がり、ひいては日本の一般の人びとの劣等感に繋がります。劣等感が抵抗をもたらし、反逆者となるのです」。

「この抵抗のほとんどは純真なもので、理性的ではなく、論理的でもありません。純真な抵抗は最も危険です。戦前、戦時中に天皇制が強大であったときには、抵抗する反逆者はほとんど出ませんでした。ですが、戦後になるとすぐに現れだしました。それは軍国主義、天皇制への（揺り戻しとしての）抵抗の形で現れましたが、その時期は占領期間中だったために、（はじめは少しばかり、やがて強大に成長して）占領に対する、外国人に対する形をとるようになりました。ジャーナリストにとってこれはうんざりさせられるものでした。抵抗する反逆者としての一般人は純真であり、論理的ではありません。彼らはプロパガンダに影響されやすく、スローガンにすぐに影響を受けます。『アジア人のためのアジア』といったものです。多くの者は、その意味することを知りもせず、まったく考えることなく抵抗する反逆者となっていたのです」。

この抵抗の動きは続くと考えていますか？

「西洋には、現代文明（への反抗）に基づいて抵抗する反逆者がいます。ですが、日本ではそうではありません。この抵抗は占領の結果なのでしょうか？　部分的にはそうかもしれませんが、占領だけが理由だとしたらもっと強大なものとなっていたでしょう。占領政策に対する抵抗はゆるやかなものでしたが、それは占領政策がゆるいもの（あるいは良いもの？　おそらく悪くはなかっただろう）だったからではなく、日本人の性質自体によるものです。明治時代の抵抗はゆるやかでしたし、戦前や戦時中の抵抗は取るに足らないものでした。占領期間中に、日本の抵抗者たちは（占領軍が日本でいかに振る舞ったか、によってではなく）西洋の優越性に対して憤慨したのです」。こうして、彼らは論理性なく抵抗した。彼らの抵抗は「純真」であるがゆえに「危険」なのである。

「もちろん、最も抵抗し、最もプロパガンダに影響されていたのは左翼です。彼らは繊細にすぎたし、多くの日本人が繊細すぎました。彼らの感情は正常ではなかったけれど、人びとがそのように著しく繊細な感情を持つことは正常なことではあります。彼らは自意識過剰なのです」。

「当然ながら、彼らは合衆国の欠点を敏感に感じる人たちですが、ソヴィエトの欠点は敏感に感じないのです」。

「彼らはまったく論理的ではありません。純真なゆえに危険なのです」。

あなたは、それが将来も続くと思いますか？

「残念ながら、そういった考え方は当分続くでしょう。それは一時的なものであるべきでしたが、そうはならずにかなりの長期間続いています。それが根を張って、国民の特質となってしまうことを私は恐れています。その危険はあるのです」。

アメリカ人の特定のグループに対する意見

（1）アメリカの研究者は賞賛すべき良き使命を持ってきて、「一番優れた者たち」は大いに尊敬されている。彼らのグループはおそらく日本で最も尊敬されているが、これに対して宣教師たちはまったく逆の批判に晒されている。

「その言葉も講義も薄っぺらな」外国人教師たちは眉をひそめられている。理解してもらうためという理由は理解できるものの、日本人は見下されるように話されるのは好まない。彼らは、たとえほとんど理解することができないとしても、熱心に話しかけられたいのだ。

「日本にいる外国人教師のなかには子どもじみた者がいます」。彼らは「すべての威厳の感覚」をなくしてしまう。この点については英国人もアメリカ人と同様なのだが、アメリカ人のほうがずっと多いのでしばしば間違えられるのだ。

「外国人教師たちは、自分のまわりにやってくる生徒とだけ話しがちです」。こうした生徒たちは必ずしも最良の生徒というわけではないし、最も典型的というわけでもおそらくない。

(2) アメリカの会社の雇用者たちは、日本人従業員を首にするやり方が未熟で、「日本の会社では絶対にしないようなやり方」をする、と指摘されている。それゆえに安心できない。こうした理由で、多くの日本人はアメリカの会社で働きたいとは思っていない。

(3) 占領軍の兵士や将校たちは、「日本人女性に対するひどい振る舞い」で記憶されている。一方で、知識人のなかには、「兵士や将校」と接する日本人女性の悪しき振る舞いを指摘する者もいた。

(4) 宣教師は、嫌われも好かれもしていて、軽蔑されも尊敬されもしている。彼らはかなり論議を呼ぶ対象とみなされている。知識人は布教活動自体やその性質に反対しているが、宣教師たちの使命やその目的にはそれほど反対はしていない。反キリスト教主義者はほとんどいない。ほとんどの者はキリスト教の教義に対して寛大に接するが、布教活動する宣教師にはそれほど寛大ではない。

第二次世界大戦よりずっと前の古い時代から日本での地位を確立した宣教師たちは、相応な賞賛をもって迎えられたが、時代も宣教師自身も変わってしまった。彼らは「優しすぎ」「幼稚すぎ」「気骨がない」。

Ⅳ　アメリカとアメリカ人の主要な欠点と美点

アメリカとアメリカ人の主要な欠点に関し、彼らはこう言っている。

（1）「平均的アメリカ人は優越感を持っている」。

アメリカ人は「優越感が強すぎる」。彼らは「強引すぎる」し、「自分が世界のリーダーだという自負が強すぎる」。アメリカは物事を押し付ける傾向があり、他国に対しても押し付けがましい。それはアメリカの弱点の一つである。もう一つは、「今やアメリカはリーダーシップを意識しすぎています。世界を導いていくことを考えすぎなのです」。

アメリカ人は「人種的偏見」を持っている。新聞からは、アメリカ人が自国でも人種的偏見を持っていることがわかる。「おそらく、それこそが日本に対して優越感を持っている理由なのでしょう」。「彼らは何かを学ぶためではなく、教えるためにやってきます」。「彼らは多くのことを説明しますが、自ら学ぶことは多くありません」。「彼らは説教をします」。「アメリカ人は静かに話を聞くということをしないで、ただ説きつけるのです」。

（2）アメリカは「見返り」を強く求めすぎる。「彼らは与えはしますが、それに対する見返りをほし

英国人は異なる。「ブランデン氏[*3]のような人物は静かに耳を傾けて、説教しようとはしません」。

がります」。これはアメリカ人個人については言えないが、「国家としてのポリシー」がそうなのだ。たとえば、安全保障条約である。「共産主義からの防衛の見返りとして軍事力を持ち込んでいます」。アメリカ人は「搾取しすぎています。日本人は搾取されているのです」。

アメリカ人は支援者然としすぎなのだ。おそらくはとても無邪気に、支援者然とした空気とともにお金を与えているのである。

(3)「アメリカ人は、アメリカを賞賛する日本人のことしか好みません」。そのため彼らは保守層を、しばしば日本における超保守的な集団を支援する。そのことは「日本の将来、および日米関係の将来」に害を及ぼしうる。

日本にいるアメリカ人は、英語を話せる日本人のみと知り合いになる傾向がある。これは自然なことではあるが、残念なことでもある。英語を話す日本人は典型的な日本人ではなく、むしろひどく型破りな可能性がある。

(4)「アメリカには文明はあるが文化はない」(この議論はやや使い古されている。まったく多くの者が議論のためにこれを引用するが、それは合意を前提とした引用だ)。

「アメリカが発展するには、もっと精神的な部分が必要です。アメリカは合理的かつ科学的すぎます」。「アメリカ人のなかには粗野で礼儀知らずの者もいます。だが、日本人は合衆国が開拓者精神を持っていることを認識しなければなりません。我々日本人はこの精神について知らなければなりません」。「日本人は教養のある紳士的な外国人に惹きつけられるのです」。

物質主義、拝金主義、功利主義……アメリカとアメリカ人はこうしたことで非難されている(しかし、日本人は自らのことを物質主義だと責めている。ある知識人は日本人のことを「世界で一番の物質主義者だ」と言っている)。

(5) アメリカ人は世慣れていない。彼らは「敏感ではなく、デリケートではありません」。「彼らは日本人の感覚で考えることはできないのです」。

アメリカ人はきわめて「表面的な視点でしか日本と日本の事象を見ていません」。日本人の異国情緒だけが彼らを惹きつける(これはアメリカ人だけでなく、ほとんどの「外国人」や「西洋人」について言えることだが)。

「アメリカ人は性急に結論を出しすぎる。彼らは物事にすべて明確で直接的な答えをほしがりますが、明確な答えがないものもあります」。時には、彼らは「自分で答えを作ってしまいます」。

(6) 率直さ。アメリカ人は率直である。彼らの率直さは無作法だろうか? 実際にそうかは別として、ほとんどの日本人知識人にとってはそう見えるようだ。「外国人の率直さとは配慮のなさで、ひいては率直な外国人は全員気配りに欠けています。これはほとんど克服できない障壁です」。

フルブライト・グラントで合衆国に滞在したある人物は、次のようにコメントするのが義務のように感じると述べている。

「アメリカから日本へ戻って以来、大使館や文化センターの人からいろいろなことを調べられます。放っておいてほしいと思います。フルブライト(あるいはその他の方法)によってアメリカで過ごした日本人は常に監視されている——常に——という想いが大変に強くあります。確かに私はアメリカのことが心底好きですが、アメリカ人は米国で過ごした者との接触を失うまいとしてほとんど必死になっています。ある意味それは政治的すぎます」。

「アメリカに関するパンフレット類が山ほど送られてきますが、まるで日本交通公社の活動のようですよ」。

「これ以上、アメリカについてのプロパガンダはいりません」。

「かつて文化センターで大きな集まりがあったときに、参加した日本人に対して、米国での私の研究について報告する機会を与えてくれました。それは印刷され、最高でした。そのような活動をもっとしてほしいです。アメリカへ行った多くの者は、学んだことについて書くチャンスを欲していると思います」。

「一方で、アメリカ文化センターに、アメリカへ行ったメンバーがスポンサーとなって日米友好協会が設立されたものの、多くのメンバーは参加しなかったり、辞めたりしています」。

なぜだろうか？　「雰囲気が不自然で、まったくもって堅苦しいのです。我々は、アメリカ人とのもっと自由で自発的な個人的接触がほしいのです。堅苦しくなく、形式ばっていないものを」。

(7)[*4]「アメリカは善意を押し付けてはならない！」

「おそらく――きっと――米国政府の役人たちは安保条約に善意を持っていたでしょうが、彼らは日本人の心にある複雑な（自然な）感情を理解していたでしょうか？」。明らかに理解していなかった。

「善意」が押し付けられたとき、それは「もはや善意ではありません」。

「日本の高官」の幾人かが、米国にこの安保条約を構想することを「勧めた」ことは疑う余地がない。

「けれども、アメリカ人は、日本の高官がどう言ったか、何をしたか、勧めたのか、といったことで判断してはいけません。一般の日本人はこのような条約について複雑な（入り組んだ）感情を持っているのです」。

さらに言えば、もし東洋と西洋、日本と米国との間に真の理解があるとしたら、「文化は一方通行ではなくて双方向の流れとなるべきだし、その努力も理解も双方向となるべきでしょう」。

「日本はいまだ混沌状態にあり、変貌を遂げるさなかにあります。しかし、新しい日本の未来がより良きものとなることを信じています、確信を持って！」。

「アメリカ人は、日本と東南アジアには親米の人間しかいないと考えています。ですが、いわゆるアメリカ贔屓が、その国の人たちから尊敬されていないことがよくあるのを認識する必要があるでしょう。確かに、アメリカ贔屓と言われる人は多いですが、彼らはアメリカ人からしか尊敬されておらず、自国の人からは尊敬されていません。私は、アメリカにはそうした人たちの考えや視点だけを受け取ってもらいたくないのです」。「日本でも東南アジアでもそうですが、アメリカ人はアメリカ贔屓と呼ばれる人たちから惑わされがちです」。「このように、アメリカは往々にしてあまりに主観的ですが、それは危険ですし、哀れでもあります」。

「現在のアメリカの政策はもっと進歩的な考えに基づいたものであるべきです。私はそのことを進歩的ヒューマニズムと呼んでいます」。それは保守的すぎてはならず、「また、アメリカの政策がつかの間の政治的状況によってしょっちゅう変わるとなれば、それは好ましくありません」。

たとえば？

「我々の憲法改正の問題がその良い例です。アメリカにとって、日本を後戻りさせようとしている人たちを支援するのは良くないことです。超国家主義者をサポートするのは好ましくないのに、アメリカはそうしようとする傾向にあります。アメリカ人にとってはそのほうが安全に見えるでしょうが、長い目で見れば、そして長期的な日米の友好関係のもとでは、全然良くありません」。それはアメリカにとっても日本にとっても良くないことなのです。

「私は、なぜアメリカの政策が超保守層への支援を指向しているのか理解しています。しかし、それは我々全員にとって危険なことです」。

「(アメリカ人に対して)私は少数のアメリカ贔屓の影響を受けるな、と言いますね」。

アメリカの美点

アメリカの「目的は良いものです」。

アメリカの科学、論理、合理性は素晴らしい。「プラグマティズムは良いです」。

「民主主義それ自体はとても良いものですが、日本人はそれを自分用に適合しなければなりません」。

「アメリカの本物の学者たちをもっともっと日本に連れてきてほしいです」。「アメリカの中流階級や労働関係の人たちにももっと日本に来てほしいですね」。「(両国の)一般人同士がもっと互いを知り合わなければなりません」。

アメリカの学者は「世界的な視点を持っています」。

「確かに、アメリカは公正であろうとしています。……英国は、インドの例を見てもそうではありません」。

アメリカ人は英国人のように冷淡ではない。「日本人は英国人のことを尊敬していますが、アメリカ人のことは好きなのです」。

アメリカ人には「国民性を通じての、あるいは国民性を超えた根本的な人間らしさ」が見られる。

多くの「占領軍としてやってきた外国人は良くなかった」が、「占領後に日本にとどまっていた外国人のことは、非常に尊敬しています」。

「何にも増して、私はアメリカ人にもっと日本に来て日本を学び、日本を理解してほしいと思っています」。

ある人物の忠告は、その全文を示す価値がある。

「もし、日本へやってくるアメリカ人が真に人間味ある者であれば、日本人は彼を好遇するでしょう」。「たとえ彼が過ちを犯しても、日本人は彼の良き人間としての資質を理解するでしょう」。彼は当然ながら何か「過ち」を犯すでしょうが、過ちが自然なものであり、「自然に振る舞っているかぎりは」、日本人は彼を非常に好遇するでしょう。だが、不自然だったり、その振る舞いが自意識過剰な場合は「彼はさらに過ちを犯すことになるでしょう」。

率直さはアメリカ人の「良い特徴」の一つである。日本人は「もっとそれに慣れなければなりません」。しかし、時として、日本人はその率直さを傲慢さと取り違えるのだ。「でも、ご承知のとおり、率直さと、傲慢さはまったく異なります」。それでも、「日本人がアメリカ人の率直さを傲慢さと勘違いしてしまうのは、日本とアメリカの文化の違い」の一部である。しかし、ほとんどの日本人は「誠実で真に人間味のあるアメリカ人たちの」率直さと傲慢さを見分けるだけの繊細さは持っている。

V　日本人の欠点と美点

欠　点

日本の知識人は、他者についての評価と同様に、自国や日本人の欠点についてもきわめて明確に述べてくれた。彼らはまた自身の美点についても率直であった。

「我々は批判的であり、自分に対しても批判的です。ある意味で、我々は自意識が過剰なのです」。

「日本人の多くは繊細すぎます」。

「自意識過剰に感じています」。

「我々のものの考え方は論理的ではなく、感情的です」。

「自己中心的で、問題を自己流に解釈してしまうのです」。

偽りの謙虚さ。

劣等感。

遠慮。謎めき。

「日本人はたまに何か隠しごとをしますね」。

とても感情的だが、「その感情を外に対して表す術を知りません」。「今日の日本に最も必要なのは、感情的であることに正直な知識人たちです」。

時として、日本人は「無意識のうちの偽善者」である。「自分が信じていることを話すのですが、同時に違うことも感じていて、最終的には自分の感情的なフィーリングに従って行動するのです」。これはとりわけ教養のある人たちにおいてよくあることだ。

「わからないとき、日本人は沈黙します」。彼らは「自分が沈黙する」理由や、何に対して沈黙しているかを「表現する方法」を学ばなければならない。

社交的にシャイな者もいるが、「水面下では大胆です」。これは男性のみならず女性でもまったく同じである。

「日本人は権力を手中にすると専制的になりすぎます。強すぎる力を持ち、強力な独裁者となるのです」。これはある種の女性も同様である。

日本人は「純粋で、感情的です。この組み合わせは大変に危険です」。

日本人は自分たちのことをよくわかっていない。彼らは日本についてわかっていない。それゆえに、「自分たちのことを外国人にわかってもらうなど望めません」。「日本人は自分のことを説明することすらできないのです」。

「日本人は二つのことを混同しています。自己説明と自己宣伝について」。前者は良いことだが、後者はもちろん良くない。「自己宣伝」は、長い間日本人の間では罪と考えられてきた。

日本人が自分のことを話そうとしない場合、「西洋人は理由がわかりません。それは障壁となり、多くの誤解を招きます」。

「日本人はすべてを話そうとしません。もし彼らが十知っているとしたら、八しか話さないのです」。

「日本人は真意を決して話しません」。「日本人が五だと言ったら、それは十を意味します」。「あるいは、十だと言うときは五を意味するのです」。

「日本人は互いに信頼し合っていますが、それは彼らが互いに信頼していないことを知っているからです」。

率直さは、日本人に何ももたらさない。「すべての根底にあるのは恐れです」。日本人は「恐れのなかに暮らしているのです」。彼らは自分たちよりも勝っている者を恐れる。「日本人はしばしば自分よりも勝っている者（たとえば支配人、社長、主任教授、学部長、父親、祖父など）のことを恐れても、大して尊敬はしていません」。

「外国人は日本人の微笑について語ります」。「不可思議な日本人の微笑」。「外国人は日本人の微笑について過度に気にする必要はありません。それが幸せな微笑だろうが不可思議な微笑だろうが。それほど重要ではないのです」。往々にしてそれは表面的なもの以上ではない。彼らはいつでも本当の感情を表すわけではない。日本人の微笑は「作り顔の一種です」。

「日本人は根底では物質主義者ですよ」。

「日本人は物質文明の奴隷となろうとしている（なろうとしてきた）にもかかわらず、日本の物質文明は外国ほど高い段階には到達していません」。

「都市化は伝統的なものをすべて破壊しています」。古い日本は姿を消そうとしている。「我々は故国の本当の側面を見失ってしまいました」。ほとんどの日本人は、伝統文化の良さがわかっていない。茶の湯（茶道、あるいは茶事）は平均的日本人にとってはほとんど、あるいはまったく意味をなさない。他の古い慣習や芸術などについても同様のことが言える。

「我々は、信心深いというほど宗教的ではありません。我々のほとんどの宗派はいかに平穏に死ねるかを教えるだけで、この地上でいかに力強く生きるかは教えません」。

日本における民主主義は「ほんのうわべだけのものです」。

日本人には「平等の感覚」はない。「平等はここには根づいていません」。ほとんどいつでも、日本人は誰かよりも劣っているとか優っていると感じている。これは日本人の劣等感・優越感に関連する混乱を説明するのに役立つだろう。家にあっては優越感を、社会にあっては劣等感を感じているのだ。

日本の大学には、「息苦しく退屈な研究者が多すぎます」。彼らは「悪しきアカデミズム」を象徴している。彼らは「日本の将来の若者世代」である学生たちに影響を与えている。「彼らが変わるか死に絶えるかしないかぎりは」、「日本の将来にとても悪い影響」を与え続けるだろう。

詩的感覚。西洋に比べて「日本人は感覚的に優れています」。「だから西洋人に対しては、日本人の感覚を理解してほしいと思っています」。

「日本には、慎み深く密かな精神的な価値というものがあり、西洋人にもそれを身につけてもらいたいのです」。

「我々のプライバシーの感覚は、物質的というよりは精神的なものですね。自分の精神的な資産の秘密を守るために鍵をかけるのです。物質的な用途における鍵は、涅槃の世界では意味をなしません」。

「我々は温かくもてなしはしますが、社交的ではありません」。

「西洋人が自然をコントロールしようとするのに対し、我々は自然に合わせようとします」。

「かつての敵に対する敵意の感情は、取るに足らないものです」。

（この調査の目的の一つは、日本人の目的を発見しようとすることにあります）

「日本の学生たちには目標というものがありません。特に、大学を卒業した後については。高校時代には、大学に進学するという目標があります。大学では、良い仕事に就くために良い成績をとるという目標があります。それがすべてです。彼らは、賃金の高い良い仕事に就くという目標を持っています。仕事に就いた後は、彼らは勉強はしません。酒場へ行くか野球を観に行くだけですね。日本人全員が、自分の人格や性格をより高めるために人生の目標を持つべきなのです。日本人は心や魂を高めようとしません。それが私が大いに遺憾に思うことです」。

「人びとは、人生とは何か、について考えるべきです。それはお金ではない。妻ではない。温泉でもない。人生は高いサラリーをもらえる仕事のことではありません。人生とは、自分のなかに何かを持つということです」。

「私は学生たちに対して、自分のなかに何かを持つようにと話しています」。

VI　新しき日本

新しき日本とは、ほとんど日本人自身にかかっている。だが、それは西洋諸国と彼らの日本に対する態度にもよるのである。

「日本はいまだ変革中です。日本は常に変革しているのです」。

日本は西洋から多くのものを取り入れた（取り入れすぎた？）。多く取り入れすぎたために、まだ消化しきれていない。知識の面では多くを受け入れてきたが、感情の面ではそうではない。日本は西洋文明に感情的にも順応しなければならない。新しき日本は知的にも感情的にも西洋に順応しなければならないのだ。

新しき日本の男たちについても同様のことが言える。現時点で、彼らは知識のうえでは西洋化したかもしれないが、感情においてはそうではない。そのままの状態を続けたいと思う者もおり、それが最善の妥協案だと考えている。他の者は、感情面でも西洋化しなければならないと思っている。

日本が何をしようとも、世界から隔絶してしまってはならない。「日本は島国根性を克服しなければなりません」。

西洋から、「我々は過去一〇年間に多くのものを受け取ってきました。我々はたくさんの古いもの（古い日本の慣習や伝統）を取り払わなくてはなりません。まさにそのとおり。しかし、我々は自身の窓を開け放っていなければなりません。世界に対して窓を占めてしまってはならないのです。我々はただ自然に何かを守り、何かをうち捨てるべきなのです。なすがままに。ゆっくりと、我々は良いものを守り悪しきものを捨て去るでしょう」。

日本は今や西洋の影響の多くを消化し始めなければならない。日本は「輸入したものを日本化」しなければならない。

「私は真の日本の民主主義を望んでいます」。民主主義は外部から持ち込まれた。それが日本にとって良いか悪いか（そしてほとんどの者は少なくとも部分的には日本にとって良いと考えている）は別として、「民主主義自体は良いものです」。「今や日本は自由諸国の一員です。だから、今こそそれを日本において発達させるべき時なのです」。「我々は自由であり、自由を感じなければなりません」。「我々日本人は民主主義的な方法で自由を感じることができますが、自分たちの感情を表現するすべを知らないのです」。「我々は自己表現の必要性を感じています……感情を自然に外に出すために」。「新しき日本の男たちは『自己表現の愉しさ』を学ばなければなりません。猛々しくではなく、ごく自然に。そして人並みに『健全な民主主義』の範囲内において」。

「アメリカの責任は今や大変に大きなものです」。それは過去と同様に大変に大きい。「そしてアメリカはその責任を認識しなければなりません」。「アメリカは日本で始めたことをし続けるべきです」。新しき日本は、アメリカが始めた偉大な良き仕事の継続の可否にかかっている。もしそれが中断されると、「古き日本が再び現れるか、やや野蛮な何か新しいものが生じるでしょう」。

にもかかわらず、「米国の物質文明は日本にとって好ましくありません」。日本はそれを十分すぎるほど受け取ってきた。「今は、アメリカの文明のその他の部分……文化と呼ぶべきなのか……何かもっと精神的で深いものかを必要としているのです」。

「日本人は承認を渇望しています」。彼らが必要としているのは承認であって、お世辞ではない。彼らは、何々でないかではなく、何であるかで承認されたがっているのだ。そして、頭を撫でられるのではなく、真摯に認められたいと思っている。西洋諸国によって心から認められるかどうかで、「日本の将来は大きく変わってきます」。

特に、新しき日本にとって必要なのは以下のようなことである。

（1）「物質主義の多く」を諦める必要がある。その物質主義が日本人に自然に備わっていたものであるか、西洋からもたらされたものであるかどうかは二の次である。日本は物質主義的になるべきではない。

（2）日本人は英語を学び、英語を話すべきである。日本語は封建主義的である。母国語を喋っているかぎり、お互いに「民主主義的に」コミュニケートすることはできない。それは不可能である。日本人には自国にいるかぎり越えられない言語の壁がある。これは外国人にはほとんど理解することができないかもしれない。「そこから抜け出せる唯一の道は英語なのです」。

（3）「日本の若者」の教育は、根本的な改革が必要である。第一に、そして真っ先に「我々は、息苦しく退屈な研究者たち」を追い払う必要がある。

（4）新しき日本には「キリスト教やその他の輸入された宗教ではなく、日本的な信仰による」宗教が必要である。

（5）何よりも、新しき日本の男たちは「自己表現の愉しみ」と「自分表現の技術」を学ばなくてはならない。そうでなければ挫折し続けるだろうし、劣等感と優越感のコンプレックスのなかで動揺し続けるだろう。

新しき日本でのアメリカの役割[*5]

アメリカが重要な役割を果たさない新生日本を想像する知識人はいないようだが、そもそも新しき日本について真剣に考えている者はいないようにも見受けられる。まったく驚くべきことでも真新しいことでもないが。

アメリカは大変重要だが、アジアもまた重要である。「我々は二つの方向を同時に見ていなければなりません」。そしてまた、「我々は日本人のままでいなければなりません。我々はアメリカも西洋もまだ消化していません」。望むらくは、もう少しじっくりと消化する機会がほしい。

悲観的な見方

「外国人がどのように日本を助けてくれるのかを問うならば、その問いには歴史が応えてくれるはずです」。

日本へやってきた最も偉大な外国人は、フランシスコ・ザビエル（一五四二年あるいは四三年）だ。「だが、彼はほとんど何の影響ももたらしませんでした。彼の仕事はまったくの無駄骨だったと言えるでしょう」。

「彼がやってきたとき、日本人は多神教であり、それ以降もずっと多神教であり続けてきました。そして今日、以前にも増して多神教です。思うに、日本人は完全に多神教なのです」。

「フランシスコ・ザビエルよりも偉大な者は、宣教師もそれ以外の人物も日本へやってきたことはありません。だが、彼は失敗しました。もし今日同じくらい偉大な人物がやってきたとしても、失敗するでしょう。もしキリスト自身が今日の日本へやってきたとしても、失敗するに違いありません」。

「すべての宣教師は失敗者です。彼らは多くの者を改宗させることができましたが、改宗したままだったでしょうか？　彼らは本当の支持者を多少は、ごくごく少数は集めることができましたが、それが成果のすべてでした。個人的な接触によって、個人的な関係と信頼とによって信者となった者はほんの少数にすぎません」。

「宣教師は海岸に砂の城を立てたようなものです」。「これは、日本のために何か道徳的、精神的なことをなそうとした外国人全員に言えることです。彼らは失敗する運命にあったのです」。

「大衆を改宗させることは期待できません。一人や二人はできるにしても、大衆は無理ですよ」。

「しかし、確かに日本は西洋にとても強く影響されてきたでしょう」

日本は、物質的なことに関しては、外国人から多くのことを得てきた。「ああ！　日本は多くの物を手に入れましたよ！」

「日本人は、根底では物質主義的なのです。確かに、日本人は物質的なことに非常に大きな価値を見出していますが、精神的な価値については盲目です。道徳的、精神的な価値については、いつでも盲目なのです」。

大変な熱狂と尊敬の念を持って、彼らは西洋の「ルームクーラーと超特急列車」を受容し、「高層ビル」を崇めている。もし何かから物質的な利益を得られるときには、そこに価値を見出す。彼らは「これは物質的にはどんな利点があるのだろう？」と自問するのである。

「日本人は、真実のための真実などに興味はありません。だから外国人はみな日本で失敗するのです。つまり、当然ながら真摯な志を持った最高の人間が失敗するということです。金儲けをしようとか、自分の何か物質的な理由で来日する者は、おそらくより満足する結果を得られるでしょうね。彼らの手にする実りは小さくはないでしょう」。

「けれども、熱心に日本を助けようとする者が受け取るのは、恥辱と嘲笑なのです」。

「あなたは大変がっかりするでしょうが、私はそれでも外国人は日本のために多くのことをなしうると思いますし、日本人の多くもそう思うだろうと思います」

「外国人は優越感を持っています。彼らは自分が西洋人であることに優越感を持っています。そうであるべきだろうし、まったくもってその権利があります。彼らは優れています。西洋文明は日本の文明よりも優れています。だから日本人は劣等感を持っているのです」。

「西洋人の優越感には歴とした根拠があります。決して事実無根ではありません。もちろん、私は芸術や建築など、日本が引けをとらない分野を忘れているわけではありません。でも、科学や医学、技術的物質的なあらゆる面で日本ははるかに遅れています」。

「今では、私はそれを羨ましいとは思っていません。言いたいことはつまり、外国人は優越感を持って然るべきだということです。実際にそうなのだから。私としては、我々は互いにきょうだいのように感じるべきだと思っています。つまり、もし年長の兄姉が科学や医学で成功しているのなら、あらゆる人類の家族がそうであるように、我々弟たちはそれを喜ぶべきなのです。日本人は自分以外に人類の兄姉たちが成し遂げたことを喜ぶことを学ぶべきでしょう」。

より楽観的な見方

「アメリカは、教育的な線に沿って日本で始めたことを続けるべきです」。

「教育現場の交換留学がますます必要でしょうね。若い研究者だけでなく、年長の研究者もアメリカへ派遣されるべきです。概して、若い世代だけにチャンスが与えられています」。

「一般の人びとも同様にアメリカへ派遣されるべきですし、アメリカからも日本へ派遣されるべきです」。

「商業主義に影響されていない米国の書物が、もっと必要です。よく売れそうな本だけではなく、研究論文も必要です」。

研究者。研究者。もっと多くの研究者。詩人。音楽家。「我々はもっと文化的なアメリカ人に日本に来てもらいたいです。英国は最高の文化人たちをもっとずっと頻繁に送りこんでいますよ。我々はアメリカの文学者や詩人にもっと来てほしいのです」。

アメリカ文学に関する長野セミナー（長野市で五年間夏に行われ、ある年はウィリアム・フォークナー[*6]が参加し、別の年にはR・P・ブラックマー[*7]が参加した）は大成功を収めた。参加者全員が尊敬と郷愁の念を持ってこの企画を記憶しており、継続を心から願っている。「それは戦後にアメリカがなした最良の文化貢献でした」。「こうしたことは将来の日本のためにも続けられるべきです。あれは日本が常々思い出す、西洋からの文化的、人間的賜物でした」。

より抽象的に

アメリカは日本人に対して「表現の愉しみ」を教えることができる。「我々日本人にとってそれは問題で」、アメリカと西洋は日本人に対して「感情を外に出す技術」を教えることができるのだ。

「西洋では合理主義が暗礁に乗り上げた、と日本人に思わせる」ようなことはしないでほしい。「日本人にはもっと合理主義が必要なのです」。日本はまだまだ西洋の論理を必要としているのだ。

新生日本のために、「我々は平等についてもっと知り、経験する必要があります」。「本当の平等は、日本人の間にはまだ存在していません」。

人文科学も、「人間同士の関係において我々に示唆を与えてくれます」。

アメリカは、抽象概念だけでなく、「感覚の点で我々に知識を与えてくれるでしょう」。「我々は概念を受容することはおそらくできますが、感じ取るところまではまだいきません」。「西洋人には、我々がそういうものを感じ取れるように概念を示してほしいのです」。

日本の将来のために？

「アメリカ人は過度に積極的になってはいけません」。「もっと消極的な方法で……静かに……控えめに手助けすべきです」。

アメリカ人は「日本についてもっと学ぶ」必要がある。「古典文学や劇ばかりではなく、もっと最近の文学を……古い伝統文化だけでなく現代文化を学ぶべきです」。「現代の日本文学を読むことは、アメリカ人にとって日本人のことをより良く知る一つの方法でしょう」。

アメリカ人は「常に何らかの見返りを期待せずに与えるべきです」。

「これ以上の合衆国の物質文明は、将来の日本にとって良くありません」。

「アメリカ人は教師として来たのでしょう」。「アメリカ人は単に日本人に教えるだけでなく、友人として来るべきです」。

「米国はあらゆる種類の文化交流事業を続けるべきです。フルブライト計画はもっと拡大され、広げられるべきです。学術界に限定するのではなく、あらゆる種類の才能ある人びとを含めるべきですよ。特に、できるだけ多くの若い世代が含まれるように拡大されるといいですね」。

次に、合衆国は「自国とソヴィエトとの間の緊張を緩和する」よう努めるべきである。

三番目に、「善良な日本人が米国に帰化するのを許可してもらえませんか」。

四番目に、「単に旅行者としてではなく、あらゆる分野の専門家たちに来日してほしいです。旅行者は、単に財政的な恩恵しかもたらしません」。しかし、彼らの日本に対する知識は限られ、しばしば間違っている。日本についての「旅行者の知識」はほとんど何の役にも立たず、時に有害ですらある。旅行者たちは観光名所しか見ようとせず、大きな「美しいホテル」に泊まる。彼らは日本人の日々の生活を学ぼうとはしない。日本への旅行者は、いつでも可能なかぎり日本の家に泊まるべきである。「彼らはしばらくの間、我々と一緒に生活すべきです」。

「しかしもっと重要なことは、あらゆる分野、すべての分野において、もっと専門家を送り込んでほしいということです」。共通の利益によって、そうした訪問者は「日本人との間に強い理解の輪を築く」だろう。

「アメリカ人は進んで学びたいと思っています。だから、彼らが日本について単なる旅行者としての視点や理解だけしか得ないとしたら残念ですね」。

英国人は堅苦しすぎる。「英国人は確固としたプライドがあるので、譲歩しないように見受けられます」。

新しき日本を作っていくうえで民主主義はどんな役割を果たしますか？

「民主主義は外部から与えられたものですが、それ自体は価値のあるものです」。民主主義は日本の社会構造自体のなかから自然に発達したものではないが、我々日本人はその価値を認めなければならない。日本における民主主義の将来には大きな可能性がある。「今や日本は自由な国です。ですから、そのような条件下で、それ（民主主義）は発達可能です。我々は自由なので、現在の状況はその発達に好都合です」。

「現在の（自由な）状態が変わらないでいることを、私は心から願っています。今や民主主義は日本に部分的には根づいたけれども、それを壊そうとする動きがありますね。残念なことです！」。「憲法を変えようとしている者」は、「日本における民主主義の根っこを壊そうとしている者」なのだ。

「ジャーナリズムやマス・メディア全般が、この国の反民主主義に対して何かしていることはありますか？」

「ジャーナリズムやその他のマス・メディアでは、もっと悲観的な考え方が主流です。マス・メディアでは、悲観的であればあるほど良いのです。なぜならば、楽観主義は人びとの間で主流ではないからです」。この状況は「良くありません」。これはつまり、知識人のなかで「もっと楽観的で、もっとバランスのとれた」視点を持つ者たちは、記事を書くために新聞や雑誌から指名されないことを意味するのだ。

日本において民主主義への抵抗はほかに何かありますか？

「今まで、私はジャーナリストやマス・メディアのインテリについて多くのことを語ってきました。しかし、大学にいる知識人には、非常に反民主主義的な要素があります」。

実際問題として何が最も重要でしょうか？

「第一に、日本人自身が日本の新しい文化を創出することに深く関心を持つ必要があり、その次に、外国人がそれに興味を持つように努める必要があります」（外国人は、ほとんどの場合、主として日本の古い文化に興味を持っている）。「今我々が部分的に創造したものを自分たちで耕し、発展させたかどうか、大変疑問に感じます。我々日本人はかつて持っていたものではなく、これからのものに関心を持つべきでしょう」。

「私は、自分たちの未来を創出していけるという自信があります」。

「日本が古い文化を否定すべきだというのではなく、新しいものを生み出すために古い文化を真摯に学ぶ必要があるのです」。

日本は西洋に対してどのように自国を説明すべきか？

「日本に関するパンフレットを山ほど作り、それを世界中にばらまいて、どうか、どうか、どうか日本を理解してくださいと言ったとしても、役には立たないでしょうね」。それはほとんど馬鹿げている。「それでは何の役にも立ちません」(そんな表面的なことは日本交通公社にやらせればよい)。

古い日本文化を世界に紹介する際、単に古い名作文学を翻訳するだけでは、ほとんどあるいはまったく役に立たないだろう。外国人にとって、そういうものを読んでも本当の意味での日本の紹介にはならない。

たとえば、『源氏物語』(アーサー・ウェイリーによる翻訳)は十分とは言えない。あの本だけでは、まったく日本の紹介になっていない。「我々は『源氏物語』を日本の歴史と関係づけ、特に社会学と結びつけ、いかに『源氏物語』が我々の背景とうまく重なるかを示し、さらにその背景が今どのような意味を持つのかということに関連づけて紹介する必要があります。さもなければ、日本文化は西洋文化に対して正しい影響や刺激とはならないでしょう」。

文化交流に関しては文字どおりの意味で、政治的な要素は関係なしに、ということですね。

「(国家間では)政治的な交流だけでは真の理解には繋がりません。我々は何が文化交流であり、何が政治交流であるのかを明確に区別しなければなりません。ヨーロッパの小国ならば私の言わんとすることをわかってくれると思います」。彼らは日本と同様に、強大な力と対峙しなければならないという同じ問題に直面している。

「純粋な真の日本文化(政治とは無関係の)として、外国人は単純に歌舞伎や能を象徴として考えています。しかしそれらはすでに完成された(終わった)芸術であって、成長している芸術ではありません。

我々はそうしたものから何か新しい物を創出できませんでした。外国人がそれで日本文化を判断できるでしょうか！　完成された芸術のなかに現代人の感覚は見出せません」。現代日本人の心は、芸術、特に、多かれ少なかれ「死んでいる」過去の芸術のなかには反映されていない。「そうした芸術は保存されている文化であって、成長している文化ではないのです」。

「アメリカ人はどうかと言うと、アメリカ人や西洋人が人種的偏見を乗り越えなければ、平等の感覚も東西間の良き将来の関係も存在しないでしょう」。

「外国人は全員、自分たちの人種的偏見を捨て去るべきです」。

「アメリカ人は日本人のことを人種的に異なると見るべきではありません。つまり、根源的な人間関係を損ねないために、違いを考えるべきではないということです。もし彼らがそういうことをし続ければ、日本とアメリカとの良き理解は決して訪れないでしょうね」。

「高い教養を持つアメリカ人のなかには、こうした人種的偏見の傾向は見られません……最高の教養を持つ者たちの間では。しかし下層階級のアメリカ人には、確かに強い偏見を感じますし、それゆえにある種のアメリカ人たちの間にはその傾向が強いと言えます」。我々は占領開始から今日に至るまで、日本でそうしたアメリカ人を多く見かけている。

Ⅶ　東洋と西洋は互いに理解することが可能か？

理解への確固たる基本的な障壁は、完全には取り払われていない。その一つは言葉の壁である。

「あることを表す言葉がヨーロッパの言語にはあっても、日本にいる我々には同じ事柄を表す言葉がありません。その逆もまた然り。我々が日本語だから表現できる事柄、感情、状況というものもあります」。それはヨーロッパのどんな言語でも表現することができないのだ。

「つまり、ある点では日本人は言葉や活動や考え方において乏しいし、逆にある点ではとても豊かなのです」。

「これはつまり、日本ではヨーロッパ人やアメリカ人が話すのと同じ事柄を話しているわけではないことを意味しています。――たとえば、褒めること、あるいは特定の状況において感情を表現したり表現しなかったりすることです」。こうして、日本人がその感情を少ししか表さなかったり全然表さなかったりする特定の場合や状況において、「ヨーロッパ人は、日本人にとって言葉が多すぎる」ことになる。「日本人はしばしばある感情をちょっとした仕草で表現します」。こうした、「言葉による」表現の不足は、大きな誤解を生じさせている。

「たとえば、資本主義と共産主義という言葉に関して言えば、多様な意味を持つ抽象的な用語です。それぞれの用語はアメリカ人にとっても日本人にとっても一つ以上の意味があり、知識人とそうではない人たちでも意味が異なります。さらに、同じ用語がアメリカ人と日本人とでは異なる意味を持つこともあり」、「一つの世界でも異なった意味があり、異なる世界間でも意味が異なります」。

「これが、コミュニケーション上の障壁を生じさせ、コミュニケーションの経路を壊してしまいます」。

「意味の段階で異なっているところから誤解が生じるのです。これは語義の問題であり、語義の問題というのは互いの国の文化的、道徳的な伝統によってさらに複雑なものとなってしまいます」。

「しかし、東洋と西洋の文化的、道徳的な伝統が吟味されてきた一方、この語義上の問題はそれに比べると十分に吟味されてはいません」。

日本語と英語の構造自体が「もう一つの語義上の問題、相関関係の問題」を示している。

「英語は明快な主語と目的語を持った厳密なものですが、日本語はそれが明快ではなく、しばしば主語と目的語の間の厳密な区別がありません。日本人は、俳句に見られるように、主語と目的語を区別せずに客観的な相関関係を表現しようとします」。

「それゆえに、日本人がますます審美的な分野へと――西洋よりもずっと深くに入っていってしまうのは、この言語の違いが理由の一つなのです。そしてもちろん、「我々自身の性格がこの言語を生み出してきたのです」。

「日本人の性格の一つに、直観的に考えるということがあります。これは伝統的なものですね。これに対して西洋人は分析的、論理的に考えます」。

これら二つの異なるタイプの考え方は、東西の理解において「多くの困難を生じさせます」。西洋人が理解するのが大変なのはもっともなことだが、「日本人の直観的な考え方は日本の長きにわたる文化的、歴史的、伝統的なものなのです」。

もちろん、日本の知識人たちも、「行動する場合はこの制約のもとにあります」。

「この問題を解決する方法としてあなたは何を思い浮かべますか?」

日本人はより論理的になりつつある。「論理的な事柄」に関する西洋への適合がどんどん可能になっている。これは、「日本人のものの考え方を大きく変えた」明治維新からこの方、西洋の科学を取り入れてきたからだ。「それをよりいっそう続けていかなければなりません」。

「しかし、新たな問題もあります」。

伝統的な日本的な物の考え方は非論理的で、昔も今も東西の障壁となっているが、西洋の科学が紹介され始めてからゆっくりと変化してきた。日本では特定の人びとの間では、「この伝統的な日本的な物の考え方が独自の場所と地位を占めており」、彼らは「それを失いたくないと考えています」。さらには、「西洋もまたこれに価値を見出し始めています」。西洋は非論理的、非アリストテレス的な考え方に価値を見出し始めている。西洋は独自の非論理的考え方を発達させ始めており、同時にアジア的な非論理的な考え方にも価値を見出しているのだ。

「それゆえに、両者は歩み寄っています。しかし、それは長いプロセスとなるでしょうね」。

「アジア的な非アリストテレス的、あるいは非論理的考え方は、西洋とは異なります」。

「高等数学では大きなアドバンテージを持ちます」。

それでも、ほとんどの西洋人は物の考え方が論理的で、彼らが東洋的思考に遭遇すると「染みついた考え方を手放すのに長い時間がかかります」。

「これは東西間の理解を遮断することになります。互いに理解するためには、おそらく両者の等しい努力が必要です」。

そうだとしても、「西洋人は自分たちの非論理的視点からのみ、非論理的な考え方に踏み込むことができるでしょう」。

「東洋の思考は基本的に非論理的なので、東洋では非論理的思考を創り出す必要はありません」。

確かに、東洋は将来的に多くの貢献をするだろう。西洋は論理を発展させてきた。「そして西洋はこの論理ゆえに発達してきました。科学が発達したのです」。しかし、科学者が次第に実感し始めたように、論理の限界というものがある。彼らは「論理の限界」を越えようとしている。この点で日本や東洋の国々は「将来に貢献できる」のだ。

確かに、我々はそれを、日本語が深く根ざしている「直観的な方法」とか「感性による方法」と呼ぶべきかもしれない。これは西洋ではまだ大きな価値がなくとも、将来は西洋が東洋をより評価する一助となるかもしれない。

「日本語の叙述は視覚的で感覚的です。西洋では、叙述が視覚的でないのは間違いありません。それは思索的です――日本人は、西洋的な感覚で言うところの思考はしませんね。日本語の叙述は視覚的で感覚的で、象徴的な統一体です。それは仕草のようです」。

「見ることは日本的な方法ですよ。実際のところ。日本の芸術的特質も同様です。日本人は見る芸術を創出しますが、音楽はそれほど発達していません」。日本の音楽は、ほとんどの場合、演劇や舞踏のような、見る芸術の伴奏として作曲されている。

「思うに、こうしたことすべてが日本を理解するうえでの手がかりとなります」。そして、これは日本人が時として自分を表現するのにほんの二言三言しか使わず、言葉の代わりに仕草を用いる理由について誤解している外国人に多くのことを説明しうるだろう。

そうだとしても、日本の学生は、自分が知っている作家や画家などを分類する言葉を見つけることが好きである。彼らは何々主義とか、何々主義者というのが好きなのだ。

感じることと話すこと

「情緒的であることは依然として大きな問題です。西洋の知識人は情緒的にはまったく理解されていません。我々のなかでは、知識は知識、感情は感情として別々に分けて保持されているのです」。それは数多くの知識人から「意図しない偽善者」を作り出す。「彼らは信念を語りますが、同時に感覚としては違っているかもしれず、最終的には情緒的な感覚に基づいて振る舞うのです」。これは教養のある階層においてはほとんど間違いなく、教養が高くなればなるほどそうである。「教養の高くない階層は、感じたままに直接振る舞いますね」。知識階級、とりわけ最も高い教養を持つ者たちは、この二つ（理性と情緒）の間の溝が大変に大きい。「今日の日本において最も必要とされるのは、正直で知的な情緒である」。

「あなたたち日本人は、西洋人からこれからどんな援助をしてほしいですか？」

西洋人は「単なる抽象論ではなく、感情的、身体的、実際的な生活面での知識を与えてくれることが助けとなるでしょう。あなたがた西洋人はすでに大変多くの理論や知識をもたらしてくれましたが、今我々が欲しいのは、T・S・エリオットの言葉を借りるならば、客観的相関物[*8]です。今では我々は西洋由来の多くの知識を持っています。これからは、我々は彼らの客観的相関物を欲します。それらを具体的に見て経験するために」。

日本は海外との接触が不足していると自覚している。日本は今でも島国としての孤立を感じている。

日本はまだまだ西洋人に日本に来てもらいたいのだ。

「確かに我々は西洋人にある種の距離を保っていてほしいし、離れていてほしいですね」。日本ではできるかぎり西洋流の生活のままでいてもらいたいのだ。「これ以上ラフカディオ・ハーンはいりません。理解しがたい西洋人が必要なのです」。西洋人は違った存在であり、「我々にとって異なる存在としてあるべきです。我々が外国人や外国の土地を簡単に理解できると考えるのは間違いです。我々とは大きく異なります。とても違っていて、理解するのがとても大変です」。それはまったく問題ではないし、良いことですらある。ある種の日本人が外国人や外国の土地のことを簡単に理解できるように見せようとすると、害が生じるのである。これは主として日本のジャーナリストやテレビやラジオの脚本家の過失であり、外国人を理解可能なものとして、そして「大衆にとってわかりやすいものとして」一所懸命描こうとし、それゆえに「歪められたイメージ」を与えてしまうのである。彼らは単純化しすぎ、「簡単にしすぎ」、結局「間違っている」のだ。

ある種の西洋人も、この点で間違っている。彼らのなかには、自分の国やその文化について説明するのに明快かつ単純すぎる者がいる。他の者は「しばしばなれなれしく」日本人と接することで、くだけすぎた親密さのせいで失敗する。「宣教師たちはしばしばなれなれしすぎます」。外国人が「なれなれしすぎると我々は尊敬の念を失います」。「理解するには尊敬の念が必要です」。「尊敬なくしては理解もありません」。

「西洋もまた日本を理解しようとして苦しんでいます」

「はい。我々は自分たちのことを全然説明できていません」。日本人は時としてとても無口で、自分について話したがらないのだ。日本人は自己宣伝する人間を見下している。日本人は西欧世界に対して自分たちのことをもっとよく説明する必要があるが、「我々はこれら二つの事柄、すなわち自己説明と自己宣伝とを混同してしまいます」。この混同が、日本を理解しようとしている西洋人の一部に大きな誤解を生み出したのだ。これは大きな過ちであり、重要な点だ。

「日本はいまだに外国人を恐れていますね」

「日本人が恐れるのは、自分たちの築いてきた社会的な秩序（階層性）が危険に晒されること、そして自分の本心を口に出して言うことです」。西洋人は「一人や二人、あるいは少数の日本人」の信頼を得ることはできるだろうが、「日本人全体」に対してはできない。「キリスト自身ですら、日本ではそれ以上のことはできないでしょう」。「真摯な志を持った西洋人は、偉大な失敗者なのです」。日本に来るのが「ビジネスが理由という人は満足するでしょう」。「利己的な理由で日本にいる人たちは成功するでしょう」。それ以外の者は成功できない。

日本人は物質主義者である。日本人はアメリカ人のことをすぐに物質主義者と呼ぶが、（その理由はおそらくは）日本人自身が物質主義者だからである。「日本人は自問します。これは自分にとって得する点はあるか？　自分にとって何か物質的な利益はあるか？」。こうして、外国人のうち「何か手助けしようと日本に来る人は失敗し、自分のために来る人は成功するのです」。

個人間の理解は国家間の理解よりも大きいだろう。日本人は「アメリカ人を理解し、愛する」だろう。

日本人は「外国人を理解するようになる」だろうが、国家が互いに理解するようになるのにはずっと大きな困難がある。それでも「個人の関係を通じて、究極的には国家間もある種の理解を得られることになるでしょう」。そのプロセスは「遅々とした長い」ものとなるだろう。だが、「日本人は自分のことを説明しなければならないし、西洋人に対して率直になるべきです」。

「我々のものの考え方は論理的ではなく、むしろ情緒的です。論理的な考え方に基づいた合理主義は、時には創造的であるけれども大抵は破壊的なアラジンの魔法のランプのようなものと受け取られてきました。洞察力に基づいた神秘主義は、最も現実的な者にとっても支配的なのです。だから、たとえばドイツ観念論やJ・P・サルトルの実存主義が、一番自然な形で幅広く受け入れられたのです」。

「我々は自然を受け入れますが、西洋人は自然を克服しようとします。時として我々は侵略者と呼ばれてきましたが、世界の歴史上の事実をあなたたちで思い返してみればよいでしょうね。現在の領土保有の権利がいかにして獲得されてきたか、どのように世界平和が維持されてきたのか。我々は野蛮だと告発されてきました。ですが、伝統的な劇作家である近松とシェイクスピアを比較してごらんなさい。自己犠牲による自殺などは、シェイクスピアには描かれていません」。

「第一に、我々は互いの違いについて完璧に自覚すべきでしょう。次に互いから学び合わなくてはなりません」。（これがおそらくはこの東西の議論から導き出される最も基本的で楽観的で建設的な解決であろう）。

「西洋人は優越感を抱いていますが、それは実際に優れているからです」。日本人が優越感を見せるのは、「束の間の優越感を感じるとき」か、一時的に「大きな劣等感を克服したとき」である。日本人は二つのコンプレックスを同時に持つことが可能だ。つまり、会社においては劣等感を、家においては優越感を。

「だから、私は西洋人に日本人の感覚を理解してほしいのです」。

日本人は理解を必要としている。

日本人は受け入れられ、尊敬されたいのだ。

もし西洋が日本を理解し認めようとするならば、それは真摯な形でなくてはならない。日本人は恩着せがましい態度をすぐに察知する。不公平な偏見や空虚なへつらいはいらない。

「西洋人たちはいつでも東洋のことを二番目に……二番目に重要なものとして考えています」。西洋人はこれを克服すべきである。「あらゆる外国人は人種的偏見を捨てるべきです」。

もちろん、日本と西洋諸国との「将来の相互理解」は、双方によっている。それはまた、「日本が今から西洋の影響をどのように受け取るのかにもよっています。日本人は日本にとって良い影響を選択する必要があり、西洋の考えがすべて正しいと考えてはいけません」。

日本について「アメリカはもっと純粋に客観的になる必要がある」し、日本のことをあるがままに見なくてはならない。そして「単にアメリカ人が日本のことをこう見ているとか、こうであってほしいと願っている」のではいけない。このアドバイスはすべての西洋諸国に対して必要なことである。

「もし外国人が日本の知識人ではなく、普通の人びとのことを知ったならば」、理解へ向けての大きな第一歩となるだろう。

日本は西洋から以下のことを「学ぶ必要があります」。

（1）人間の自由。「人間の自由というものが、東洋ではあまりに限定されています」。
（2）平等性。「日本では上位下達の、お上・下々の者という構造が強すぎます」。
（3）自己表現。「日本人には情緒があるものの、それを表現する方法を知りません」。「西洋は日本に対して自己表現の愉しみを教えるべきです」。
（4）合理主義。「日本人は感覚や情感の部分では秀でているが、西洋から論理や理性を学ばなければなりません」。

「私は、知識人としては西洋化されたいですが、情緒的には日本人固有の精神に正直でいたいですね」（多くの知識人たちが、言葉こそ違えども同じことを言っている）。

「西洋人はゆっくりと東洋へ目を向け始めています」。西洋における表層的な「日本ブーム」は消えてなくなるだろう。何かもっと深いものが生まれつつある。

「直観的な方法」と「審美的な方法」……これらは「日本に深く根づいたものであり、将来は西洋から東洋が認められるのに役立つものでしょう」。この認識は、徐々に成長しつつあるように思える。

振り子の揺れ。「西洋文化への今日の抵抗、とりわけ特定のものに対する抵抗は、長続きはしないでしょう」。なぜか？ 過去においてそういうものが長続きなどしたことがないからだ。

日本人は「受け入れて認める」のと同様に、あっという間に「許し、忘れる」。それでも、「水面下では、確かにゆっくりと変化しています」。

もう一度まとめると、東洋と西洋、日本と西欧諸国は「互いの違いについてはっきりと自覚し、その次に互いから学ばなくてはならないのです」。

Ⅷ　外国人は日本でいかに振る舞うべきか？

日本人は、外国人が日本でどのように振る舞うべきかについて大いに関心がある。彼らはどうするべきなのか？

（a）外国人は変わる必要はまったくない。彼らは断固として外国風であり続けるべきである。
（b）外国人はそれほどすぐに順応するべきではない。だんだんと変わっていくべきである。
（c）外国人はできるだけ大きく変わり、日本の生活に合わせるべきである。

このように、日本人は外国人に対してほとんど不可能なことを期待している。彼らは外国人に対して外国風であり続けると同時に、日本に合わせてほしいと望んでいるのだ。だが、いかに外国風であろうとも、日本人は外国人に行儀よく振る舞ってほしいし、深い共感をもって日本を理解してほしいのである。

彼らはうわべだけ「日本化した」外国人にかなり懐疑的である。

（a）外国人が外国風であり続けるべきだという視点：

「私は外国人に対して、普段どおりに日本で生活してほしいと思っています」。彼らは自分たちの習慣や慣行を変えるべきではありません。なぜか？　「なぜなら我々日本人は彼らから多くのことを学び取りたいからです。……日本人が全員外国へ行くことはできませんから」。

何よりも、もし外国人が「日本化」してしまうと、「我々に多くのことを教えることができません」。そのことはつまり、「日本人は何の見返りもなしに外国人にあらゆるものを与えている」ことを意味することにもなるだろう。

「我々は西洋人にある程度の距離を保っていてほしいのです」。

「我々にはこれ以上ラフカディオ・ハーンはいりません。理解しがたい……異なる存在としての西洋人が必要なのです」。つまり、風変りで珍奇な者としての外国人は、魅力的で教育的な存在でもあるのだ。

外国人のなかには、「しばしばなれなれしく振る舞いすぎる者がいます」。「宣教師は往々にしてなれなれしく振る舞いすぎますね」。

外国人が「なれなれしすぎると我々は尊敬の念を失います。……理解するには尊敬の念が必要です。……尊敬なくしては理解もありません」。

(b) 外国人はあまり早く変化するべきではない:

「我々はあまりに早く日本に溶け込んでしまった外国人を好みません」。

「西洋人は日本でもっと静かに、さほど目立たない形で暮らすべきです」。

「外国人は自分たちの作法や慣習を変える必要はないですが、日本の本当の姿を見て、理解する必要があります」。

外面的にはほとんど変化していなくても、内面的には変化してほしい。あるいは、もし変われないのなら少なくとも合わせてほしいのだ。

(c) 外国人は日本の生活に合わせるべきである:

「外国人には、自身が外国人であるという自覚を捨て去ってほしいです」。

「彼らは日本的な生活や人びとと調和しなければなりません」。

「日本へやってくる外国人は、日本の土壌に順応しなければなりません……日本の大地に順応する必要があります。さもなければ彼らは生き抜くことはできません」。

「東洋は絶対に西洋にはなれません。西洋もまた東洋になるべきではありません。しかし、我々はお互いに理解し合うべきです」。西洋人は日本人にはなれないが、日本人を理解すべきであり、同時に日本人から理解される必要がある。

「日本人は、不平をもらす外国人をすぐにかぎわけます」。

率直さが大事なのである。親切さと理解。尊厳。静かな順応。何よりも、良い人間であるべきである。

外国人に対するある男性からの忠告
「東洋が西洋を理解するための、外国人に向けての私のアドバイスは、『礼儀正しく』振る舞うだけでなく、その国のやり方で行動すべきだ、というものです」。

彼らに要求したいことは、「外国の生活様式や考え方を変えずに日本に住むことです。急激に日本化してしまうことは良くありません」。

「アメリカ人は、日本に住む際に生活習慣を変えて、簡単に急いで順応すべきではないのです」。

その理由はなぜか。「なぜならば、我々日本人は彼らから多くのことを学びたいからです」。我々は、外国人とはどういうものなのか、どのように暮らすのか、といったことを学びたいのだ。「日本人のすべてが外国へ行けるわけではありません。私は外国人にはありのままで日本に暮らしてほしいのです」。

「さもなければ、我々日本人は与えるだけで、外国人から何も得るところがなくなってしまいます」。

また別の男は、何人かの知識人（特に親米派）によって表明された次のようなアドバイスを与えてくれた。

「日本人は承認されたいのです」。

「アメリカ人は、日本人の良い点をすべて心の奥底から認めるべきです。もし彼ら（アメリカ人）が日本人のことを、日本人の美点を大きく、また真摯に認めてくれたら、そして口に出して言ってくれたら、意味のあることなんです！」。


【注】

＊1　この人物は、知識人とインテリとを区別しており、後者は自己流の知識人である。日本人全体としてこの区別をしているわけではなく、本物のインテリと自称インテリの両方のタイプの知識人のことをしばしばインテリという言葉で表している。よって、混乱が生じている。（原注）

＊2　インタビューしたすべての者のなかで、共産主義に対する好意的な表現への疑念を示しえたのはせいぜい一、二名であった（原注）。

＊3　日本で数年間を過ごした英国人の詩人（原注）。前述のエドマンド・ブランデン。

＊4　原文は（6）だが（7）のミスタイプ

＊5　ここは原文のレイアウトからすると本来はⅦとすべき見出しだった可能性もあるが、番号が付されておらず、また内容的にもⅥとの連続性があるため、小見出し扱いとした。

＊6　ウィリアム・フォークナー（William Cuthbert Faulkner　一八九七〜一九六二年）。小説家。一九四九年にノーベル文学賞受賞。

＊7　リチャード・P・ブラックマー（Richard Palmer Blackmur　一九〇四〜六五年）。文芸批評家・詩人。

＊8　エリオットが、シェイクスピアの『ハムレット』を論じる際に、主人公の独白に頼るよりも他の登場人物の視点から主人公を描写するほうがより写実的な描写たりうると主張した理論。

USIS ジャパン
1961 年 5 月 20 日

目　次

I　現状の概要
A，この国の現状
B，ＵＳＩＳの使命
C，当部署の諸設備

II　判明点および勧告
A，プログラムの計画および調整
B，運営の諸関係
C，現行組織の評価
D，現行プログラムの評価
E，プログラムの運営
序文
1，ラジオ
2，テレビ
3，新聞・雑誌
4，映画
5，情報センターおよび図書館
6，二国間センター
7，英語教育
8，人物交流
9，大統領基金事業
10，展覧会
11，図書の翻訳
12，上演
13，ＩＭＧプログラム
14，特別事業
15，ピープル・トゥ・ピープル・プログラム
16，私的接触
17，アメリカ人職員についてのＯＣＢ報告の実行
F，運営
1，運営設備
2，職員
G，全般的な運営

4、映画

a、所見

スタッフ：再組織化のもと、USIS製作部の映画／テレビ課は、プログラム部による内容指示のもと、映画・TV両方で活動している。当課では二つの活動が一緒になっているため、どちらか一方のスタッフの勤務時間や支出の正確な配分を評価することは難しい。しかし、映画／テレビ課長に関しては、全般的に勤務時間のおおむね七五％が映画関係の仕事に費やされているということだ。三一名いる当課の現地採用職員のうち、二名はテレビの仕事に専念しており、さまざまな仕事をしている他の従業員の仕事を見積もれば、ほかに二人がTVの仕事をしているのと同等の状態となる。ということは、残りの二七名が映画の仕事をしていることになる。さらに、そのうちの四名はバンコクでの映画支援に従事しているとのことなので、東京で映画任務に就いている人数は二三名ということになろう。

前年度、何人かのスタッフがUSIS台湾、ラオスの仕事にも振り分けられていたが、本報告書ではそれらを切り離して論じることはしない。しかし、この仕事が今後も続くなら、長期的には日本での任務につくスタッフの有効性に影響が出るだろう。

日本の全アメリカ文化センターが活発な映画配給プログラムを実行しており、パートタイム職員二名から専任職員五名までの人員が各地で割り当てられている。

コスト：以下に示すのは、一九六一年の会計年度における、当課の日本での活動費用明細である。テレビへの支出と特定できるものには含めておらず、別項目にて計上している。

米国人（課長）の給与と必要経費	8755ドル
現地採用者（29名）の給与	5万2932ドル
経費合計額	3万7934ドル
直接的メディアサポート経費	4万5000ドル
合計	14万1121ドル

以下に示すのは、一九五九年の会計年度から一九六一年度にかけての割当費用の金額である。

	1959年度	1960年度	1961年度
現地の映画製作費	4万4218ドル	2万5448ドル	4904ドル
フィルム制作費用	2万7817ドル	1万4708ドル	2万2230ドル
映画配給経費	2万2098ドル	1万1303ドル	1万8000ドル
	9万4133ドル	5万1459ドル	3万7934ドル

これとは別に、バンコクへの支援（フィルム制作費用）として以下の金額が負担、配分された。

1959年度	3万5202ドル
1960年度	2万3192ドル
1961年度	2万3000ドル

フィルム制作：映画／テレビ課が制作（および製作）した現地語版は、ＵＳＩＡが供給した生フィルム素材を使用した。これは、現地調達できるものよりも質が良いからである。このため、上記のごとく比較的高額の直接的メディアサポート経費が計上されている。フィルム装填用のリールやフィルム缶についても同様にＵＳＩＡ供給となっている。音声録音、編集等に関連する制作業務は当課が行っているが、現像に関しては契約を交わした外部の業者に委託している。

当部署の要請がＵＳＩＡに認められれば、フィルム装填用のリール缶は、将来的には現地調達されることになり、ＩＭＳ（国際映画サービス局）は経費が削減できるだろう。

（1）日本でのニーズ：現地製作作品のプリント作成費用については後述するが、ＵＳＩＡ供給のなかから選んだ作品の日本語版制作についても、当部署が行っている。現地でモノクロ現像するための資料素材は、ＩＭＳが供給している。カラー作品のプリントを焼く場合は、当部署がサウンド・トラックとワーク・プリントとをセットにして米本国に送っている。プリント本数は最大で八七本であるが、その数は配給上の要請に応じてもっと少ない場合もある。

一九六〇年度に関しては、このような形で一九作品の制作が行われ、六一年度については二五作品が予定されている（一九六一年三月中旬時点で一四作品が完了済みである）。一九五九年度は二五作品、五八年度は一七作品、五七年度は四二作品であった。

一巻もののモノクロ作品八七本のプリントを焼くための制作費・プリント費は最大七〇二ドル、内訳は、当部署の経費合計額からの支出が二二五ドル、ＵＳＩＡから直接供給される素材が四七七ドルとなる。

（2）他の海外部署への支援：前述のように、当部署はバンコクの仕事を日常的に支援している。これには、USIA供給作品のタイ語版制作、モノクロ、カラー両方のバンコクの現地作品の制作が含まれる。バンコクではナレーションをテープに録音し、途中段階で撮影済みのフィルムを未現像の状態で東京へ輸送する。当部署ではワーク・プリントの編集を除いて、その後の制作の全過程を指揮している。

一九六〇年度については、バンコク用にトータルで九八作品のプリント一一二一本を制作した。一九六一年度は、三月初旬までの段階で九二作品のプリント九七五本を制作している。

上記に加えて、過去一年間にビエンチャンのUSISラオスのために、四作品の長編映画のプリント五〇本を制作し、USIS台北に対しては、台北で撮影された素材を用いた三〇分のカラー・ドキュメンタリー映画の制作を行っている。どちらの現地部署も現像費のコストを負担した。

現地製作：かつては活発に行われ、また非常に成功裏に行われていたUSISジャパンにおける現地製作プログラムだが、ワシントンや他の出張所と同程度のニュースリール用の地元での必要撮影分は別として、折に触れ縮小されてきた。相対的に見て欠乏状態が何カ月にも及んだのちに、重要なプロジェクトが現在進行中である。これは、日本におけるフルブライト・プログラムに関する三巻物の企画である。東京で開催される一九六一年度国際見本市へのアメリカの参加を取材した一〇分間の作品も、現在準備中である。

一九五四年度以降、トータルで四七本の映画が現地製作されてきた。これには、ビクターとベル＆ハウエルの映写機の操作法および保守方法を説明する二本の機械関係の作品も含まれる。扱われたものには、芸術家をはじめとする来日アメリカ人、さまざまな領域における日系アメリカ人の協力などが含まれる。全作品が今も貸し出し中で、そのうちの八作品は、一九六〇年度に最も頻繁に用いられた映画としてリストアップされている（観客数は集約すると四〇万人、あるいはそれ以上となる）。またこれらのうち一二作品は、同年にさまざまなテレビ局で一〇回以上放送された。

それらのうち直近の作品は、以下である。

『太平洋をまたぐ橋』：（三巻、モノクロ、公開日：一九六〇年一一月一四日）日本と合衆国との一〇〇年に及ぶ友好的な外交関係を映像と物語で紡いだ作品。初期の日系アメリカ人によるめずらしい素描や木彫が映画のハイライトとなっており、文化的・人的交流が増加している現在の両国関係も強調している。

『ボストン交響楽団』：（四巻、モノクロ、公開日：一九六〇年一〇月二五日）シャルル・ミュンシュ[*1]によって指揮されているボストン交響楽団を取り上げた音楽映画。同交響楽団が成功裏に終えた日本でのコンサート・ツアーの間に撮影が行われ、イースレイ・ブラックウッド[*2]、エクトル・ベルリオーズ[*3]、アーロン・コープランド[*4]、クロード・ドビュッシー[*5]らの曲によって構成された演奏が含まれている。

当部署の実績からして、東京でのカラー現像の仕事は順調である。一巻物の素材で八七本のプリントを焼くための現像およびプリント費用（同数のモノクロプリントを焼く費用との比較のために記しておくと）は、合計二五二六ドルであり、そのうち当部署の経費合計額からの支出が一四一六ドル、USIAから直接供給される素材に一一一〇ドルとなっている。

最近の製作項目が示すところによれば、上記リストの一つ目の作品『太平洋をまたぐ橋』（三巻）の場合、費用は六〇〇〇ドルだった（公開用のプリントの現像費用は含まれていない）。これは部分的に外部との契約で製作された。二番目の作品『ボストン交響楽団』（四巻）は完全に外部契約で製作され、費用は一万五〇〇〇ドル（同時録音）であった。

非劇場用配給：USISでは、主として日本にある一二カ所のアメリカ文化センター、一一カ所の日米文化センター（USISによって図書、映画、その他の素材が提供され、運営は現地の日本人に委任）、文部省後援で日本の地方自治体（教育委員会）によって運営されている四六カ所の視聴覚ライブラリーを利用する拡大公開システムを持っている。

通常、新作映画は八七本のプリントによって、以下のように配給されている。

	プリント本数
アメリカ文化センター（11カ所に2本、12カ所目に3本）	25本
日米文化センター	11本
視聴覚ライブラリー	46本

沖縄県民生部	2本※
文部省（東京）	1本
USIS本部の保存用	2本
	87本

※プリント費用は民生部によって賄われている。

当部署の映画プログラムにおける全映画の公開状況一覧は、以下のとおりである（一九六一年三月時点）。

	作品数	プリント本数
IMS映画（英語版）	1449作品	1763本
IMSおよびSCAPのCIE映画（日本語版）	489作品	5万1150本
『生きた英語』※当部署製作で主として TV向け（詳細は別項目を参照のこと）	150作品	2210本
現地部署による映画製作	47作品	4262本
	2137作品	6万1247本[*6]

プリントの在庫のうち全体の約二〇％が、アメリカ文化センターおよび日米文化センターに保管されている。県別の視聴覚ライブラリーは、約六〇％を保管している。USISの本部にあるのは二六二五本（二〇〇一作品）で、これは約六％である。何本かは文部省、あるいは地方の視聴覚ライブラリー・システムの協力によって文部省が維持している六カ所の地域修繕配給センターの手元にある。

上映に供されている多くの作品が今では古びてしまい、プログラムでの使用に適さなくなっているのは明白である。当部署は、そうした作品をプログラムから除外し、「占領心理戦」のもとで一〇年から一五年くらい前に作られた作品を特に精査の対象としている最中であることを報告する。上記の表にリストアップされている（そして当部署の映画カタログに記載されている）四八九作品の日本語版のうち二五〇作品ほどは、古いSCAPのCIE映画である。

上記のUSIS本部のコレクションは、主として当部署とは離れた場所にある東京のアメリカ文化センターでメンテナンスされている。当部署にあるほとんどの英語版の作品（通常は一本しかプリントがない）はかなり専門的な内容で、このコレクションのなかでメンテナンスされており、リクエストに応じてあらゆる場所で上映に供され続けている。当コレクションの日本語版に関しては、アメリカ文化センターの分室・日米文化センター・視聴覚ライブラリーにおける需要のピーク時には十分に需要に応えることができないため、リクエストに応じて緊急用として提供できるように確保されている。映画／テレビ課の現地採用臨時職員のうち二人は、USIS本部ではなく当センターに配置されている。これはフィルムの点検、修理、フィルム記録の更新などの目的のためである。

日本国内でのフィルム（その他のUSISプログラムの全素材）の輸送もまた、東京の文化センターにおいて七名の現地採用職員からなる梱包輸送班によって行われている。これらの従業員は、当部署の総務部の一員となっている。

映画の配給業務については東京センターで実施されているが、それは本部ではその業務を行うのに十分なスペースがないという理由に加え、日本の外務省の規定によって文化センターによる配給以外は認められていないことによる。外務省はまた、テレビ放送の時機に鑑みて、センターの敷地外での映画上映の一部、あるいはすべてを中止するよう勧告することも事実上可能である（別項のテレビ事業における議論を参照）。東京で他の国が映画を上映しようとすれば、この手続きに従わなければならないが、USISの場合は文面化されていない合意によってそのかぎりではない。伝えられたところによると、ソヴィエトはこの「差別」にいら立ち、外務省に苦情を申し立てたという。しかし、文部省の各都道府県別視聴覚ライブラリーが圧倒的な量のUSIS映画を保有しているという点から、現状に対するいかなる変更措置もとられないであろうと推察される。

一九六〇年度における、映画プログラムのもとにある全種類の映画上映の全国規模の実態は、以下のとおりである（統計データの詳細は配給センターの提供による）。

	上映回数	参加者数
アメリカ文化センター	3万3702	795万3021
日米文化センター	1万6723	324万8998
各県視聴覚ライブラリー	12万1842	3208万5360
その他（特別上映、展覧会等）	2464	57万5313
	17万4731	4386万2692

各地のアメリカ文化センターでは、センター内でのレクチャー、展示会等の活動においても当然ながら頻繁に映画を用いている。しかし、ほとんどの上映は各エリア内の諸組織や諸機関への貸し出しという形である。アメリカ文化センターのほとんどの場所では、限られたコミュニティや日米文化センター

への貸し出し用の映写機と予備フィルムを確保しており、上映に用いる貸し出し用フィルム・セットを保持している。

USIS（つまりはアメリカ文化センター）の本来の目的には、主要な観客を学生、教師、地方自治体の職員、労働組合関係と明記している。学生（高校といくつかの大学）に対してはかなり目的が達成されており、アメリカ文化センターの全貸し出しの二五～五〇％にあたると見積もられている。日米文化センターと各県視聴覚ライブラリーでの貸し出しは、アメリカによる効果的な監督と管理という観点から言えばコントロールされていない。

最も人気があり効果的な映画は、文化的、科学的なテーマのもの、アメリカの情景全般を扱ったものであると当部署としては報告したい。すべてのケースにおいて、日本人の興味関心を取り入れている映画（日本を訪れたアメリカ人芸術家や日米協力などに関するもの）は、最も大きな関心を引く傾向がある。

商業的配給：USISがニュース映像の素材を現地で提供することも、場合によっては可能である。一九六〇年度においてこうした事例は一〇例ほどあり、その観客総計は五九八〇万人と見積もられている。だが、ニュース素材を挿入するような提供は別として、USISが劇場での配給機会を得ることは大変難しい。

輸入した映画の商業的な配給は、輸入税を払わなければ問題外であり、日本国内での配給はクオータ・システム[*7]の一環として、年間に定められた本数の長編および短編映画のみが認められている。クオータは大変価値があり、時にはその本数は配給業者の間で巨額な金額で売り買いされている。このようなシステムのもとで、どんな作品であれ日本国内での配給機会を得るために、ＵＳＩＳの目的にかなう配給業者にクオータを使わせてもらうべく説得する必要がある。現実には、現状で製作している作品は一般向けに配給されるほどの商業的な価値はないという理由で、（しばしば試みられてはいるが）これを成功させるには至っていない。ＵＳＩＳの歴史において、二つだけ功を奏している例がある。一つは『X Minus 80 Days』[*8]で、六〇〇を超える数の地方の劇場で配給された。もう一例は、アイゼンハワー大統領の中東への旅の報告[*9]を扱ったもので、日本の二〇世紀フォックスを通じて配給された。

当部署による補助金：扱いづらいメッセージ材料で絶大な効果を得るために、当部署は日本の製作による劇場用長編映画に対し、匿名の補助金を数年間にわたって用いてきた。コントロールの範囲は、作品のテーマ設定のみの場合から製作全体にわたって細部まで権限を持つ場合までと幅広い。それらの作品リストは、以下のとおりである。

完成した企画群：

『鉄の花束』（Iron Bouquet／共産主義者たちが労働組合を乗っ取る話）一九五三年。製作費は三万四五八三ドルで、うちＵＳＩＳの補助金は一万六六六七ドルである。

『嵐の青春』（Stormy Youth／学生グループへの共産主義者の侵入の話）一九五四年。製作費は四万二五〇〇ドルで、うちＵＳＩＳの補助金は一万七五〇〇ドルである。

『怒濤の兄弟』（Brothers at Odds／共産主義者のスパイの話）一九五五年。ＵＳＩＳの補助金は一万六六六七ドルである。[*10]
『ジェット機出動　第１０１航空基地』（Jet Wings Over the Dawn／テーマ：すべての自由国家は自衛しなければならない）一九五八年。製作費は二二万二二二二ドルで、うちＵＳＩＳの補助金は五万五五五五ドルである。[*11]
『殺されるのは御免だ』（I Won't Be Liquidated／共産主義者が麻薬を密輸する話）一九六〇年。ＵＳＩＳの補助金の合計額は三万ドルである。

完成しなかった企画群：
『80世紀』（The 80th Century／日本の国連への加盟）一九五八年。米国による密かな支援についてのニュースが流れてしまったため、本企画は頓挫した。ＵＳＩＳの補助金は一万四〇〇七ドルであり、うち一三八九ドルは返金されたが、一万二六一八ドルについては損失となった。
『失われた歳月』（The Lost Years／教員組合への共産主義者の侵入）脚本段階で要求した変更が実施されなかったため、ＵＳＩＳはチェック試写で作品への支援を承認しなかった。補助金の損失は発生していない。

利用および宣伝素材：当部署では二年おきに全映画のカタログ（日本語と英語の両方）を発行しており、増補版を発行することもある。最新版では五万三〇〇〇冊（日本語版五万冊、英語版三〇〇〇冊）が用意された。それらはすべての映画配給機関（アメリカ文化センターや日米文化センターなど）や大学、労働組合、その他の諸組織や個人に配布されている。

映画利用のリーフレット、ポスター、スチール写真その他の宣伝素材は、かつては使用されて効果があったが、一九五九年七月以降は予算削減で大幅に省略されている。しかし、当部署では選択された何作品かの利用リーフレットの再開を計画中である。

プログラムの指示および調整：組織改編で、プログラム部には映画／テレビ課が映画を製作、改訂、配給するうえでの内容に関する指示を出すことが求められている。製作がだんだん縮小されてきたので、今はすべきことはほとんどない。改訂に関しては、ワシントンから到着したパイロット版のテーマに応じて選ばれたプログラム部の上級職員が試写で確認する。可能な場合は、制作部やプログラム部のチーフや映画／テレビ課のチーフ、現地の上級職員も同席する。USISやアメリカ大使館等の職員が招かれることはめったにない。外部から日本の専門家が意見を求められて雇われることはない。次にプログラム上級職員が改訂すべきかどうかの判断を下し、その場合、どのくらいの規模でフィルムを配給すべきか、あるいは英語版での限定的な配給にとどめるべきかの判断を下す。意見の相違を解決するための効果的なシステムはなく、現地上級職員の助言が求められることはほぼない。全体としては、日本におけるUSISの諸目的に照らして選択が行われるが、特定の観客層に対する映画の限定的使用を目的とした特別な計画はほとんどない。いったん選定が行われると、そのような目的によって配給が影響を受けることはない。

機材の技術者を別とすると、プログラム部や映画／テレビ課の代表者が現地へ旅行する機会は限られる。よって、アメリカ文化センターや都道府県別の視聴覚ライブラリー、学校関係者や地方自治体の役人らと一緒に検証する機会も限定されている。組織改編の主旨によっては、旅行したり、得意先を開拓したり、補助金の活動とは別に日本の映画製作会社に対して影響を与えたりすることも可能かもしれないが、映画／テレビ課長は二つの領域での総務的な仕事、運営上の雑務の重い責務があり、それ以外のことに費やす時間はまったくない。

機材、設備：当部署には、総計で六二七の映写機がある。それらは主として一二カ所のアメリカ文化センターに配備されているが、各地域の日米文化センターや県別の視聴覚ライブラリーに対しても貸与しているものがある。中央と他のアメリカ文化センターにおける貸与を含む記録は、きちんと保持されている。本部や各センター等の資材置き場における機材、たとえば変圧機、スクリーン、巻き戻し器／接続器、音声サービス機材、あるいは消耗品などについても同様に記録されている。

反射式投影機兼スライド映写機二二台の在庫もあるが、ほとんど使われることはない。

映写機の交換の必要性に関しては、定期的にワシントンのアドバイスに基づいて確認している。明らかな問題は存在しない。映写機は最低でも年に一回は映画／テレビ課によって完璧に整備されている。日常の手入れについてはアメリカ文化センター、日米文化センター、地域別の修繕配給センターによって行われている。アメリカ文化センターや地域別の修繕配給センターからの要請に基づいて、映画／テレビ課は機材の操作方法やメンテナンスについての指導のために人を派遣している。前述のように、ビクターとベル＆ハウエルの映写機のメンテナンスを扱ったフィルムが製作され、この活動に使用されている。アメリカ文化センターでは、各担当エリアの出張所の職員向けの指導会もたびたび開催している。
職場のスペースに関しては、映画／テレビ課は、ＵＳＩＳが占有している大使館のアネックスビル五階の一部を制作部やプログラム部などのスタッフとシェアしており、ごみごみとした満足のいかない状況に置かれている。映写室はラジオ課がスタジオを必要としているためになくなり、録音室も同様に制作全般に使用されるために失われてしまった。その結果、どちらの要望にも応えるようスケジュールを調整するのが大変厳しく難しい状態が続いている。

プログラムの諸問題：商業的な配給体制を確立するのがほとんど不可能という問題を別にすると、当部署の主たる問題点は上映に使用する新しい映画を十分に確保するのが困難なことだ。ワシントンの支援は予算的な考慮に限定されるとは理解しているが、ＵＳＩＡが当部署に対してサービスを提供するうえでの根本的な溝を埋めるために、たとえそれが他のプロジェクトのための一時的な支出だとしても、一つの地域に対して特別な注意が払われるべきだと感じている。これは当部署において「ベーシック・フィルム・ライブラリー」と呼んでいるもので、高品質で、たとえば民主主義の概念、アメリカの伝統、自由と共産主義のような主要なカテゴリーに対応し、さらに下位分類として市民権、人文学、経済学、科学などのカテゴリーに分類されているものである。当部署が想定している一例をあげれば、憲法上の諸権利を扱った、昨年の合衆国におけるオムニバスのテレビ番組のようなものである。
もしＩＭＳがこの会計年度において、当部署が予定している二五本の日本語版制作を実施するのに十分な予算を計上できない場合は、このプロジェクトは、ＵＳＩＳ東京によって過去に日本語版が制作されていない作品の新たな日本語版制作でニーズを満たすしかない。

ＵＳＩＡはしばしばメッセージ性にばかり気をとられ、時として過度に高圧的な作品を扱っているが、もし当部署やＵＳＩＡの長期的目的を十分に果たしていこうとするならば、それらに代わって、一般的な文化的価値や娯楽性を持つ映画をもっと増やしていくように、その心理学的見地を広げていく方法を見つけるべきであると感じる。たとえばカナダの国立映画委員会による作品の質の高さ、フランスのドキュメンタリー映画の芸術的な長所、そして英国情報映画の落ち着いたトーンといったものは、それらの国々のプロパガンダの目的を進展させるうえで大きな役割を果たしていると当部署では感じている。もしも大衆への有効性に加え、日本のような広範な知的コミュニティを有している国に特定の影響を及ぼしていこうとするならば、目的に沿って幅広く統合された、高いレベルの素材が海外におけるアメリカのドキュメンタリー映画プログラムでは必要だろう。

b、結論

過去数年間でその能力が減少したとしても、純粋に配給という観点で見れば、当部署は日本での非商業的映画の取り扱いにおいて効果的な仕事を成しえている。

しかし、特定の観客グループに対して国別プランのテーマを実行していくのに特に効果的な映画を製作していくという目的においては、当映画プログラムは全般的なプログラムの計画と調整が不足している。過去には現地製作が特に成功していたので、調査官はなぜそれが縮小されてしまったのか理解に苦しむ。予算的に厳しいと言われているが、たとえば必要に応じてすべてのプリントを配給するなどして、選択されたプロジェクトの実施は可能だったはずである。学生は映画の観客として無視できない層であるため、ターゲットとして適切である。

当部署の「ベーシック・フィルム・ライブラリー」の資源不足に関する懸念を調査官は共有しており、USIAが日本のように洗練の度合いが極めて高い場所における特別なニーズに見合うプランを立てることを希望する。調査官はまた、USIS国別プランのもとでの重要な観客ターゲットである労働組合のリーダーたちが用いるような労働関係の映画が、明らかに不足していることに気がついた。映画は彼らに接触するのに大変に役に立つメディアである。だが、労働関係をテーマにした良い映画を手に入れることはほとんど不可能となっている。調査官はそれがIMSの長きにわたる問題であることを承知しているが、そのような素材を開発することが日本のプログラムにとって（そして疑いなくその他の国においても）きわめて重要であり、この方向での特別な努力がなされるべく、当部署とIMSの双方でニーズの調査を注意深く行うことを要求する。

当部署には、かつて行っていたような匿名の補助金による活動を行うような資金がないのは明白である。しかしながら、調査官はこの種のプロジェクトを（テレビにおける同様の活動の例のように）再び考慮すべきと感じるし、不用意に妥協したり深刻な困惑をもたらしたり、おそらく基金の損失をもたらしたりすることのないよう、当部署は慎重にその立ち位置（そして大使館の立ち位置）を考慮すべきであろう。

時代遅れとなったフィルムをお蔵入りさせるプロジェクトには時間がかかりすぎており、調査官は、たとえそのために他の仕事が遅れようと、当部署がこれを積極的に推し進めてほしいと思っている。それは次のカタログが印刷されるまでに行われるべきだろう。好ましからざる古臭い素材は、明らかに非生産的なリスクとなっている。

調査官はまた、都道府県別の視聴覚ライブラリーでたくさんのフィルムを保有していること、また、それらのライブラリーに対して広範な配給が継続的に行われていることにも疑問を感じている。彼らの貸出業務の統計データは表面的にはとても良いのだが、ＵＳＩＳの観点からはまったくコントロールできておらず、視聴覚ライブラリーを視察したアメリカ文化センターの職員たちは、その効果についてかなり疑問を感じている。映画プログラムの高額な費用についての効果測定は最近ではまったくなされておらず、視聴覚ライブラリーを管轄している文部省とＵＳＩＳとの合意に関する検証もなされていない。ＵＳＩＳの見地から見て効果的と判断されるかどうかで、ある地域への新作の配給をすべきかどうかを組織的に検証していくべきだと感じる。アメリカ文化センターの職員たちはまた、現状のように直接ではなく、アメリカ文化センターを通しての配給という形にしたほうがはるかにコントロールしやすくなると強く主張している。

アメリカ文化センターから統計報告が要求されるのは、少なくとも不必要で煩わしいものだろう。システムについては全般的に見直して単純な形にすべきである。

バンコクにサービスを提供している現在の状況もすっきりしない。特に、現像費用はバンコク側が払う一方で、当部署はその仕事に対して平均して年に三・九人分の貢献をしているにもかかわらず、それに対する払い戻しがなされていないという点において。もしも他の出張所の仕事を手伝うことが臨時の性質以上なのであれば、同じ原則が適用される。当部署やＵＳＩＡは、ＵＳＩＳジャパンの指示のもと、この問題を解決可能にする方法として、地域別に独立採算の形での現地版製作の仕組みを確立するべきだと感じているはずである。

ＴＶの仕事を映画／ＴＶ課から切り離すべきであるという勧告は、すでに行ったところである。そうした動きが作業負担の軽減に寄与し、映画／ＴＶ課長に対して重要な得意先開拓や出張の機会ももたらすであろう。

c、勧告

（1）当部署は、映画プログラムが特定の標的としたグループに対してもっと効果を発揮するように必要な手段をとるべきである。

（2）日本における重要な標的としたグループである労働組合を活用していくという当部署の方針に資するために、ＵＳＩＡは、労働をテーマとした映画の開発を強化すべきである。

（3）当部署は、プリント配給費用を節約するという見地で都道府県別の視聴覚配給プログラムを見直すべきである。そして、主要な映画活動に不足している部分を埋めるために、とりわけ現地製作のためにその費用を用いるべきである。

【注】

＊1　シャルル・ミュンシュ（Charles Munch 一八九一～一九六八年）。ドイツ生まれでフランスに帰化した指揮者。パリ音楽院管弦楽団を経て一九四九年にボストン交響楽団常任指揮者に就任、六二年まで務めた。

*2　イーストレイ・ブラックウッド（Easley Blackwood 一九三三年〜）。アメリカの作曲家。コンサート・ピアニスト。
*3　エクトル・ベルリオーズ（Hector Berlioz 一八〇三〜六九年）。フランスのロマン派音楽の作曲家。
*4　アーロン・コープランド（Aaron Copland 一九〇〇〜九〇年）。アメリカの作曲家。
*5　クロード・ドビッシー（Claude Debussy 一八六二〜一九一八年）。フランスの作曲家。
*6　計算上は作品数の合計は二一三五作品、プリント本数の合計は五万九三八五と合わないが、ここでは元資料に記されていたとおりの数字としている。
*7　クオータ・システムとは、政府によって外国映画の輸入本数に制限がかけられる仕組みのことで、自国映画産業の保護などがその理由である。戦後の日本では、一九六三年いっぱいまでは国別の割当本数が定められていたが、六四年より自由化された。
*8　『USIS映画目録』に該当する作品は見当たらず、詳細は不明。
*9　『X Minus 80 Days』同様、長編劇映画と併映される形で商業公開された文化記録映画と考えられるが詳細は不明。
*10　さまざまなデータベースや各映画会社の社史等で調査した結果、Brothers at Odds に該当する内容（共産主義者のスパイの話）の作品としては本作意外に考えられないとの結論に達した。ただし、本作の公開は一九五六年一一月である。
*11　ジェット機が登場する当時のさまざまな作品の内容を検討した結果、本作であると特定した。ただし、公開は一九五七年一二月で、米公開時のタイトルは Jet Air Base 101 である。

【解説】USIAによる日本の商業映画への製作資金拠出の試み

谷川建司

はじめに

本稿では、USIA（USISジャパン）が製作資金を拠出していた日本の商業映画五本（本書に収録した二つの報告書による）について、日本の映画会社側の資料や『映画年鑑』や『キネマ旬報』など当時の言説を参照しつつ、その実態についての詳細を明らかにし、またその評価を行う。

具体的に支援した作品として、精査報告は『鉄の花束』、『嵐の青春』、『怒濤の兄弟』、『ジェット機出動　第101航空基地』、『殺されるのは御免だ』の五本をあげている。うち『ジェット機出動　第101航空基地』だけは「すべての自由国家は自衛しなければならない」、つまり日本の再軍備への支持というテーマであり、残りの四本のテーマはいずれも「理想の社会実現を掲げる共産主義の実態は暴力的手段による支配と搾取にほかならない」という反共産主義的立場を宣伝するものである。以下、それぞれの作品、およびそれに類する作品を検討していく。

1　「反共産主義」をテーマとした作品

『鉄の花束』

社団法人日本映画連合会による『日本劇映画作品目録』によれば『鉄の花束』は中田プロ製作、北星映画配給、そして一九五三年八月六日に〝完成〟したとわかるが、[*1] 五三年以降の『映画年鑑』の年度別公開作品一覧や北星映画の配給作品一覧に載っておらず、実際に〝公開〟されたのかどうかは疑わしい。ただし、国立映画アーカイブに映倫審査用のシナリオとプリントが残っており、内容を確認することができる。製作・脚本・監督は中田春久である。

内容は以下のとおり。労使協約によって円満な職場環境にある造船所で、会社側が当初計画になかった新たな造船の発注を受けるかどうかを組合に諮る。組合の代議員会の席で「特別賃金を出してもらうべきだ」という意見と、「それでは労使協約を自ら破ってしまうことになるから通常賃金で」という意見が対立、全部門で職場集会を実施して意見を集約した結果、労働者側は新たな造船という会社側の提案を受け入れることとなる。労使協約尊重を訴えていた内山（湖城龍太郎）が主任技師に就くが、これは内山に積極的に恋のアプローチをしている取引先の社長令嬢節子（宗像規子）が裏で働きかけた結果だった。一方、組合幹部の一人金山（高島敏郎）と社長秘書柴田（楠田薫）は共産党の組織から送り込まれていた破壊活動分子で、組合を煽動して会社側と対立させ、造船を阻止しろという本部の指令を受けて工作を開始する。内山の秘書をしている紀子（蓼まき子）の兄渉（近藤宏）は金山の仲間に引き入れられ、彼らは事故を多発させるサボタージュをし、「資本家の犬　内山を葬れ」というビラを貼り、そして遂には事故に見せかけて内山を殺害しようとする。だが、鉄板落下事故に紀子が巻き込まれるに及び、渉は組織の悪事をすべて暴露し、金山と柴田は組織から計画失敗を糾弾されて殺害される。

最大の疑問は、組合内部に潜む破壊活動分子が自分たちの主張のためには不法な手段も辞さないものとして描かれている反共産主義的立場の作品が、なぜ北星映画というソヴィエトとのパイプを持つ最も左翼的な会社によって配給される予定だったのか、という点である。本作品が〝GHQの要請を受けて作られる民主的な組合活動を指導する映画〟ということで北星が配給を引き受けるつもりでいたところ、実際の内容はむしろ〝組合活動をネガティブに描く映画〟であることが判明したため北星は手を引き、結果的に一般公開はなされず、USIS映画と同様の非劇場上映のみとなった、という仮説が考えられるが、これを実証するに足る資料は残念ながら発見に至っていない。だが、『キネマ旬報』で文化映画・短編映画を扱うページ「文化・短編映画」における「USISの特需/『鉄の花束』完成」という小さな記事からは少なくとも非劇場上映はUSISによって行われたことが推察される。

USIS（米大使館文化交換部）では、講和発効後、従来の短篇映画配給よりすすんで反共自由諸国家の理想を宣伝する長篇劇映画を日本で製作上映することを計画、第一回作品として中田プロダクションが五月以来労働運動をテーマとした『鉄の花束』（脚本・監督中田春久、主演近藤宏、蓼まき子）を製作、このほど完成して映倫の審査を受けることになつた。なお、三五ミリ映画は一般の興行館で上映、同時に十六ミリ版をUSISが買い上げる形式で、資金を補填することになつている。従つて同映画は公式には全く日本側プロダクションによる自主製作となつているが、事実上かつてのCIE受注映画と同様で、特に長篇劇映画であり、一般興行場での上映も予定しているだけに注目されている。なお『鉄の花束』は新東宝系での上映が有力と見られている。[*2]

ここでは、『鉄の花束』の配給は北星ではなく新東宝が有力とされているものの、新東宝でも同作品が配給された形跡はなく、中田プロの自主配給によって新東宝系の劇場で上映された可能性はあるものの、やはり劇場での公開は頓挫したと見るのが妥当だろう。ちなみに精査報告では、「完成しなかった企画群」の一つとして〝日本の国連への加盟〟というテーマの『80世紀』(The 80th Century)という一九五八年の作品をあげているが、企画が破棄された理由として「米国による密かな支援についてのニュースが流れてしまったため」と記している。その意味では明確にUSISの関与を述べている『キネマ旬報』の記事は情報の流失とみなされ、計画が白紙に戻されていてもおかしくないが、一般新聞記事と比べ映画業界誌的な性格の強い『キネマ旬報』の、しかもマイナーな枠での小さな記事であったがゆえに問題視されなかった、あるいは単にUSIS側が気づかなかった、ということが考えられる。

『嵐の青春』

中井プロ製作の『嵐の青春』は監督が志村敏夫、脚本は沢村勉で、新東宝配給によって一九五四年六月一日に公開された。本作品は新東宝の権利を継承した国際放映にも国立映画アーカイブにもプリントが現存せず、また過去にソフト化もテレビ放映もなされておらず、今日では鑑賞機会を持つことはできないが、プレスシートが現存しているのと、フィルムセンターに映倫審査用脚本が残されているため、ほぼ正確な内容を摑むことができる。*3

内容は以下のとおり。帝都大学工科の苦学生佐藤啓二（沼田曜一）は、新聞配送の徹夜バイトゆえに授業中についつい居眠りする状態だったが、工学部の機関紙「黎明」編集員の関屋（片山明彦）から日雇い労務者の簡易宿泊所管理人という高額を稼げるバイトを紹介してもらい喜んで引き受ける。佐藤が思いを寄せる志村幸子（遠山幸子）は教授の娘でブルジョワ階級だが、ひたむきに生きる佐藤を好いていた。収入のために夜のバイトを始めようとしていた佐藤の妹智子（西条鮎子）を見かねた幸子は、自分に思いを寄せる野球部の花形選手千葉孝之（舟橋元）を通じて彼の父親の経営する金属会社の事務の仕事を紹介するが、千葉の父は佐藤が働いているのは赤の機関紙だと指摘し、政治活動をする者の身内を雇うわけにはいかないと拒絶する。実際、佐藤は次第に過激な政治活動グループに引き込まれ、第二三回メーデーに参加して警官たちと衝突する。このメーデーの騒ぎのなかで佐藤の下宿先の家主である巡査が死亡し、公安にマークされるようになった佐藤は、組織から派出所襲撃指令や代議士暗殺指令を受けるも拒否したため、遂には裏切り者として監禁され粛清されそうになる。

恋敵であった千葉は佐藤の妹を野球部の雑用係として受け入れ、かつ最後には佐藤自身を助けるのだが、ブルジョワ階級である千葉親子と佐藤との会話部分というのが、この作品の作り手たち、ひいては製作資金を援助したＵＳＩＡ側の基本的な立場を示している。以下、二つのシーンの台詞を確認する。まず千葉の父とのシーンでは次のようなやりとりがある。

千葉：学生はあんまり政治に関係しない方がいいんぢゃないかね。
佐藤：そうかもしれません。しかし、僕は、あの破防法が国会を通過したら、またきっとファッショの時代が来るだろうと思ったから〔破防法反対の署名活動を〕やったんです。
千葉：そうぢゃないよ。あれは、君、赤の破壊活動を防ぐための法律なんだから――
佐藤：そうでしょうか。僕には、それだけとは思えないんですが――
千葉：ぢゃ、どう思うんだい？
佐藤：あの法律ができたら、当然、言論の自由も束縛されるでしょうし――とにかく、僕は、もう戦争はごめんなんですよ。こんど戦争が始まれば、第一線に立たされるのは僕たちなんですからね。ここのような金属会社は、戦争があった方が儲かるのでしょうけど――[*4]

また、佐藤と同級生である千葉孝之、幸子の兄達矢との間には次のような台詞のやりとりがある。

達矢：君たちが考えている社会改革というのは、暴力で合法的な政府を倒すことだろう？　だけど、それをやれば理想的な社会ができると思うのは、甘すぎやしないかな。また新らしい独裁者が出てきて、昔の軍閥政治みたいなことになるんぢゃないのかい？
佐藤：ぢゃ、どうしろっていうんだ。
達矢：やっぱり、民主主義を大事に育てて行くほかないだろう。
孝之：俺も、そう思うな。

達矢：まづ、気長に、国民全部の教養と政治意識を高めることだな。そして、みんなが納得するような立派な政治家を選んで国会へ送りこむようにする――[*5]

破壊活動防止法（破防法）は、第三次吉田茂内閣第三次改造内閣によって一九五二年四月に提出され、その直後の五月の第二三回メーデーでの騒乱事件（「血のメーデー事件」）を受けて、同年七月に施行された法律だが、その記憶もまだ色濃く残る一九五四年公開のこの作品での言及はリアリティがある。貧乏ながら一所懸命に生きようとしていた主人公が共産主義思想に傾倒していこうとするのを、良識のある、そしてフェアな精神を持つ（自分が惚れている女性との恋敵であっても、その妹や本人を苦境から救ってやろうとする）穏健な若者たちがなんとかくい止めようとする、というメッセージ性の強い作品である。

『怒濤の兄弟』

精査報告では一九五五年の作品と記されているが、実際には一九五七年六月五日公開で、製作は新東宝、監督は『嵐の青春』と同じく志村敏夫である。脚本は猪俣勝人と鈴木岬一の二人がクレジットされている。

内容は以下のとおり。母厚子（花岡菊子）と公安調査庁に勤める長男高志（中山昭二）とまだ学生の弟文彦（松本朝夫）は明るく幸福に暮らしている。だが、文彦は世の中の矛盾に対する憤りから社会を変革させるという共産主義思想に染まっている。文彦は、はじめは人民から搾取するブルジョワ階級を寓話化した紙芝居を子どもたちに見せるアルバイトをしているだけだったが、やがて同じ思想の同志谷崎みどり（前田通子）の口利きで貿易会社の見習いとして港湾労働者になる。ところが、この貿易会社は表の顔で、裏では革命資金を稼ぐ目的で麻薬の密貿易をしていたことがわかり、しかも社長の岩田（菊地又三郎）は売り上げの一部一〇万円を使い込み、その罪を文彦に被せて自らは香港へ高飛びしようと画策していた。紙芝居屋の元締めで実は組織幹部の工藤（九重京司）に相談した文彦は「告発者の使命は裏切り者を抹殺することだ」と拳銃を渡され、組織の〝鉄の規律〟の恐ろしさを知る。みどりの報せで兄高志と母厚子は港へ駆けつけるが、文彦は岩田を射殺して逮捕され、裁判では無罪を主張する組織側の弁護士の忠告を無視して射殺したことを認め、母厚子もまた真実を話して罪を償ってほしいと考えて息子の殺人を証言した。

本作は、真っ直ぐな気性の主人公が共産主義思想に染まったところ、実はその組織は不正と堕落にまみれたものであり、前途有望だった若者の運命を悲劇に追いやるものでしかなかった、という明確なメッセージを伝える目的の作品だと言うことができる。

当初、精査報告での記述（Brothers at Odds／共産主義者のスパイの話）から具体的な作品の特定作業を進めるなかで、共産主義のスパイの話であり、かつ兄弟というキーワードに該当する作品は一九五六年一一月七日公開の日活作品『愛は降る星のかなたに』（監督：斎藤武市／出演：森雅之、山根寿子、浅丘ルリ子）ではないかと考えていた。これはゾルゲ事件で逮捕・処刑された尾崎秀實の手記『愛情はふる星のごとく』の映画化作品で、獄中の尾崎が妻と交わした手紙に基づいた原作が夫婦の細やかな愛情と日本を代表するインテリ＝尾崎の心情にフォーカスしたものだったのに対し、映画版では共産主義にシンパシーを持ったことが尾崎（名前は坂崎秀美と変えられている）を破滅へと導いたのだ、という視点で貫かれている。また、新妻とともに満洲へ渡った義弟冬樹が最後まで赤軍を信じていたのに、その赤軍のために惨殺されるというエピソードが加えられるなど、共産主義が目標とする理想の社会の建設などは絵空事であり、それに染まった人間には悲劇しか待ち受けていない、という明確な主張の作品であった。実際、『愛は降る星のかなたに』の企画・原作は『怒濤の兄弟』と同じく猪俣勝人であり、『嵐の青春』『怒濤の兄弟』の二作品を監督している志村敏夫のケースも含めて、ＵＳＩＡが自分たちと考え方の近い人物として肩入れしていた特定の人たちは、ＵＳＩＡが実際に支援した作品であるかどうかを問わず、ＵＳＩＡが気に入るような作品を進んで手掛けていたと捉えることもできそうだ。

『殺されるのは御免だ』

さくらプロ製作、新東宝配給によって一九六〇年四月二三日に公開された『殺されるのは御免だ』は、独立プロ系で修業した原功の第一回監督作品で、脚本は田辺虎男と阿部計である。独立プロダクションが製作して新東宝が配給した／予定だったという点では『鉄の花束』『嵐の青春』と同じ流れである。

内容は以下のとおり。アルバイトで食いつなぐ若者宇津見（梅若正二）は、高級車に乗った謎の女あけみ（左京路子）にはめられて、アルバイト仲間の菊池を殺した犯人と間違えられてその場から逃亡し、もう一人のアルバイト仲間・小倉（杉山弘太郎）を訪ねる。数日前に彼ら六人が雇われたのは深夜に東京湾に陸揚げされた荷物を運搬するアルバイトで、どうやら麻薬密輸の片棒を担がされたらしい。別のアルバイト仲間の学生花村もスキーに行って遭難死したという新聞記事が出て、あの夜のアルバイトたちが口封じのために殺されているのに違いなかった。小倉もまた謎の車に轢かれて死んだ。恋人早苗（三ツ矢歌子）の家に匿われた宇津見はアルバイト先の運送会社や運転手を務めていた二人を訪ねて事件の黒幕を突き止め、自身の身の潔白を証明しようとする。一方、早苗の父勘次（殿山泰司）が勤める町工場はスト決行中だったが、そこへある組織の男平川（松本朝夫）が訪ねてきて組合支援のため現金を支給する。その組織とは香港に極東本部を置く〝第十八機関〟で、貿易会社を隠れ蓑に麻薬を密輸して莫大な利益を上げ、それを共産主義革命支援のために用いていたのである。拉致された早苗を救い出そうと敵のアジトに乗り込んだ宇津見もまた監禁されてしまうが、組織の機関長F氏（ベルナール・バーレ）の暗殺指令に反して宇津見を助けようとしたあけみはF氏に撃たれ、直後にパトカーが駆けつけて事件は落着する。

全体として映像はスタイリッシュだがストーリーを語ることがおろそかになっていて、あけみが宇津見を助ける動機（宇津見に惚れたと推察できるが）が不明確だし、スト決行中の組合に資金を提供したのが第十八機関らしいという肝心のプロットの描き方も曖昧で、観た人によっては町工場のストのエピソードと麻薬密輸組織との関係がわからないかもしれないという印象を受ける。

「反共産主義」をテーマとした作品の特徴

これら四本の「反共産主義」のテーマを扱った作品は、以下にあげるような明確なメッセージを含んでいるという点で共通している。すなわち、「共産主義思想が、矛盾に満ちた現代社会を理想の社会に変えると信じ込んでいる者がいるが、実際には彼らはそのためには暴力的な手段も辞さず脱落者を粛清するような恐ろしい組織にほかならない。またその活動資金は麻薬密売のような不法かつ非人道的な行為によって得ている」というメッセージである。

ＵＳＩＡとの人的な接点という面では、短編映画製作会社としてＣＩＥ／ＵＳＩＳ映画の仕事を受注していた小さな会社が長編劇映画に進出し、新東宝などを通じて配給する形で実現したケースがほとんどであろうと思われる。そして、ＵＳＩＡ側としてはＣＩＥ／ＵＳＩＳ映画の仕事（日本の短編映画会社が製作した作品を買い上げてＣＩＥ／ＵＳＩＳ映画に組み入れることもあったし、アメリカで製作された作品の日本語版制作を依頼する場合もあった）を通じて知り合った日本の短編映画製作会社のうち、たとえば『嵐の青春』を製作した中井プロの代表、中井金兵衛のように、自分たち自身と考え方の近い特定の人物を一本釣りする形でアプローチしたということではなかったろうか。もちろん、コミットの度合いは精査報告に述べられているとおり「テーマ設定のみの場合から製作全体にわたって細部まで権限を持つ場合まで」とまちまちだったのだろう。

同様の特徴を持つ作品として、シュウ・タグチ・プロ製作、東宝配給の『私はシベリヤの捕虜だった』（一九五二年四月三日公開）[*6]がよく知られている。北海道ロケによってシベリアでの強制労働の実態を描いたこの作品は、一九五一年一〇月の映倫の脚本審査において「国際感情を刺戟するおそれがある」ので、慣例どおりの手続きとして「関係国在日機関（この場合はソ連代表部）の諒解を得るか、あるいは総司令部の正式許可をとることが必要」と勧告されたものの、雪のシーンを撮影してしまうことが必要という理由で脚本審査にパスしないまま製作を開始した。一九五二年二月になってようやく改訂稿が提出されたものの、今度はその審査が済まないうちに映画を完成させてしまい、完成した作品の試写による審査に切り替えた結果、「要注意点はそうとう改訂されているので、部分的なカットでこれを認めた」という具合で映倫を翻弄した〝問題作〟である。その背景として「この映画の製作は米軍の有力者が後援していたため、シュウ・タグチ・プロの鼻息が荒く、映倫も手を焼いた」という経緯だったことを『映画年鑑』は記している。[*7]

この〝米軍の有力者〟とは、春名幹男の調査によれば米海軍厚木基地を拠点に数々の秘密工作を指揮したCIAのハンス・トッテだったといい、したがってシュウ・タグチ・プロに提供された資金や撮影機材の出所はUSIAではなくCIAだったことになる。[*8]『私はシベリヤの捕虜だった』では、同じく強制労働に従事させられている旧日本軍捕虜たちのなかに、ソ連側にすり寄って共産主義思想への服従を誓うことで権力を得ていた〝民主グループ〟幹部である民主委員たちがいて、共産主義思想に染まらない主人公吉田（重光彰）を〝反動分子〟として糾弾する恐ろしさが描かれているが、映画評論家の木全公彦の調査によれば少なくとも製作の途中段階の脚本では、本編を挟む形で日本への帰国後にこの映画を撮影している元捕虜の者たちを描くプロローグとエピローグのシーンがあったという。[*9]同作品のタイ国公開版のプリントを米国立公文書館で見つけてDVD発売を行った映像資料バンクでは新聞記事を通じて情報提供を呼びかけたものの、現在までのところ同作の完全版のフィルムは発見されておらず、現存するフィルム以外にどのようなシーンが含まれていたのかは確認できない。だが、USISではマス・メディアを使ったその世論操作活動の一環として、『ソ連における強制労働』という本を印刷・発行しており、[*10]反共産主義というテーマのなかで〝過酷な強制労働を強いるソ連〟というネガティブな題材は十分にUSIAが支援しておかしくないテーマの一つだと思える。

シュウ・タグチ（田口修治）の長男田口寧はかつて「父・修治はそれ以前に、占領軍、CIE、即ち、民間情報教育局の、『日本の民主化促進』の映画を数本撮っていましたので、当時の私にはよくわかりませんでしたが、どこかアメリカ関係からお金を引き出してこの映画を作ったのだろうと思って」いたが、春名幹夫の本を読んで「その『資金を出したアメリカ』が悪名高いスパイの大本、CIA、米国中央情報局だと知ってショックをうけ」たと語っている。[*11] USIAも接触してきたのではという筆者の疑問に対しては、映像資料バンクを通じて「企画を立てたのもCIA側にアプローチしたのも父・修治の側であって、USIAは無関係」という見解を述べている。だが、父修治が一九五六年に亡くなったのち、田口寧はフルブライト奨学金を得て渡米しており、少なくともUSIA側がこの親子のことを「利用価値のある日本人」とみなして、当人たちが意識していたかどうかとは関係なく支援していたことはほぼ間違いないと思われる。

これら「反共産主義」をテーマとした作品が実際にどれだけの効果を持ちえたのかを数量的に示すことは難しい。それは、占領期間中にGHQ／SCAPが〝日本人がこれから目指していくべき社会のお手本〟として日本人に大量投与したハリウッド製劇映画が戦後の日本の民主主義化やアメリカ化にどれだけの大きな役割を果したと言いうるのかを測ることが難しいのと同様である。[*12] だが、占領期からこのかた、ソヴィエト製劇映画の公開本数を最小限の数に封じ込める一方、アメリカ的価値観の流布には直接・間接を問わず手段を選ばず、親米的な日本人には援助を惜しまなかったGHQ／SCAPの方針は、着実にUSIAに受け継がれていたと見てよいだろう。

なお、精査報告で「完成しなかった企画群」としてあげられている二本の作品のうちの一本は、「教員組合への共産主義者の侵入（Communist infiltration of teachers' union）」を描いた『失われた歳月』（The Lost Years）という作品だったというが、脚本段階でＵＳＩＳの要求した変更が実施されなかったため、チェック試写でこれを承認しなかった、とされる。もう一本の『80世紀』も含めて、ＵＳＩＡの資金援助が実際に行われたかは別として、これら二本の作品が実際に製作・公開されたのかについては、『映画年鑑』の年度別公開作品一覧や各映画会社の社史に載っている製作・配給作品一覧、あるいは『日本劇映画作品目録』などを（タイトルが変更された可能性も加味して）調べたかぎりにおいては確認できなかった。

2　「日本の再軍備」のテーマを扱った作品

『ジェット機出動　第１０１航空基地』

精査報告のなかで唯一、「日本の再軍備」のテーマを扱った作品として具体的にあげられていたのは東映東京撮影所製作の『ジェット機出動　第１０１航空基地』（一九五七年一二月一五日公開）である。監督は小林恒夫、脚本は根津昇の企画を元に森田新が執筆している。

内容は以下のとおり。自衛隊第１０１航空基地（撮影は浜松基地）でジェット機の操縦訓練に明け暮れる第一期操縦幹部候補生の中田次郎（高倉健）らは、彼らを厳しく鍛えるラバウル航空隊生き残りの名パイロットの隊長小谷二佐に反発するが、隊長は陰では誰よりも訓練生たちのことを想っている。外出・面会禁止の日にたまたま訓練生の佐藤（今井俊二）を許婚とし子が訪ねてくると、隊長は表向きには規則を盾に頑として外出許可を認めない態度をとるものの、裏ではこっそりとし子を迎えに妻を差し向け、隊外居住届けまで出してくれていたことで、候補生たちの隊長への信頼は高まる。だがその直後、結婚式をあげたばかりの佐藤がF–86F訓練中の事故で死んでしまい、新聞は小谷隊長への批判記事を掲載する。同じく飛行機乗りだった長男を戦死させていた中田の父昌三（薄田研二）はもともと次郎の自衛隊入りに反対していたが、事故を受けて基地を訪れ、次郎を除隊させようと隊長に詰め寄る。そこへ空幕幹部から緊急連絡が入り、航行中の貨客船に中毒患者が発生したため、至急血清を空輸するようにとの依頼がなされる。天候は最悪で飛行は危険だったが、隊長は自らこの任務を引き受け、悪天候と戦った末に使命を果たして無事帰還する。昌三は隊長の勇気と航空自衛隊の持つ使命の重要さを認識し、次郎の志を理解する。

本作では、主人公中田の父昌三が、日本の再軍備に反対する世論を代表する人物として設定され、日本が「いつか来た道」へ戻ってしまうことを危惧して自衛隊の存在そのものに反対していた戦前派の彼が、人命救助のため悪天候のなか行われる緊急時の血清空輸の任務を目撃することによって自衛隊の存在意義を理解するというストーリーで、そのメッセージは明確である。もっとも、「すべての自由国家は自衛しなければならない」というのがUSIAとしての自衛隊支持の本来の理由だが、ここでは真正面からその意義を説くのではなくて、緊急時の人命救助のためにも必要、という搦め手の理由（しかしながら、それゆえに批判しにくい理由）によって世論による批判の矛先をかわそうとしている印象がある。

緊急時の人命救助を描く自衛隊肯定作品

実際に日本の再軍備への支持というテーマでＵＳＩＡが資金を拠出した例として確認できた劇映画は本作だけだが、実は、当時の日本映画のなかで航空自衛隊が登場する、あるいは自衛隊と在日米軍の協力関係を描いている劇映画として、本作と同様の緊急時の人命救助を描くことで自衛隊への肯定的な態度を醸成することに貢献している作品がほかにもある。

たとえば、同じ東映の教育映画部が製作した「文部省選定」の教育映画（主として学校での鑑賞を想定して作られた中編作品）に一九五八年製作の『愛のジェット機』という作品がある。北海道のある炭鉱町が舞台で、落盤事故で重傷を負った炭鉱夫に対して五時間以内に血清が届かなければ死んでしまうという状況のもと、東京の伝研にあった血清を警視庁が航空自衛隊へ運ぶ手はずが整えられるが、残り三時間では浜松からでは間に合わない可能性がある。そこで、唯一の手段として立川の在日米空軍ジョンソン基地から米軍ジェット機が千歳空港まで運び、そこから自衛隊機によって炭鉱町に血清をパラシュートで投下させて時間内に届けることに成功し、炭鉱夫の命が助かる、という内容だ。

ほかにも、大映の菅原謙二主演による一九六〇年四月六日公開作品『暁の翼』は、太平洋上で遭難した自衛隊のＴ−33ジェット機乗組員たちが救命ボートで飢えと寒さに苦しみながら救助を待つなか、海空自衛隊、米軍が協力して必死の探索を行い救助に成功した実話に基づいて製作された作品だった。日活の石原裕次郎主演による一九五八年一二月二八日公開作品『紅の翼』もまた、航空自衛隊や在日米空軍は関係ないものの、破傷風に罹った八丈島の子どもに対して大至急血清を運ぶため、民間の遊覧飛行機のパイロット石田（裕次郎）が単発のセスナ機で挑むが、これをチャーターして同乗していた大橋

（二谷英明）が実は高跳びしようとしていた殺人犯で、石田は新島に緊急着陸して大橋と対決し、これを倒して、残り少ない燃料で八丈島を目指す、という物語だった。

このように、日本の空を守る重責を担ったパイロットたちは、同時に人命救助という観点でも欠かすことのできない存在であり、それゆえ、日本の空を守るパイロットたちを育成しなければならない、という論理なのである。今日に至るまでの〝自衛隊協力映画〟の基本ルールとして、自衛隊の存在を肯定的に描くことが、すなわち自衛隊がその映画に協力する唯一最大の指針だということは言うまでもない。[*13]USIAの援助を受けて製作された『ジェット機出動　第101航空基地』のプロデューサー根津昇と脚本担当の森田新の証言によれば、東映に話を持ち込んでUSISとの間を取り持ったのは『嵐の青春』を製作した中井金兵衛だったという。[*14]その事実もまた、USISの支援作品を決めるやり方というのが、自分たちと考え方の近い特定の人物を一本釣りして、その人物をある種のエージェントとして使うような形で行われた証左と見るべきだろう。

まとめ

精査報告の記述によれば、製作費の一部を拠出する形で劇映画への支援を行った五作品に対するコミットの度合いは「テーマ設定のみの場合から製作全体にわたって細部まで権限を持つ場合まで」まちまちだった、とのことだが、その目的は「扱いづらいメッセージ材料で絶大な効果を得るため」とされた。実際の補助金額は製作費総額の二五％程度の場合（『ジェット機出動　第101航空基地』）から、ほぼ半額の四八％に及ぶケース（『鉄の花束』）もあった。それが多額の資金を投入したと言えるほどのレベルの金額だったかどうかは別として、問題はこういった形での世論操作の試みが実際に効果を持ちえたと言えるかどうか、という点にあろう。

春名幹男は、ＵＳＩＡ（ＵＳＩＳジャパン）が製作資金拠出によって世論操作を試みたこれらの作品群に関して、それらが「ヒット作でも話題作でもなかった」「ヒットしたという記録はない」ことから、「当時、日本映画には国際的な秀作も少なくなかった。日本の映画界でＣＩＡやＵＳＩＡが演じた役割は大きかったとは言い難い」と評価している。[*15] だが、はたしてそうだろうか。

まず、今日的な意味での映画の〝ヒット〟という概念を一九五〇年代にそのまま適用させることが可能なのか、という点を吟味する必要がある。一般社団法人日本映画製作者連盟（映連）の統計データによれば、二〇一七年度の劇場公開作品のなかで、興行収入トップ一〇作品の合計額は年間興行収入全体の二八・一七％を占め、また興行収入一〇億円以上をあげた六二作品（邦画三八作品、洋画二四作品）の興行収入合計額は興行収入全体のほぼ七割を占めている。[*16] 一方で、邦画六社がそれぞれに直営館・契約館で毎週二本立ての新作を公開するプログラム・ピクチャーの全盛期だった当時は、特別に客の入りの良い作品が二〜三週間続けて上映されることがたまにあるとしても、基本的には毎週新作に入れ替わっていたわけであり、そのなかである程度の〝ヒット作〟や〝話題作〟だったとしてもそれは今日的な意味とはレベルがまったく異なる。

では、次に世の中に影響を与えうる作品が〝ヒット作〟や〝話題作〟だけだと言えるのか。流れ作業のように毎週どんどん新しい映画に入れ替わって上映され、赤ん坊からお年寄りまで日本人全員が年に一二回映画を観ていた当時の観客にとって、何か特別にヒットした作品だけが影響を与えるというよりは、平均的な作品として毎週入れ替わる作品群のなかで繰り返し示されるテーマといったものこそが、知らず知らずのうちに自分のものの考え方に影響を及ぼすものであったとも考えられる。ＵＳＩＡが支援した作品を手掛けた映画人たち、つまりＵＳＩＡの立場から見ると自分たちと考え方の近い特定の個人たちはＵＳＩＡ支援作品以外においても同様の考え方を映画のなかに含ませていたし、資金的バックボーンの乏しい独立系の映画製作者たちが「こういう傾向の作品を作ればＵＳＩＡのお眼鏡にかない、そのうちに製作費の支援を受けられるのでは」と〝忖度〟し、ＵＳＩＡの気に入りそうな作品を作ろうとする動きもあったろう。そういった全体の状況を考えれば、ＵＳＩＡによる一般劇映画を用いた世論操作の試みは、それなりに効力を持ちえた可能性も否定できないのではないだろうか。[*17]

マーク・メイ報告書や精査報告を読んでわかることは、日本国民の世論操作をするためにＵＳＩＡが行っていた活動が、新聞、雑誌、書籍、ラジオ、映画といったあらゆるメディア、オピニオン・リーダー、コメンテイター、評論家、専門家によるセミナー、アカデミアにおいて決定権を持つ立場の学者などあらゆるチャンネルを用いての包括的なものだったということである。映画というメディアのなかの、商業映画というフォーマットを使っての政策は全体のなかで見ればほんのわずかな一部分にすぎない。しかしながら、現在と違って庶民の娯楽の選択肢がそれほど潤沢には存在していなかった時代の、特にまだテレビが普及していく直前の段階で、映画こそが娯楽の王者として君臨していた時代背景を考えあわせたときに、毎週毎週どんどん新作に切り替わっていく〝普通の劇映画〟のなかに、繰り返し似たようなテーマの作品が登場していれば、その影響がないとは言えない。

自衛隊の必要性、つまり「日本の再軍備の正統性」という論議は、戦後七〇年余を経た今日においてなお、憲法改正論議の焦点としてコントラバーシャルなイシューであり続けている。日本で製作される劇映画のなかで自衛隊が描かれる際に、相変わらず、災害時の緊急援助活動など批判のしにくい搦め手での印象操作として行われる傾向があることは、たとえば『空へ——救いの翼RESCUE WINGS』(二〇〇八年、角川、手塚昌明監督)、『ポセイドンの涙』(二〇一四年、『ポセイドンの涙』製作委員会、大島孝夫監督)、『天空の蜂』(二〇一五年、『天空の蜂』製作委員会=松竹、堤幸彦監督)といった作品を観れば明らかである。

一方、反共産主義的立場を宣伝する作品群については、ソヴィエト連邦が解体され、冷戦が終結し、米朝首脳会談によってともかくも朝鮮戦争の終戦が取り沙汰されるようになった二〇一九年現在では、過ぎ去った遠い昔のお題目にすぎず、我々研究者にとっても生臭い憲法改正論議などとは違って客観的な距離感を持って分析し、論じることができるテーマというポジションに収まっていると言えよう。

二つの報告書を通じて明らかにされた事実としての、USIAによる日本の商業映画への資金援助を通じての世論誘導の試みという対日映画政策とは、まだ映画というメディアがそれだけ重要なコミュニケーション・ツールとみなされていた時代ならではの歴史的事実として、今日改めて問い直すべきものであると言えよう。

【注】

＊1　社団法人日本映画連合会『日本劇映画作品目録——自昭和二〇年八月一五日　至昭和三〇年一二月三一日』で

は公開日の欄に一九五三年八月六日と記載され、かつ備考欄に「公開日は完成日」との記載がある。また、八戸智編『戦後日本映画　1945／08―1995／12』やweb上の「日本映画データベース」（http://www.jmdb.ne.jp/）などはすべてこの『日本劇映画作品目録』を元にしていると思われ、同じ内容の記載となっている。

＊2　『キネマ旬報』一九五三年九月上旬、復刊七二号、八九頁。

＊3　承認された脚本と出来上がったフィルムとに齟齬があった場合、撮り直しなどの対応を迫られ、予算的に厳しい独立プロ作品の場合は死活問題となるため、実際に撮影された映像が映倫審査時点の脚本と異なることはほぼない。

＊4　国立映画アーカイブ所蔵の『嵐の青春』の脚本（脚本審査日の記載なし）による。

＊5　同前。

＊6　シュウ・タグチ・プロはCIE映画のうち『国を支へる三つの柱』（No.一六四）、『わが街の出来事』（No.一八九）、『漁（すなど）る人々』（No.二一四）といった作品の日本語版制作を手掛けている。

＊7　『映画年鑑』一九五三年版、時事通信社、一九五三年、二一二頁。

＊8　春名幹男『秘密のファイル――CIAの対日工作』（上）、共同通信社、二〇〇〇年、四一八―四二二頁。

＊9　木全公彦「反共プロパガンダ映画を再見する【活字編】」第一回「日本映画の玉（ギョク）」http://www.eiganokuni.com/kimata/69-3.html（二〇一八年一一月一七日最終閲覧）。

＊10　USIS『ソ連における強制労働』は、B6サイズ一九八頁の本で筆者は現物を所有しているが、奥付がないため正確な発行年月日は不明である（国立国会図書館のデータベースでは一九五三年とされている）。ただし、「はしがき」に「ソ連政府樹立以来やく三十年を経た今日」という表現があるため、終戦後すぐの時期と推察できる。

＊11　田口寧『私はシベリヤの捕虜だった』公開映画フォーラム・トーク（二〇一三年一一月一六日、於、法政大

学）手元用原稿（提供：映像資料バンク）二頁。

＊12　そうした文脈にそぐわない、アメリカ社会の問題点を描いたような作品は注意深く排除され、日本人の眼に触れることはなかった。詳しくは、谷川建司『アメリカ映画と占領政策』（京都大学学術出版会、二〇〇二年）を参照のこと。

＊13　須藤遙子『自衛隊協力映画――「今日もわれ大空にあり」から『名探偵コナン』まで』（大月書店、二〇一三年）に詳しい。

＊14　松井道男『戦後七〇年〈パネルDジャパン〉秘史――公表されたアメリカの対日秘密洗脳工作』第三書館、二〇一六年、五六～五七頁。

＊15　前掲、春名『秘密のファイルＣＩＡの対日工作』（上）、四二一―四二五頁。

＊16　一般社団法人日本映画製作者連盟ＨＰ：http://www.eiren.org/toukei/index.html（二〇一八年一一月一七日最終閲覧）。

＊17　一九五八年の日本の総人口は九一七六万人、対して映画人口は一一億二七四五万人である。

あとがき

本書は、平成二七〜二九年度科学研究費補助金・基盤研究（C）（一般）「一九五〇年代の米国による映画広報政策と日本の防衛広報の結節点についての実証的研究」（研究代表者：谷川建司）の成果として刊行するものである。この科研費プロジェクトでは、日本におけるプロパガンダ映画研究においてミッシング・リンクとなっている感のある一九五〇年代に焦点をあて、米国による映画広報政策と日本の防衛広報を解明しつつ、戦中から占領期を経て戦後までのプロパガンダ映画研究を接続することを目指して谷川・須藤両名にてスタートさせた。具体的には一九五〇年代に製作・公開された何本かの日本映画が、アメリカ（米軍）と日本（警察予備隊／保安隊／自衛隊）による二重のプロパガンダ映画であったと仮定し、USIA文書の確認・分析を通し、それらの作品の製作背景や作品に込められたメッセージ内容を考察していくことを目標としていた。

したがって、精査報告がダイレクトにこの問題意識に直結する資料であるのに対し、マーク・メイ報告書については米国による映画広報政策を含む対日文化外交政策の全体像を示す背景的な資料、と位置づけることができる。ただし、マーク・メイ報告書で詳しく分析されている一九五九年当時の日本の状況、そして日本をアジアにおけるパートナー国家として定着させていくという米国の立ち位置は、六〇年を経た今日においても非常に示唆に富むものである。

谷川は「占領期における日本に対するアメリカの映画政策」を研究の出発点とし、その成果を単著『アメリカ映画と占領政策』（京都大学学術出版会、二〇〇二年）として出版しているが、それ以降も、日本占領期における映画・漫画・スポーツなどの文化的側面における変容やGHQによるサポートあるいは統制を、米国政府による全世界的な「文化外交政策」のなかに位置づける研究に取り組んできた。一方、須藤は、防衛省への取材で特定した一九六〇年以降に自衛隊が公的に協力した映画三五本の分析を単著『自衛隊協力映画――『今日もわれ大空にあり』から『名探偵コナン』まで』（大月書店、二〇一三年）としてまとめている。しかし、国会議事録や当時の言説等の間接的資料から、警察予備隊や保安隊時代にも相当数の「自衛隊等協力映画」が製作されていることが判明しており、戦後日本の軍事組織による映画広報戦略を通史として解明するには、一九六〇年以前の調査が不可欠である、との認識を谷川・須藤ともに共有していた。つまり、本書のもととなった科研費プロジェクトは、この両者の研究の空白部分がぴたりと重なり、かつこれまでにまったく研究が行われてこなかった分野への取り組みと言える。

次に先行研究に関して触れておく。まず、マーク・メイ報告書の存在とその内容についてはすでに土屋由香「アメリカ情報諮問委員会と心理学者マーク・A・メイ」（『Intelligence』（13）、15–29、2013–03）によって詳しく紹介されている。特に、マーク・メイ本人の履歴は土屋論文を参照されたい。Kenneth Osgood, *Total Cold War: Eisenhower's Secret Propaganda Battle at Home and Abroad*, University of Kansas Press, 2008 もまた、Inspection Report（精査報告）の存在を教えてくれた重要な研究である。藤田文子『アメリカ文化外交と日本――冷戦期の文化と人の交流』（東京大学出版会、二〇一五年）は、本書で扱われている領域の全般を対象とした労作であり、かつ精査報告で紹介されているUSIA支援による五本の日本の劇映画についても触れている。また、雑誌『DAYS JAPAN』に連載された調査報道記事を単行本化した松井道男『戦後70年〈パネルDジャパン〉秘史――公表されたアメリカの対日秘密洗脳工作』（第三書館、二〇一六年）は一般書ではあるが、その記述のかなりの部分をマーク・メイ報告書に依拠しているという点で貴重であった。ほかにも、春名幹男『秘密のファイル――CIAの対日工作（上・下）』（共同通信社、二〇〇〇年）、渡辺靖『アメリカン・センター――アメリカの国際文化戦略』（岩波書店、二〇〇八年）なども、問題意識としては本書の立ち位置に近いものである。ただし、いずれの先行研究の場合も、マーク・メイ報告書の全訳をしていないのはもちろん、その関心がUSIA支援によって製作された個々の劇映画の具体的な内容にまでは及んでいなかった。

精査報告の翻訳作業・解説原稿執筆の過程で、個々の映画作品の内容の確認作業――国立近代美術館フィルムセンター（現・国立映画アーカイブ）での試写申請、映画会社所蔵作品の映像からの内容チェック、映画雑誌等の記事、シナリオ、プレスシートなどの宣伝材料の入手――にもかなりの時間を費やしており、映画研究におけるそういった地道な作業を文化外交政策のケーススタディに適用している点が本書の特色とも言えるだろう。

本文・付録文書に登場する個人名については、アメリカンセンターJAPAN、関西アメリカンセンター、日本国際連合協会京都本部などの協力も得て、そのほとんどについては人物を特定することができた。なお、本文・付録文書に登場する個人についての記述は、あくまでもマーク・メイまたは彼に資料を提供したUSISジャパンのスタッフによる評価であって、その人物についての編訳者による評価ではないことを明記しておく。なお、付録Aの事例報告7にて詳しく紹介されている一二名の場合は、書式がまちまちなことから、履歴提出を要請されて本人たち自身が書いたものであろうと推察している。さらに、その一二名の最後に登場している齋藤襄治先生は、編訳者の一人である谷川にとっては学生時代から研究の相談に乗ってもらい、USIAの人物交流プログラムとしての最後の年にフルブライト奨学金を得て渡米した際にも推薦人になってもらった恩人でもある。本書の翻訳作業を通じて、若き日の齋藤先生と再会できたことも存外の驚きと喜びであった。

具体的な調査としては、二〇一五年一六年と二年続けて夏休み期間中にワシントン郊外のメリーランド州カレッジパークにある米公文書館（NARA）を訪れ、谷川・須藤の二人で関連資料を漁った。すでに二〇年近くNARA参り（研究者の間ではそう言われている）を経験してきている谷川がレンタカーを運転し、何度か須藤をヒヤリとさせながらホテルとNARAを往復する日々だった。NARAもホテルも茫洋としたアメリカの田舎町にあるので、食事が二人の唯一の楽しみであり、ランチは谷川お気に入りの安くて大変美味なベトナムフォーを毎日のように車で食べに行っていた。谷川・須藤コンビのNARA参りの思い出には、このフォーが欠かせない。二〇一六年の調査のときは九月一一日にホテルで資料整理をしており、テレビ中継されているオバマ大統領の同時多発テロ追悼演説のときに遠くで聞こえているヘリコプターの音が、少しずれて部屋でも聞こえていたのも記憶に残っている。

本書で紹介した二つの報告書で示されていた改憲議論の状況——第九条を見直して軍隊を持つべきだとする自由民主党とそれを支援する米国、という関係性は、六〇年たった現在もまったく変わることなく論争点として残っている。現在の政権がマーク・メイ報告書時点の首相の孫によって担われているという事実も相まって、報告書の一九五〇年代と二〇一〇年代の現在が不思議なほど重なってくる。新元号の「令和」には「〈令〉すなわち新憲法によって〈和〉すなわち平和や調和をもたらしたい」という含意を感じ取れなくもない。新元号の出典は、歴史上初めて中国の古典ではなく、国書「万葉集」であるという。新元号発表に際しての安倍晋三首相の談話には、「万葉集は、(略)天皇や皇族・貴族だけではなく、防人や農民まで幅広い階層の人びとが詠んだ歌が収められ」という一節が入っていた。ここにさりげなく、しかし真っ先に平民を代表する階層として「防人」という言葉を挿入したことに、強い政治性を感じざるをえない。それは当然ながら、現代の防人たる自衛隊を想起させるからだ。新元号を利用して国民の合意形成の手段とするという手法、それが新天皇の即位という国民的慶事とセットなっているがゆえに批判しにくいという構造を持っていることは、六〇年前のアメリカの文化外交的な手法を日本政府も着実に学んだ証拠とも言えるだろう。

ＮＡＲＡに保管されている日本関連のさまざまな書類を見ていると、アメリカという国の偉大さ・したたかさをこれでもかと感じることになる。本書で紹介する余地はないが、沖縄問題や原子力関連の書類もたくさん目にした。また、どんなに細かなメモでも保管されているという事実にまずは驚愕し、機密文書であってもいずれは必ず公開するという姿勢にも圧倒される。まさに民主主義・自由主義を掲げるアメリカの面目躍如である。

アメリカと日本は、どういう形であれ今後も密接にかかわっていくことは間違いない。マーク・メイ報告書は、今後のアメリカとの付き合い方のヒントを日本に教えてくれているようだ。つまり日本が真の主権国家となるには、私たち日本国民一人一人の自覚と覚悟がさらに必要ということである。

谷川建司・須藤遥子

二〇一九年三月

編　訳
谷川建司（たにかわ　たけし）
早稲田大学政治経済学術院客員教授。博士（社会学）
1962年生まれ。映画会社勤務を経て1992年にフリーの映画ジャーナリストとして独立。2005年より早稲田大学大学院政治学研究科助教授。2008年より教授。2010年より現職。1997年に第一回京都映画文化賞受賞。主著に『アメリカ映画と占領政策』（2002年，京都大学学術出版会），『戦後「忠臣蔵」映画の全貌』（2013年，集英社クリエイティブ），『高麗屋三兄弟と映画』（2018年，雄山閣）など。

須藤遙子（すどう　のりこ）
筑紫女学園大学教授。博士（学術）
1969年生まれ。早稲田大学第一文学部卒業後，NHKに勤務。2014年横浜市立大学客員准教授，2015年日本学術振興会特別研究員(PD)。主著に『自衛隊協力映画――『今日もわれ大空にあり』から『名探偵コナン』まで』（2013年，大月書店），共編著『Cultural Politics around East Asian Cinema: 1939–2018』（2019年，京都大学学術出版会），共著『〈ポスト3.11〉メディア言説再考』（2019年，法政大学出版局）など。

装幀　鈴木 衛（東京図鑑）

対米従属の起源 「1959年米機密文書」を読む

2019年5月15日　第1刷発行

定価はカバーに表示してあります

編訳者　谷川建司
　　　　須藤遙子

発行者　中川　進

〒113-0033　東京都文京区本郷2-27-16

発行所　株式会社　大　月　書　店

印刷　理想社
製本　ブロケード

電話（代表）03-3813-4651　FAX 03-3813-4656　振替00130-7-16387
http://www.otsukishoten.co.jp/

ISBN978-4-272-52113-5　C0021　Printed in Japan